长江经济带工业
发展研究

RESEARCH ON
INDUSTRIAL DEVELOPMENT IN
YANGTZE RIVER ECONOMIC BELT

吴传清 杜 宇 黄 成 邓明亮 等/著

社会科学文献出版社
SOCIAL SCIENCES ACADEMIC PRESS (CHINA)

.

目　录

第一章 长江经济带工业分布特征研究

——基于工业同构和工业梯度视角

一 "产业同构"和"产业梯度"概念

(一)"产业同构"概念

产业同构是区域间产业发展逐渐趋同的现象,即各区域产业结构在变化过程中不断呈现高度相似性且这种相似性不断增强。产业同构主要包括区域之间产业雷同,规模相似产业地域特点不明显,区域主要行业和产品生产空间分布均衡化、集中度下降,各区域产业门类日渐齐全,逐步形成较完整的产业体系等。

产业同构被认为是中国经济发展过程中存在多年的结构问题。国内学者普遍认为,产业同构的成因是各地区过分强调自给自足,追求产业门类齐全、自成体系,而不考虑专业化协作。若地区产业发展趋同,区域经济必然会相互封锁,导致产品的恶性竞争,造成生产规模小、产品成本高、产品质量低劣等后果,资源得不到合理配置。

然而,区域产业趋同的成因是多方面的,产业趋同一定程度上是经济发展的必然结果。例如,资源禀赋条件相同、经济发展水平相当、产业发展基础相近的国家间、地区间和城市间必然趋向发展相似产业。对此,有研究指出产业同构存在合意性(Desired Convergence)与非合意性(Undesired Convergence)。合意性产业同构指有助于区域产业聚集和专业化分工的产业趋同倾向，这种倾向多是生产要素在市场规律作用下的必然结果；非合意性产业同构指不利于区域产业聚集和专业化分工的趋同倾向，通常是由非市场力量造成生产要素错误配置的结果，一般表现为重复建设和无序竞争。

（二）"产业梯度"概念

梯度是区域发展在空间上的差异，类似于地理上的等高线，它有广义和狭义之分。广义梯度通常包括经济、社会、文化、生态环境的梯度分布等；狭义梯度，又称经济梯度，专指经济和技术发展水平在空间内的不均匀分布现象。

产业梯度是经济梯度中最核心的部分，它的形成来源于产品和产业依照经济梯度进行的空间转移。产业结构演化是由经济发展不同阶段决定的，各经济梯度水平地区不同产业的规模或专业化程度由该产业所处的生命周期决定。从这个意义上来定义，产业梯度指由于生产要素禀赋、发展战略和技术、产业基础不同，各国或地区在经济发展与产业结构水平上形成一定的差异，表示为某地区的三次产业结构演化水平或该地区某产业（行业）的发展规模或专业化程度，可表示为以下函数形式：

$$Y = F\ (P,\ T,\ I) \tag{1-1}$$

式中，Y 表示产业梯度，P 表示要素禀赋，T 表示技术水平，I 表示产业基础与分工。按绝对成本理论和相对成本理论，产业梯度可分为绝对梯度和相对梯度，按产业分工理论和生产要素禀赋理论，产业梯度可分为直接梯度和间接梯度。

二 相关研究文献评述

（一）产业同构相关研究

1. 产业同构测度

产业同构的测度方法包括结构相似系数、结构重合度指数、结构差异度指数、行业分工指数、ρ 值、区位熵等。多数学者使用结构相似系数测度产业同构性（陈耀，1998；贺灿飞等，2008；李旭煜等，2012），有学者采用结构差异度指数（张卓颖和石敏俊，2011）、结构重合度指数（王志华和陈圻，2006；徐侠和安同良，2008）、行业分工指数（蒋金荷，2005）、ρ 值（尹希果和李后建，2010）等方法；还有学者综合上述几种方法进行研究，如采用结构相似系数和区位熵，结构相似系数和基尼系数（李昭和文余源，1998），结构相似系数、区域配置系数和区位熵，结构相似系数、行业分工指数和区位熵。除上述方法外，相关测度方法还包括霍夫曼系数、赫芬达尔－赫希曼指数、洛伦兹指数、动态产业集聚指数等，但这些方法较少被我国学者运用。

2. 产业同构成因

国内学术界将区域产业同构的产生归结于制度因素和非制度因素。

制度因素包括地方利益博弈因素和官员追求政绩因素。前者认为随着行政区经济的发展和地方政府经济管理权限、职能的扩大，地方政府成为地区利益的代言人。它们以保护既得利益为目的，在相互博弈中制造资源扭曲，追求"大而全"或"小而全"的产业结构，最终导致区域产业同构（于良春和付强，2008；陈真和宋新兴，2009；冯立欣和胡平东，2009；邓路，2010；邹艳芬和陆宇海，2013）。后者认为现有的政治晋升制度对地方官员行为产生了影响。从"政治挂帅"到"经济挂帅"，GDP 政绩考核机制的压力使地方官员不顾地区比较优势而投资创造较大产值的产业，在一定程度上导致区域产业同构（李昭和文余源，1998；邱风等，2005；刘作丽和贺灿飞，2007）。

非制度因素包括禀赋因素、市场因素和技术因素。禀赋因素说认为自然条件、资源储备、人文历史等是区域经济发展的必要条件，具有相似资源禀赋的地区产业部门发展往往相近，这必然导致区域间产业部门的趋同（李昭和文余源，1998；刘作丽和贺灿飞，2007；于良春和付强，2008；周立群和江霈，2009；张卓颖和石敏俊，2011；陈晓永和张会平，2012）。市场因素包括经济趋利目标下的"羊群效应"（于良春和付强，2008）、产业组织原则作用（陈耀，1998）、不成熟的流通领域（李昭和文余源，1998）、地区相似的需求偏好（张卓颖和石敏俊，2011）等。技术因素说认为经济联系紧密区域间技术的扩散推进了区域产业趋同（周立群和江霈，2009；陈晓永和张会平，2012）。

3. 产业同构影响因素

根据产业同构对区域经济发展产生的具体影响，目前学术界将产业同构分为合意性产业同构和非合意性产业同构。

合意性产业同构指有助于产业聚集和专业化分工的同构倾向，这种倾向多是非制度因素作用的结果，具有一定的合理性，会对区域经济发展产生积极影响（陈耀，1998；周立群和江霈，2009；张卓颖和石敏俊，2011；陈晓永和张会平，2012）。

非合意性产业同构指不利于产业聚集和专业化分工的同构倾向，通常是由制度因素造成生产要素错误配置的结果，一般表现为重复建设、产能过剩和无序竞争，这会阻碍区域经济一体化进程（李昭和文余源，1998；邱风等，2005；陈真和宋新兴，2009；邓路，2010）。然而产业结构的形成和演变是多种因素共同作用的结果，不能简单地以区域产业同构的成因作为判断同构是否合意的标准。在我国经济发展过程中，很多产业集群是在政府产业规划下发展起来的，极大地推动了地区经济发展，这表明政府力量形成的区域产业同构不一定都是非合意的。在产业结构调整过程中，也存在市场失灵的情况，在经济趋利目标作用下，市场主体对存在超额利润行业进行盲目投资而导致资源浪费，这种产业同构就是非合意的。产业结构是区域经济发展的载体，产业结构的调整和优化的最终目的是经济平稳健康发展。因此，是否推动区域经济发展才是评判产业同构是否合意的最佳标准。

（二）产业梯度相关研究

1. 产业梯度测度

产业梯度的测度方法主要包括产业梯度系数和改进的产业梯度系数。戴宏伟等（2003）最早采用区位熵和比较劳动生产率的乘积测度区域产业梯度。他认为某一地区产业处于国家产业梯度的层次主要受两个因子影响：一是市场因子，即专业化生产程度（用区位熵表示）；二是创新因子（用比较劳动生产率表示），并将二者的乘积定义为产业梯度系数。根据产业梯度水平可作如下划分：①高，产业梯度系数在 9 分及以上；②较高，产业梯度系数为 4 ~ 9 分；③中等，产业梯度系数为 1 ~ 4 分；④低，产业梯度系数在 1 分以下。这一主流方法被学术界广泛认可和采用（陈永国和马丽慧，2004；李松志等，2006；贺清云等，2010；贺曲夫和刘友金，2011；张毅帆和高全成，2012；华德亚等，2014）。

陈蕊和熊必琳（2007）认为产业梯度系数遗漏了区域产业盈利能力对产业梯度的影响，不能全面地反映地区某一产业的梯度水平。她们基于产业转移动因视角，在产业梯度系数基础上增加能够反映区域产业盈利能力的经济效率因子（用比较资本产出率表示），并将区位熵、比较劳动生产率和比较资本产出率三者的乘积定义为改进的产业梯度系数。这一方法正逐渐被国内学者采用（熊必琳等，2007；黄维芳和李光德，2013）。

由于产业梯度系数和改进的产业梯度系数所需数据在服务业中较难获取，因此测度服务业梯度水平的研究较少。这类研究多采用比较劳动生产率（陈永国和马丽慧，2002）或就业梯度、增加值梯度、劳动生产率梯度（王小平和陈永国，2008）逐项比较。

2. 产业梯度对产业转移的影响

产业转移是产业在空间上移动或空间迁移的现象，具体描述了以企业为主体的一种经济活动。企业的部分或全部产品生产工序由原产地转移到其他地区，当转移的同行业企业越来越多时，产业就从某个国家或地区转移到另一个国家或地区。

产业梯度是产业转移的基础和前提。产业转移是引导区域要素和商品流动，强化区际经济联系的重要方式。区际产业转移的动力包括两方面：一是区际产业发展的梯度差异客观存在；二是产业与技术存在由高梯度地区向低梯度地区转移的趋势。

通过全面梳理和总结我国产业同构和产业梯度的测度方法、成因和影响因素，为产业同构和产业梯度构建了坚实的研究基础，特别是关于产业同构的研究，已基本形成较完整的理论框架和方法体系。但上述研究可作进一步拓展。

首先，研究方法有待改进。我国缺乏针对第三产业（特别是生产性服务业）同构问题的研究，主要是没有适合处理第三产业数据的方法。如果能通过模型改进得到适用于测度第三产业同构性水平的方法，实证研究将更加完善。此外，产业梯度的相关研究主要以静态研究为主，研究方法过于简单，难以准确描绘区域产业梯度的演变特征，应引入动态研究以提高产业梯度研究的准确度。

其次，研究尺度有待扩展。我国区域产业同构和产业梯度的研究尺度以长三角、珠三角、京津冀等东部发达地区为主，缺乏对中部地区（如长江中游城市群、太原城市群等）、西部地区（成渝城市群、滇黔地区、陕甘地区等）、东北地区等的研究。

最后，研究内容有待扩宽。我国区域产业同构领域内有许多问题还未得到明确的回答。例如，如何建立一套完整普适的方法体系来研究产业同构对区域产业发展的影响？区域产业同构条件下，区域产业错位发展的路径是什么？产业梯度领域亟待讨论的问题相对更多。现有研究聚焦于对区域产业梯度和产业转移与承接的测度，严重缺乏对产业梯度影响因素的研究，尚未形成一套完整的理论框架和方法体系。

三　长江经济带工业同构性研究

（一）测度方法和数据来源

1. 测度方法

考虑到数据的易得性和操作的可行性，采用结构相似系数测度长江经济带沿线 11 省市 2003 ~ 2011 年的工业同构性水平。结构相似系数是联合国工业发展组织（UNIDO）推荐使用的一种测度方法。计算公式如下：

$$S_{ij} = \sum_{k=1}^{n} x_{ik} x_{jk} \Big/ \sqrt{\sum_{k=1}^{n} x_{ik}^2 \sum_{k=1}^{n} x_{jk}^2} \qquad (1-2)$$

式中，x_{ik} 和 x_{jk} 分别表示地区 i 和地区 j 中 k 部门的产值占地区总产值的比重。S_{ij} 是区域 i 和区域 j 之间的产业结构相似系数，介于 0 和 1 之间。S_{ij} 越大，表明两地产业结构相似度越高，产业同构性越强。$S_{ij} = 1$ 时，两地产业结构完全相同；$S_{ij} = 0$ 时，两地产业结构完全不同。

在此基础上，综合采取结构相似系数与区位熵测度长江经济带沿线 11 省市 2012 年的工业同构性水平。区位熵（Location Quotient）是刻画区域分工格局的指标，可从区域分工的角度衡量某一产业的地区专业化程度。计算公式如下：

$$L_{ki} = \frac{q_{ik}/q_i}{q_k/q} \qquad (1-3)$$

式中，q_{ik} 代表地区 i 中 k 部门的产值，q_i 代表地区 i 的总产值，q_k 代表 k 部门的总产值，q 代表总产值。区位熵越大，表明 k 产业在地区 i 的集聚度越高，但区位熵大于 1 并不一定表示 k 产业在该地区占据优势地位，只能说明该产业发展速度较快，占据较高的市场份额。如果要进行全区域的比较分析，必须加入"总量"概念，当该产业规模达到一定总量时才能凸显其优势地位。

2. 数据来源

本节测度长江经济带沿线 11 省市 2003～2011 年的结构相似系数，所采用的数据来自 2003 年、2004 年、2006～2012 年的《中国工业经济统计年鉴》和 2004 年的《中国经济普查年鉴》；测度长江经济带沿线 11 省市 2012 年的区位熵和结构相似系数采用的数据来自沿线 11 省市 2013 年的统计年鉴。

（二）测度结果分析

依据《国民经济行业分类》（GB/T 4754—2002），基于 26 个工业大类（不包括 D44、D45、D46）测度长江经济带沿线 11 省市 2003～2011 年的工业结构相似系数；依据《国民经济行业分类》（GB/T 4754—2011），基于 38 个工业大类（不包括 D44、D45、D46）测度长江经济带沿线 11 省市 2012 年的工业结构相似系数，相关工业行业分类及代码如

表 1-1 所示。本节对工业同构性水平作如下划分：①强，工业结构相似系数大于 0.85；②较强，工业结构相似系数为（0.70，0.85]；③较弱，工业结构相似系数为 [0.55，0.70]；④弱，工业结构相似系数小于 0.55。

表 1-1　《国民经济行业分类》中的工业行业分类及代码

GB/T 4754—2002		GB/T 4754—2011	
行业代码	类别名称	行业代码	类别名称
B06	煤炭开采和洗选业	B06	煤炭开采和洗选
B07	石油和天然气开采业	B07	石油和天然气开采业
B08	黑色金属矿采选业	B08	黑色金属矿采选业
B09	有色金属矿采选业	B09	有色金属矿采选业
B10	非金属矿采选业	B10	非金属矿采选业
C13	农副食品加工业	B11	开采辅助活动
C14	食品制造业	B12	其他采矿业
C15	饮料制造业	C13	农副食品加工业
C16	烟草制品业	C14	食品制造业
C17	纺织业	C15	酒、饮料和精制茶制造业
C18	纺织服装、鞋、帽制造业	C16	烟草制品业
C22	造纸及纸制品业	C17	纺织业
C25	石油加工、炼焦及核燃料加工业	C18	纺织服装、服饰业
C26	化学原料及化学制品制造业	C19	皮革、毛皮、羽毛及其制品和制鞋业
C27	医药制造业	C20	木材加工和木、竹、藤、棕、草制品业
C28	化学纤维制造业	C21	家具制造业
C31	非金属矿物制品业	C22	造纸和纸制品业
C32	黑色金属冶炼及压延加工业	C23	印刷和记录媒介复制业
C33	有色金属冶炼及压延加工业	C24	文教、工美、体育和娱乐用品制造业
C34	金属制品业	C25	石油加工、炼焦和核燃料加工业
C35	通用设备制造业	C26	化学原料和化学制品制造业
C36	专用设备制造业	C27	医药制造业
C37	交通运输设备制造业	C28	化学纤维制造业
C39	电气机械及器材制造业	C29	橡胶和塑料制品业
C40	通信设备、计算机及其他电子设备制造业	C30	非金属矿物制品业

续表

GB/T 4754 – 2002		GB/T 4754 – 2011	
行业代码	类别名称	行业代码	类别名称
C41	仪器仪表及文化、办公用机械制造业	C31	黑色金属冶炼和压延加工业
D44	电力、热力的生产和供应业	C32	有色金属冶炼和压延加工业
D45	燃气生产和供应业	C33	金属制品业
D46	水的生产和供应业	C34	通用设备制造业
		C35	专用设备制造业
		C36	汽车制造业
		C37	铁路、船舶、航空航天和其他运输设备制造业
		C38	电气机械和器材制造业
		C39	计算机、通信和其他电子设备制造业
		C40	仪器仪表制造业
		C41	其他制造业
		C42	废弃资源综合利用业
		C43	金属制品、机械和设备修理业
		D44	电力、热力的生产和供应业
		D45	燃气生产和供应业
		D46	水的生产和供应业

1. 2003～2011 年长江经济带上中下游地区工业结构相似系数

本小节从地区内部和地区之间两个视角研判长江经济带上中下游地区的工业结构相似系数。

（1）长江经济带上中下游地区内部工业结构相似系数。如表 1－2 所示，下游地区工业同构性较强，2003～2011 年下游地区内部工业结构相似系数由 2003 年的 0.804 上升到 2011 年的 0.826，工业结构呈现进一步趋同态势。2003～2011 年中游地区内部工业结构相似系数由 2003 年的 0.887 下降到 2011 年的 0.789，工业同构性由强降至较强。虽然中游地区的工业结构相似程度依然较高，但区域工业分工逐步趋于合理。2003～2011 年上游地区工业结构相似系数在 0.540 和 0.600 之间波动变化，地区内部工业同构性较弱，地区工业分工较为合理。

表1-2 2003～2011年长江经济带上中下游地区内部工业结构相似系数

年份	2003	2004	2005	2006	2007	2008	2009	2010	2011
上游地区	0.544	0.575	0.599	0.589	0.579	0.593	0.580	0.565	0.557
中游地区	0.887	0.850	0.857	0.826	0.809	0.798	0.810	0.804	0.789
下游地区	0.804	0.808	0.799	0.823	0.817	0.824	0.812	0.823	0.826

注：表中呈现的结果为各地区内部省市之间工业结构相似系数的算术平均值；下游地区包括沪苏浙，中游地区包括皖赣鄂湘，上游地区包括渝川黔滇；下同。

资料来源：根据测算结果整理。

（2）长江经济带上中下游地区之间工业结构相似系数。如表1-3所示，2003～2011年下游-中游工业结构相似系数呈现先降后升的变化态势，由2003年的0.704下降到2007年的0.641，随后又小幅上升至2011年的0.697。下游-中游工业同构性由较强降至较弱，地区之间的工业分工情况有所改观。2003～2011年下游-上游工业结构相似系数由2003年的0.505上升到2011年的0.557，虽然工业同构性存在着增强走势，但同构性较弱，下游-上游工业结构相似程度不高，地区工业分工较为合理。2003～2011年中游-上游的工业结构相似系数呈现先升后降的态势，先由2003年的0.706上升到2005年的0.741，随后又下降到2011年的0.680。中游-上游工业同构性由较强降至较弱，地区之间的工业分工逐步趋于合理。

表1-3 2003～2011年长江经济带上中下游地区之间工业结构相似系数

年份	2003	2004	2005	2006	2007	2008	2009	2010	2011
下游-中游	0.704	0.647	0.650	0.650	0.641	0.653	0.683	0.690	0.697
下游-上游	0.505	0.496	0.504	0.511	0.517	0.537	0.540	0.539	0.557
中游-上游	0.706	0.726	0.741	0.738	0.733	0.727	0.713	0.698	0.680

资料来源：根据测算结果整理。

（3）工业同构的合意性分析。长江经济带工业同构性较强，下游-中游、中游-上游工业结构相似系数较高，下游-上游工业结构相似系数也呈现由小变大的趋势。然而，造成产业同构的因素是多方面的，产业同构不等于重复建设，不一定必然对地区经济产生不利的影响。国内学术界将区域产业结构趋同的成因归结为制度因素和非制度因素。

工业发展效益用于判断工业同构对区域经济发展产生的不利影响，采用工业利润率作为衡量工业发展效益的替代指标。若地区工业利润值低于全国平均水平，则表明地区工业发展处于过度竞争状态，工业同构是非合意的，对地区经济产生了不利影响；反之，则表明工业同构是合意的，有效推动区域经济发展。

如表1-4所示，2003~2011年长江经济带工业利润率低于全国平均水平，与全国平均水平的差距有所缩小。下游地区工业利润率仅在2003年高于全国平均水平，其余年份均低于全国平均水平；中游地区工业利润率低于全国平均水平，但与全国平均水平的差距明星缩小；上游地区工业利润率与全国平均水平基本相等。长江经济带工业利润率与全国平均水平差距与同构性水平负相关，表明长江经济带工业同构是非合意的。

表1-4 2003~2011年全国及各地区的工业利润率

单位：%

年份	2003	2004	2005	2006	2007	2008	2009	2010	2011
全国	5.86	5.91	5.88	6.16	6.70	6.02	6.30	7.59	7.27
长江经济带	5.40	5.61	5.13	5.42	5.99	5.51	5.92	7.24	6.86
上游地区	5.89	6.04	5.81	6.26	6.96	5.94	6.22	7.62	7.32
中游地区	4.76	5.26	4.86	4.85	5.50	5.98	6.07	7.41	6.70
下游地区	6.12	5.51	4.99	5.07	5.33	4.57	5.57	6.77	6.47

资料来源：根据测算结果整理。

2. 2012年长江经济带沿线11省市工业

为了更加清晰地反映区域工业结构的相似程度，根据长江经济带沿线11省市的工业优势行业计算工业结构相似系数，剔除非优势行业对产业结构相似系数的影响。其中，优势行业以行业代码形式列出。区域优势行业选择标准：①行业产值占地区工业产值的比重大于1%；②行业区位熵大于1。

（1）长江经济带地区工业优势行业。长江经济带沿线11省市工业优势行业差异较大。下游地区工业优势行业重合度偏高，中游地区工业优势行业重合度适中，上游地区工业优势行业重合度最低（如表 1-5 所示）。

表 1-5　2012 年长江经济带沿线 11 省市工业优势行业及代码

省市	优势行业（代码）	合计
上海	C14、C16、C25、C26、C34、C35、C36、C37、C38、C39	10
浙江	C17、C18、C19、C21、C22、C24、C26、C28、C29、C33、C34、C37、C38、C40	14
江苏	C17、C18、C20、C26、C27、C28、C33、C34、C35、C37、C38、C39、C40	13
安徽	B08、C13、C15、C16、C18、C20、C29、C30、C32、C33、C34、C35、C36、C38、C42	15
江西	B09、C14、C18、C19、C20、C24、C26、C27、C30、C32、C38	11
湖南	B09、B10、C13、C14、C15、C16、C20、C22、C26、C27、C30、C32、C35、C37	14
湖北	B08、B10、C13、C14、C15、C16、C17、C18、C26、C27、C30、C31、C33、C36、C37	15
重庆	C16、C27、C30、C36、C37、C38、C39、C40	8
四川	B06、B07、B08、B09、B10、C13、C14、C15、C21、C27、C30、C34、C35、C37、C39	15
贵州	B06、C15、C16、C26、C27、C30、C31、C32、C37	9
云南	B06、B08、B09、B10、C15、C16、C26、C27、C31、C32	10

资料来源：根据测算结果整理。

（2）长江经济带上中下游地区内部工业同构性。2012 年长江经济带下游地区整体工业同构性较强，上海与浙江工业同构性相对较弱。如表 1-6 所示，上海与江苏的工业结构相似系数为最高的 0.747，工业同构性较强，两地有 6 个相同的优势行业，分别占各自优势行业的 60% 和 46%。江苏与浙江的工业结构相似系数为 0.699，两地有 9 个相同的优势行业，分别占各自优势行业数目的 69% 和 64%。

表 1-6　2012 年长江经济带下游地区内部工业结构相似系数

省市	浙江	上海
江苏	0.669	0.747
浙江	1.000	0.332

资料来源：根据测算结果整理。

2012 年长江经济带中游地区工业同构性较弱，除湖南与江西工业结构较为相似之外，其余地区工业分工情况良好。如表 1-7 所示，湖南与江西的工业结构相似系数为最高的 0.648，两地有 7 个相同的优势行业，分别占各自优势行业的 50% 和 64%。其余地区工业结构相似系数均小于0.500，江西与湖北的工业结构相似系数为最小的 0.257，两地的工业结构差异较大。

表 1-7　2012 年长江经济带中游地区内部工业结构相似系数

省份	湖南	江西	安徽
湖北	0.483	0.257	0.442
湖南	1.000	0.648	0.447
江西	0.648	1.000	0.465

资料来源：根据测算结果整理。

2012 年长江经济带上游地区工业同构性较弱，除云南与贵州工业结构较为相似之外，其余地区工业分工情况良好。如表 1-8 所示，云南与贵州的工业结构相似系数为最高的 0.719，两地有 7 个相同的优势行业，分别占各自优势行业的 70% 和 78%，工业同构性较强。四川与贵州、四川与重庆的工业结构相似系数为 0.449 和 0.339，工业同构性弱。四川与云南、重庆与云南、重庆与贵州的工业结构相似系数较小，工业同构性弱。

表 1-8　2012 年长江经济带上游地区内部工业结构相似系数

省市	贵州	四川	重庆
云南	0.719	0.210	0.029
贵州	1.000	0.449	0.074
四川	0.449	1.000	0.339

资料来源：根据测算结果整理。

（3）长江经济带上中下游地区之间工业同构性。2012 年中游与下游地区工业同构性弱，各地区之间工业分工情况良好。其中，安徽与浙江工业结构相似系数为最大的 0.542，湖北与上海的工业结构相似系数为0.402，其余地区间的工业结构相似系数均未超过 0.400（见表 1-9）。

表1-9　2012年长江经济带下游-中游地区工业结构相似系数

省市	湖北	湖南	江西	安徽
江苏	0.278	0.321	0.324	0.396
浙江	0.306	0.205	0.303	0.542
上海	0.402	0.225	0.175	0.381

资料来源：根据测算结果整理。

2012年上游地区的四川、重庆与下游地区的江苏、上海的工业同构性相对较强。四川、重庆承接了较多来自下游地区的产业转移，与下游地区的工业同构性水平明显高于云南、贵州，但上游地区与下游地区工业同构性依然较弱。其中，上海与重庆的工业结构相似系数为最大的0.769，两地工业同构性水平较高；四川与江苏、四川与上海、重庆与江苏的工业结构相似系数均超过了0.400，其他地区之间的工业结构相似系数均低于0.310（见表1-10）。

表1-10　2012年长江经济带下游-上游地区工业结构相似系数

省市	云南	贵州	四川	重庆
江苏	0.156	0.145	0.400	0.440
浙江	0.259	0.302	0.207	0.149
上海	0.139	0.098	0.440	0.769

资料来源：根据测算结果整理。

2012年长江经济带上游地区和中游地区之间工业同构性弱，区域工业分工情况良好。云南与江西、四川与湖南、四川与安徽、重庆与湖北、重庆与安徽的工业结构相似系数较大，均超过0.400，省市间的工业同构性弱；其余地区之间的工业结构相似系数在0.100~0.400波动，工业同构性弱（见表1-11）。

表1-11　2012年长江经济带中游-上游地区工业结构相似系数

省市	云南	贵州	四川	重庆
湖北	0.327	0.290	0.367	0.492
湖南	0.228	0.278	0.463	0.132

续表

省市	云南	贵州	四川	重庆
江西	0.545	0.275	0.165	0.148
安徽	0.304	0.286	0.493	0.421

资料来源：根据测算结果整理。

（4）工业同构的合意性分析。2012 年长江经济带上中下游地区内部的工业同构性呈现下游地区较强、中游地区次之、上游地区较弱的空间分异特征，而上中下游地区之间的工业同构性较弱，区域工业分工差异较大。如表 1 - 12 所示，2012 年长江经济带下游地区工业利润率均低于全国平均水平；中游地区的江西工业利润率高出全国平均水平 0.49 个百分点，其他地区工业利润率均低于全国平均水平；上游地区的四川、贵州工业利润率分别高出全国平均水平 0.77 个和 2.83 个百分点，而其他地区工业利润率均低于全国平均水平。与 2003～2011 年测度结果相同，长江经济带工业结构仍存在非合意性趋同的变化特征。

表 1 - 12　2012 年长江经济带沿线 11 省市的工业利润率

单位：%

省市	上海	江苏	浙江	安徽	江西	湖北	湖南	重庆	四川	贵州	云南	全国
工业利润率	6.48	6.04	5.26	6.40	7.24	6.12	6.26	4.93	7.52	9.58	6.36	6.75

资料来源：根据测算结果整理。

四　长江经济带工业梯度水平研究

（一）测度方法和数据来源

1. 测度方法

综合考虑市场效率、技术效率和经济效率对区域产业梯度水平的影响，借鉴陈蕊和熊必琳（2007）提出的改进的产业梯度系数（IGC'）测度 2003～2012 年长江经济带沿线 11 省市的工业行业梯度水平。计算公式如下：

$$IGC' = LQ \times CP \times CCOR \tag{1-4}$$

式中，LQ 反映了行业的市场专业化水平，采用地区行业产值占地区工业产值的比重/全国行业产值占全国工业产值的比重衡量；CP 反映了行业技术水平，采用地区行业产值占全国行业产值的比重/地区行业从业人员占全国行业从业人员的比重衡量；$CCOR$ 反映了行业资本的盈利能力，采用地区行业产值占全国行业产值的比重/地区行业平均资本占全国行业平均资本的比重衡量。产业梯度系数越高，地区产业所处梯度越高，产业发展的优势越大。

2. 数据来源

测度长江经济带沿线 11 省市 2003～2011 年产业梯度系数采用的数据来自 2003 年、2004 年、2006～2012 年的《中国工业经济统计年鉴》和 2004 年的《中国经济普查年鉴》；测度 2012 年的产业梯度系数采用的数据来自长江经济带沿线 11 省市 2013 年的统计年鉴。

（二）测度结果分析

依据《国民经济行业分类》（GB/T 4754—2002），以《中国工业经济统计年鉴》公布的 26 个工业大类（不包括 D44、D45、D46）为基础，计算长江经济带沿线 11 省市 2003～2011 年的产业梯度系数；依据《国民经济行业分类》（GB/T 4754—2011），以工业的 38 个大类（不包括 D44、D45、D46）为基础，计算长江经济带沿线 11 省市 2012 年的产业梯度系数。参照国务院 2011 年 12 月颁布的《工业转型升级规划（2011～2015 年）》，将涉及的工业大类划分为采矿业、原材料工业、装备制造业、消费品工业（以行业代码形式列出）4 个门类（见表 1-13）。最后，根据产业梯度水平作如下划分：①高，产业梯度系数在 9 分及以上；②较高，产业梯度系数为 4～9 分；③中等，产业梯度系数为 1～4 分；④低，产业梯度系数在 1 分以下。

1. 2003～2011 年长江经济带沿线 11 省市工业梯度系数

按照采矿业、原材料工业、装备制造业、消费品工业 4 个门类研判 2003～2011 年长江经济带沿线 11 省市工业梯度系数的演变特征和空间差

表 1-13　工业行业分类及代码

2003~2011 年		2012 年	
所属门类	行业代码	所属门类	行业代码
采矿业	B06、B07、B08、B09、B10	采矿业	B06、B07、B08、B09、B10、B11、B12
消费品工业	C13、C14、C15、C16、C17、C18、C22、C27	消费品工业	C13、C14、C15、C16、C17、C18、C19、C20、C21、C22、C23、C24、C27、C41、C42
原材料工业	C25、C26、C28、C31、C32、C33	原材料工业	C25、C26、C28、C29、C30、C31、C32
装备制造业	C34、C35、C36、C37、C39、C40、C41	装备制造业	C33、C34、C35、C36、C37、C38、C39、C40、C43

资料来源：根据相关资料整理。

异，根据长江经济带沿线 11 省市工业行业梯度系数大小进行排序。

（1）采矿业。从煤炭开采和洗选业、石油和天然气开采业、黑色金属矿采选业、有色金属矿采选业、非金属矿采选业研判长江经济带沿线11 省市采矿业梯度水平（见表 1-14）。

表 1-14　2003~2011 年长江经济带沿线 11 省市采矿业梯度排名

行业	年份	上海	江苏	浙江	安徽	江西	湖北	湖南	重庆	四川	贵州	云南
煤炭开采和洗选业	2003	—	8	9	2	3	9	1	7	6	4	5
	2010	—	8		4	7	9	3	5	1	2	6
石油和天然气开采业	2003	1	3	—	—	—	—	—	4	2	—	—
	2011	4	3	—	—	—	—	—	1	2	—	—
黑色金属矿采选业	2003	—	7	9	10	7	1	5	2	8	4	3
	2011	—	7	9	5	3	1	4	10	2	7	6
有色金属矿采选业	2003	—	9	6	5	3	4	1	—	7	8	2
	2011	—	10	9	7	1	5	2	8	3	4	6
非金属矿采选业	2004	—	7	4	10	3	6	1	5	9	2	8
	2011	—	10	9	5	7	4	2	6	3	1	8

注："—"表示产业梯度系数为 0，不计入排名。下同。

资料来源：根据测算结果整理。

煤炭开采和洗选业。2003~2010 年（2011 年数据缺失）上海、江苏、浙江的产业梯度系数长期位居长江经济带末尾，梯度水平较低；湖北的产业梯度排名靠后，而湖南、安徽、江西的产业梯度排名分别由2003年的第一位、第二位和第三位降至2010年的第三位、第四位和第七位，其中，江西的产业梯度由中等水平降至低水平；重庆、云南的产业梯度排名居中，四川、贵州的产业梯度排名分别由2003年的第六位、第四位升至2010年的第一位、第二位，产业梯度由低水平提高到中等水平。

石油和天然气开采业。2003～2011年浙江、安徽、江西、湖北、湖南、贵州、云南的产业梯度系数均为0，不计入排名。上海的产业梯度排名自2006年起逐步降低，到2011年，其产业梯度排名由维持四年的第一位降至第四位，江苏的产业梯度排名一直维持在第三位；重庆的产业梯度排名自2007年起由第四位上升至第一位，产业梯度由低水平升至中等水平，四川的产业梯度排名一直维持在第二位。

黑色金属矿采选业。2003～2011年的上海的产业梯度系数为0，江苏的产业梯度排名维持在第六、第七位，浙江的产业梯度排名由2004年的第三位逐年下降至2011年的第九位，产业梯度由中等水平降至低水平；安徽、江西的产业梯度排名处于中下游；湖北的产业梯度排名稳居第一位；湖南的产业梯度处于中等水平；上游地区除四川产业梯度排名较靠前、产业梯度处于中等水平之外，其余省市的产业梯度水平均处于中下游。

有色金属矿采选业。2003～2011年上海的产业梯度系数为0，江苏、浙江的产业梯度排名靠后，产业梯度处于低水平；安徽、湖北的产业梯度排名处于中下游，江西、湖南的产业梯度排名稳居前三位，产业梯度多处于中等水平，个别年份处于较高水平；云南的产业梯度排名多数年份在前三位，个别年份处于较高水平或高水平，其余省市的产业梯度水平均处于中下游。

非金属矿采选业。2004～2011年（2003年数据缺失）上海产业梯度系数为0，江苏、浙江的产业梯度排名靠后，产业梯度处于低水平；安徽、湖北的产业梯度排名处于中下游，湖南的产业梯度排名稳居前列，多数年份处于较高水平，江西的产业梯度排名由 2004 年的第三位降至 2011 年的第七位；重庆、云南的产业梯度排名处于中下游，贵州的产业梯度排名一直较高，四川的产业梯度排名由 2004 年的第九位上升至 2011 年的第三位，产业梯度由低水平升至中等水平。

（2）原材料工业。从石油加工、炼焦及核燃料加工业，化学原料及化学制品制造业，化学纤维制造业，非金属矿物制品业，黑色金属冶炼及压延加工业，有色金属冶炼及压延加工业研判长江经济带沿线 11 省市原材料工业梯度水平（见表 1 – 15）。

表 1 – 15 2003 ~ 2011 年长江经济带沿线 11 省市原材料工业梯度排名

行业	年份	上海	江苏	浙江	安徽	江西	湖北	湖南	重庆	四川	贵州	云南
石油加工、炼焦及核燃料加工业	2003	5	7	1	6	2	4	3	11	8	10	9
	2011	2	3	1	6	5	4	8	11	7	10	9
化学原料及化学制品制造业	2003	3	1	2	6	11	4	10	9	5	7	8
	2011	6	1	2	4	5	3	7	11	9	10	8
化学纤维制造业	2003	4	2	1	6	3	8	5	11	7	10	9
	2011	10	2	1	7	5	9	8	3	4	—	6
非金属矿物制品业	2003	4	3	1	6	8	2	5	9	7	11	10
	2011	11	7	6	4	2	3	5	8	1	9	10
黑色金属冶炼及压延加工业	2003	2	1	9	6	4	3	8	7	10	10	11
	2011	1	2	9	4	5	3	8	7	11	10	6
有色金属冶炼及压延加工业	2003	7	2	1	6	3	11	5	9	10	8	4
	2011	10	11	5	2	1	6	3	7	8	9	4

资料来源：根据测算结果整理。

石油加工、炼焦及核燃料加工业。2003 ~ 2011 年上海、江苏的产业梯度排名分别由 2003 年的第五位、第七位升至 2011 年的第二位、第三位，浙江的产业梯度排名有七年为第一，部分年份处于高水平或较高水平；安徽、湖北的产业梯度排名处于中游，江西、湖南的产业梯度排名分别由 2003 年的第二位、第三位降至 2011 年的第五位、第八位，两地产业梯度由中等水平降为低水平；上游地区四省市的产业梯度排名均靠后，产业梯度处于低水平。

化学原料及化学制品制造业。2003～2011年江苏、浙江的产业梯度排名连续九年分列第一位和第二位，上海的产业梯度排名有七年为第三；安徽、湖北的产业梯度排名处于中游，江西、湖南的产业梯度排名分别由2003年的第十一位、第十位升至2011年的第五位、第七位；四川的产业梯度排名由2003年的第五位降至2011年的第九位，其余三省市的产业梯度排名均靠后。

化学纤维制造业。2003～2011年上海的产业梯度排名处于中下游，浙江、江苏的产业梯度排名连续九年分列第一位和第二位，浙江的产业梯度连续九年处于高水平；中游地区四省的产业梯度排名均处于中下游；重庆、四川、云南的产业梯度排名分别由2003年的第十一位、第七位、第九位升至2011年的第三位、第四位、第六位，但产业梯度仍处于低水平。

非金属矿物制品业。2003～2011年上海、江苏、浙江的产业梯度排名分别由2003年的第四位、第三位、第一位降至2011年的第十一位、第七位、第六位，产业梯度均由中等水平降至低水平；江西的产业梯度排名由2003年的第八位升至2011年的第二位，产业梯度由低水平升至中等水平，其余三省的产业梯度排名均处于中游；四川的产业梯度排名由2003年的第七位升至2011年的第一位，产业梯度由低水平升至中等水平，其余三省市的产业梯度排名均靠后。

黑色金属冶炼及压延加工业。2003～2011年浙江的产业梯度排名靠后，上海的产业梯度排名有八年为前三，江苏的产业梯度排名连续八年第一；中游四省的产业梯度排名处于中下游；云南的产业梯度排名由2003年的第十一位升至2011年的第六位，产业梯度由低水平升至中等水平，其余三省市的产业梯度排名均靠后。

有色金属冶炼及压延加工业。2003～2011年上海、江苏、浙江的产业梯度排名分别由2003年的第七位、第二位、第一位降至2011年的第十位、第十一位、第五位，上海的产业梯度由中等水平降至低水平，江苏的产业梯度由较高水平降至低水平；安徽、江西、湖北、湖南的产业梯度排名分别由2003年的第六位、第三位、第十一位、第五位升至2011

年的第二位、第一位、第六位、第三位，安徽、江西、湖南的产业梯度由中等水平升至高水平，湖北的产业梯度由低水平升至中等水平；云南的产业梯度排名连续九年位居第三或第四位，其余三省市的产业梯度排名靠后。

（3）装备制造业。从金属制品业，通用设备制造业，专用设备制造业，交通运输设备制造业，电气机械及器材制造业，通信设备、计算机及其他电子设备制造业，仪器仪表及文化、办公用机械制造业研判长江经济带沿线11省市装备制造业梯度水平（见表1-16）。

表1-16 2003~2011年长江经济带沿线11省市装备制造业梯度排名

行业	年份	上海	江苏	浙江	安徽	江西	湖北	湖南	重庆	四川	贵州	云南
金属制品业	2003	3	1	2	6	7	4	5	9	8	10	11
	2011	9	1	7	4	8	5	3	6	2	11	10
通用设备制造业	2003	3	1	2	6	9	5	8	7	4	11	10
	2011	3	4	6	5	9	8	2	7	1	11	10
专用设备制造业	2003	5	3	1	4	10	8	2	7	6	11	9
	2011	5	4	8	3	9	7	1	6	2	11	10
交通运输设备制造业	2003	1	7	6	3	4	5	8	2	9	11	10
	2011	2	5	6	4	7	3	9	1	8	11	10
电气机械及器材制造业	2003	4	2	1	3	9	5	10	6	7	8	11
	2011	6	3	5	1	4	9	7	2	8	10	11
通信设备、计算机及其他电子设备制造业	2003	1	2	4	5	8	9	6	10	3	7	11
	2011	2	3	7	9	8	5	6	1	4	10	11
仪器仪表及文化、办公用机械制造业	2003	1	2	3	5	9	6	8	4	7	11	10
	2011	4	1	5	3	8	9	2	6	7	10	11

资料来源：根据测算结果整理。

金属制品业。2003~2011年江苏的产业梯度排名连续九年位居前列，上海、浙江的产业梯度排名分别由2003年的第三位、第二位降至2011年的第九位、第七位，产业梯度由中等水平降至低水平；湖南的产业梯度排名由2003年的第五位升至2011年的第三位，产业梯度由低水平升至中等水平，其余三省的产业梯度排名均处于中下游；重庆、四川的产业梯度排名分别由 2003 年的第九位、第八位升至 2011 年的第六位、第二位,产业梯度均由低水平升至中等水平,贵州、云南的产业梯度排名靠后。

通用设备制造业。2003~2011 年上海的产业梯度排名连续九年位于前三位,江苏、浙江的产业梯度排名分别由 2003 年的第一位、第二位降至 2011 年的第四位、第六位,其中,浙江的产业梯度由中等水平降至低水平;湖南的产业梯度排名由 2003 年的第八位升至 2011 年的第二位,产业梯度由低水平升至中等水平,其余三省的产业梯度排名均处于中下游;四川的产业梯度排名由 2003 年的第四位升至 2011 年的第一位,产业梯度由低水平升至中等水平,其余三省市的产业梯度排名均靠后。

专用设备制造业。2003~2011 年浙江的产业梯度排名由 2003 年的第一位降至 2011 年的第八位,产业梯度由中等水平降至低水平,上海、江苏的产业梯度排名位居中游;湖南的产业梯度排名自 2004 年起连续八年位居第一位,产业梯度自 2008 年起均处于较高水平或高水平,安徽的产业梯度排名居中,江西、湖北的产业梯度排名靠后;四川的产业梯度排名由 2003 年的第六位升至 2011 年的第二位,且产业梯度水平由低升至中等,其余三省市的产业梯度排名靠后。

交通运输设备制造业。2003~2011 年上海的产业梯度排名连续九年位居前三位,江苏、浙江的产业梯度排名处于中下游;安徽、湖北的产业梯度排名位居中游,江西、湖南的产业梯度排名靠后;重庆的产业梯度排名自 2004 年起连续八年位居第一位,多数年份产业梯度处于较高水平,其余三省的产业梯度排名靠后。

电气机械及器材制造业。2003~2011 年江苏的产业梯度排名连续九年位居前三位,上海、浙江的产业梯度排名分别由 2003 年的第四位、第一位降至 2011 年的第六位、第五位,产业梯度由中等水平降至低水平;安徽的产业梯度排名有七年位居第一位,江西的产业梯度排名由 2003 年的第九位升至 2011 年的第四位,产业梯度由低水平升至中等水平,湖北、湖南的产业梯度排名靠后;重庆的产业梯度排名由 2003 年的第六位升至 2011 年的第二位,产业梯度由低水平升至中等水平,其余三省的产业梯度排名靠后。

通信设备、计算机及其他电子设备制造业。2003～2011 年上海的产业梯度排名连续八年位居第一位，多数年份产业梯度处于较高水平，江苏的产业梯度排名连续九年位居前三位，浙江的产业梯度排名位居中游；中游地区四省的产业梯度排名均处于中下游；重庆的产业梯度排名由 2003 年的第十位升至 2011 年的第一位，产业梯度由低水平升至中等水平，四川的产业梯度排名位居中游，贵州、云南的产业梯度排名靠后。

仪器仪表及文化、办公用机械制造业。2003～2011 年江苏的产业梯度排名有六年位居第一位，其余三年位居第二位，上海、浙江的产业梯度排名分别由 2003 年的第一位、第三位降至 2011 年的第四位、第五位；安徽、湖南的产业梯度排名分别由 2003 年的第五位、第八位升至 2011 年的第三位、第二位，产业梯度也由低水平升至中等水平，江西、湖北的产业梯度排名靠后；重庆的产业梯度排名位居中游，其余三省的产业梯度排名靠后。

（4）消费品工业。从农副食品加工业，食品制造业，饮料制造业，烟草制品业，纺织业，纺织服装、鞋、帽制造业，造纸及纸制品业，医药制造业研判长江经济带沿线 11 省市消费品工业梯度水平（见表 1 - 17）。

表 1 - 17　2003～2011 年长江经济带沿线 11 省市消费品工业梯度排名

行业	年份	上海	江苏	浙江	安徽	江西	湖北	湖南	重庆	四川	贵州	云南
农副食品加工业	2003	10	2	6	3	7	5	4	8	1	11	9
	2011	11	8	10	2	5	1	4	6	3	7	9
食品制造业	2003	1	5	2	10	8	4	7	9	5	3	11
	2011	9	11	10	5	6	4	1	7	3	2	8
饮料制造业	2003	7	5	2	6	10	4	9	8	1	3	11
	2011	11	6	8	5	9	3	4	7	2	1	10
烟草制品业	2003	4	7	3	6	8	9	2	10	11	5	1
	2011	1	6	3	7	11	4	5	9	10	8	2
纺织业	2003	5	2	1	4	7	3	6	9	8	—	—
	2011	9	2	1	6	5	4	8	7	3	10	—

续表

行业	年份	上海	江苏	浙江	安徽	江西	湖北	湖南	重庆	四川	贵州	云南
纺织服装、鞋、帽制造业	2004	4	1	2	6	3	5	7	8	9	10	11
	2011	9	3	1	6	2	4	5	8	7	10	11
造纸及纸制品业	2003	7	3	1	5	10	2	4	8	6	11	9
	2011	9	8	5	4	6	3	2	10	1	7	11
医药制造业	2003	10	4	3	11	2	5	9	8	6	1	7
	2011	11	4	10	8	2	7	5	9	3	1	6

资料来源：根据测算结果整理。

农副食品加工业。2003～2011 年上海的产业梯度排名靠后，产业梯度水平较低，江苏、浙江的产业梯度排名分别由 2003 年的第二位、第六位降至 2011 年的第八位、第十位；安徽、湖南的产业梯度排名位居中游，江西、湖北的产业梯度排名分别由 2003 年的第七位、第五位升至 2011 年的第五位、第一位；重庆、贵州、云南的产业梯度排名靠后，但四川的产业梯度排名连续八年位居第一位。

食品制造业。2003～2011 年上海、江苏、浙江的产业梯度排名分别由 2003 年的第一位、第五位、第二位降至 2011 年的第九位、第十一位、第十位；江西、湖北的产业梯度排名位居中游，安徽、湖南的产业梯度排名分别由 2003 年的第十位、第七位升至 2011 年的第五位、第一位，湖南的产业梯度由低水平升至中等水平；重庆、云南的产业梯度排名靠后，四川、贵州的产业梯度排名靠前，多数年份产业梯度处于中等水平。

饮料制造业。2003～2011 年上海、江苏的产业梯度排名处于中下游，浙江的产业梯度排名由 2003 年的第二位降至 2011 年第八位，产业梯度由中等水平降至低水平；安徽、湖北的产业梯度排名位居中游，江西的产业梯度排名靠后，湖南的产业梯度排名由 2003 年的第九位升至 2011 年的第四位，产业梯度由低水平升至中等水平；重庆、云南的产业梯度排名靠后，四川、贵州的产业梯度排名连续九年位居前列，产业梯度处于较高水平。

烟草制品业。2003～2011 年江苏的产业梯度排名靠后，浙江的产业梯度排名位居中游，上海的产业梯度排名由 2003 年的第四位升至 2011 年的第一位，产业梯度由中等水平升至高水平；安徽、江西的产业梯度排名靠后，湖北的产业梯度排名由 2003 年的第九位升至 2011 年的第四位，产业梯度由中等水平升至较高水平，湖南的产业梯度排名由 2003 年的第二位降至 2011 年的第五位，产业梯度由较高水平降至中等水平；重庆、四川的产业梯度排名靠后，贵州的产业梯度排名由 2003 年的第五位降至 2011 年的第八位，云南的产业梯度排名连续七年位居第一，产业梯度连续九年处于高水平。

纺织业。2003～2011 年上海的产业梯度排名由 2003 年的第五位降至 2011 年的第九位，江苏、浙江的产业梯度排名连续九年位居前列，浙江的产业梯度多数年份处于较高水平或高水平；中游地区四省的产业梯度排名处于中下游；四川的产业梯度排名由 2003 年的第八位升至 2011 年的第三位，产业梯度由低水平升至中等水平，其余三省市的产业梯度排名靠后。

纺织服装、鞋、帽制造业。2004～2011 年（2003 年数据缺失）上海的产业梯度排名由 2004 年的第四位降至 2011 年的第九位，江苏、浙江的产业梯度排名位居前列，产业梯度处于中等水平；安徽、湖北、湖南的产业梯度排名位居中下游，江西的产业梯度排名靠前；上游地区四省市的产业梯度排名均靠后。

造纸及纸制品业。2003～2011 年上海的产业梯度排名靠后，江苏、浙江的产业梯度排名分别由 2003 年的第三位、第一位降至 2011 年的第八位、第五位；安徽、湖北的产业梯度排名位居中游，江西、湖南的产业梯度排名分别由 2003 年的第十位、第四位升至 2011 年的第六位、第二位；重庆、贵州、云南的产业梯度排名靠后，四川的产业梯度排名由 2003 年的第六位升至 2011 年的第一位。

医药制造业。2003～2011 年上海的产业梯度排名靠后，江苏的产业梯度排名位居中游，浙江的产业梯度排名由 2003 年的第三位降至 2011 年的第十位；安徽、湖北的产业梯度处于中下游，江西的产业梯度排名靠前，湖南的产业梯度排名由 2003 年的第九位升至 2011 年的第五位；重庆、云南的产业梯度排名靠后，四川的产业梯度排名由 2003 年的第六位升至 2011 年的第三位，贵州的产业梯度排名连续九年位居第一，产业梯度多数年份处于较高水平。

2. 2012 年长江经济带工业梯度系数

（1）长江经济带上中下游地区工业梯度系数。2012 年长江经济带上中下游地区采矿业、原材料工业、装备制造业、消费品工业的梯度存在明显空间差异。

采矿业。下游地区的 7 个产业排名均垫底（见表 1 - 18），产业梯度系数均小于 1。中游地区有 4 个产业排名第一，3 个产业排名第二。其中，"黑色金属矿采选业""有色金属矿采选业""非金属矿采选业""开采辅助活动"的梯度处于中等水平，"煤炭开采和洗选""石油和天然气开采业"的梯度处于低水平。上游地区产业梯度最高，中游地区产业梯度次之，下游地区产业梯度较低。上游地区的"石油和天然气开采业""开采辅助活动"梯度较高。具体分析如下：上游地区有 3 个产业排名第一，4 个产业排名第二。其中，"石油和天然气开采业""开采辅助活动"的梯度处于高水平，"煤炭开采和洗选""非金属矿采选业"的梯度处于中等水平，"黑色金属矿采选业""有色金属矿采选业"的梯度处于低水平。

表 1 - 18　2012 年长江经济带上中下游地区采矿业梯度排名

行业	下游地区	中游地区	上游地区
煤炭开采和洗选	3	2	1
石油和天然气开采业	3	2	1
黑色金属矿采选业	3	1	2
有色金属矿采选业	3	1	2
非金属矿采选业	3	1	2
开采辅助活动	3	2	1
其他采矿业	—	1	2

资料来源：根据测算结果整理。

原材料工业。中下游地区的"橡胶和塑料制品业""有色金属冶炼和压延加工业""化学纤维制造业"梯度处于较高水平，上游地区的"石油加工、炼焦和核燃料加工业"梯度处于低水平。上游地区的资源禀赋优势没能在产业链中部得到延伸，反而采矿业产业梯度低的下游地区更好地发展了原材料工业。具体分析如下：下游地区有4个产业排名第一，1个产业排名第二（见表1-19）。其中，"化学纤维制造业"的梯度较高，"石油加工、炼焦和核燃料加工业""化学原料和化学制品制造业""橡胶和塑料制品业""有色金属冶炼和压延加工业"的梯度处于中等水平，3个产业的梯度处于低水平。中游地区有3个产业排名第一，3个产业排名第二。其中，"橡胶和塑料制品业""有色金属冶炼和压延加工业"的梯度较高，"化学原料和化学制品制造业""非金属矿物制品业"的梯度处于中等水平，3个产业的梯度处于低水平。上游地区有3个产业排名第二，4个产业排名垫底。其中，仅"橡胶和塑料制品业"的梯度处于中等水平，其他6个产业的梯度处于低水平。

表1-19 2012年长江经济带上中下游地区原材料工业梯度排名

行业	下游地区	中游地区	上游地区
石油加工、炼焦和核燃料加工业	1	2	3
化学原料和化学制品制造业	1	2	3
化学纤维制造业	1	3	2
橡胶和塑料制品业	3	1	2
非金属矿物制品业	3	1	2
黑色金属冶炼和压延加工业	1	2	3
有色金属冶炼和压延加工业	2	1	3

装备制造业。下游地区的"铁路、船舶、航空航天和其他运输设备制造业""仪器仪表制造业"梯度处于较高水平，上游地区的"铁路、船舶、航空航天和其他运输设备制造业"梯度也处于较高水平，其余产业在中上游地区的梯度均处于低水平。下游地区有3个产业排名第一，4个产业排名第二（见表1-20）。其中，"铁路、船舶、航空航天和其他运输设备制造业""仪器仪表制造业"的梯度处于较高水平，"金属制品

业""通用设备制造业""电气机械和器材制造业""计算机、通信和其他电子设备制造业"的梯度处于中等水平,剩余 3 个产业的梯度处于低水平。中游地区有 3 个产业排名第一,4 个产业排名第二。其中,排名第一的 3 个产业梯度处于中等水平,同为梯度中等的产业还有"通用设备制造业""铁路、船舶、航空航天和其他运输设备制造业""仪器仪表制造业""金属制品、机械和设备修理业",剩余 2 个产业的梯度处于低水平。上游地区有 3 个产业排名第一,1 个产业排名第二。其中,排名第二的"铁路、船舶、航空航天和其他运输设备制造业"梯度处于较高水平,排名第一的 3 个产业梯度处于中等水平,其余产业的梯度处于低水平。

表 1 - 20　2012 年长江经济带上中下游地区装备制造业梯度排名

行业	下游地区	中游地区	上游地区
金属制品业	2	1	3
通用设备制造业	1	2	3
专用设备制造业	2	1	3
汽车制造业	3	2	1
铁路、船舶、航空航天和其他运输设备制造业	1	3	2
电气机械和器材制造业	2	1	3
计算机、通信和其他电子设备制造业	2	3	1
仪器仪表制造业	1	2	3
金属制品、机械和设备修理业	3	2	1

资料来源:根据测算结果整理。

消费品工业。大部分消费品工业在中游地区表现良好,纺织工业、木材加工、医药制造、资源回收利用等产业在下游地区表现良好,仅烟酒制造业在上游地区表现良好。具体分析如下:下游地区有 3 个产业排名第一,5 个产业排名第二(见表 1 - 21)。其中,"烟草制品业"的梯度处于较高水平,"纺织业""纺织服装、服饰业""木材加工和木、竹、藤、棕、草制品业""医药制造业""废弃资源综合利用业"的梯度处于中等水平,其余产业的梯度处于低水平。中游地区有 10 个产业排名第一，3个产业排名第二。其中，仅"皮革、皮毛、羽毛及其制品和制鞋业""文教、工美、体育和娱乐用品制造业"的梯度处于低水平，其余产业的梯度处于中等水平。上游地区有2个产业排名第一，7个产业排名第二。其中，"酒、饮料和精制茶制造业""烟草制品业""家具制造业""医药制造业""其他制造业"的梯度处于中等水平，剩余10个产业梯度处于低水平。

表 1-21　2012 年长江经济带上中下游地区消费品工业梯度排名

行业	下游地区	中游地区	上游地区
农副食品加工业	3	1	2
食品制造业	3	1	2
酒、饮料和精制茶制造业	3	2	1
烟草制品业	1	3	2
纺织业	1	2	3
纺织服装、服饰业	2	1	3
皮革、皮毛、羽毛及其制品和制鞋业	2	3	1
木材加工和木、竹、藤、棕、草制品业	2	1	3
家具制造业	3	1	2
造纸和纸制品业	3	1	2
印刷和记录媒介复制业	3	1	2
文教、工美、体育和娱乐用品制造业	1	2	3
医药制造业	3	1	2
废弃资源综合利用业	2	1	3
其他制造业	2	1	3

资料来源：根据测算结果整理。

（2）长江经济带沿线 11 省市工业梯度系数。2012 年长江经济带沿线 11 省市采矿业、原材料工业、装备制造业、消费品工业的梯度存在明显空间差异。

采矿业。江西、湖北、湖南、四川、贵州采矿业的梯度处于较高水平，四川、湖北的梯度最高（见表 1-22）。四川有 3 个产业排名第一，2 个产业排名第二，2 个产业排名第三，其采矿业具备明显产业优势；湖北的"非金属矿采选业""开采辅助活动"梯度处于较高水平,其采矿业也具备较大产业优势。上海、江苏、浙江采矿业的梯度处于较低水平。

表 1 - 22　2012 年长江经济带沿线 11 省市采矿业梯度排名

行业	上海	江苏	浙江	安徽	江西	湖北	湖南	重庆	四川	贵州	云南
煤炭开采和洗选	—	9	—	5	7	8	4	6	2	1	3
石油和天然气开采业	4	—	—	—	—	5	—	2	1	—	—
黑色金属矿采选业	—	8	9	6	1	3	4	10	2	7	5
有色金属矿采选业	—	10	8	6	1	5	2	9	3	7	4
非金属矿采选业	—	10	9	7	5	2	4	6	3	1	8
开采辅助活动	—	4	—	3	—	2	—	—	1	—	—
其他采矿业	—	—	—	—	—	2	—	—	1	—	—

　　原材料工业。江苏、浙江、江西、湖南原材料工业的梯度处于较高水平,江苏、浙江最高(见表 1 - 23)。江苏有 2 个产业排名第一,除"非金属矿物制品业"外其余产业的梯度处于中等水平,是长江经济带原材料工业整体产业梯度最高的省市;浙江的"化学纤维制造业"梯度排名第一,"橡胶和塑料制品业"的梯度处于较高水平,另有 3 个产业的梯度处于中等水平,其原材料工业也具备较大产业优势。重庆、四川、贵州、云南、上海原材料工业的梯度处于较低水平,重庆、上海最低。重庆仅"橡胶和塑料制品业"的梯度处于较高水平,其余 6 个产业的梯度处于低水平;上海仅"石油加工、炼焦和核燃料加工业""橡胶和塑料制品业"的梯度处于中等水平,其余 5 个产业的梯度处于低水平。

表 1 - 23　2012 年长江经济带沿线 11 省市原材料工业梯度排名

行业	上海	江苏	浙江	安徽	江西	湖北	湖南	重庆	四川	贵州	云南
石油加工、炼焦和核燃料加工业	1	3	2	7	8	5	4	11	6	10	8
化学原料和化学制品制造业	6	1	3	7	4	2	5	11	9	10	8
化学纤维制造业	10	2	1	7	4	6	8	9	3	—	5

续表

行业	上海	江苏	浙江	安徽	江西	湖北	湖南	重庆	四川	贵州	云南
橡胶和塑料制品业	11	10	2	3	8	4	6	5	7	1	9
非金属矿物制品业	11	6	9	5	2	1	3	7	4	8	10
黑色金属冶炼和压延加工业	6	1	10	3	7	2	8	5	11	9	4
有色金属冶炼和压延加工业	11	6	5	3	1	7	2	8	9	10	4

资料来源：根据测算结果整理。

装备制造业。江苏、安徽、重庆装备制造业的梯度处于较高水平（见表1-24）。江苏的"仪器仪表制造业"梯度排名第一，"铁路、船舶、航空航天和其他运输设备制造业"的梯度也处于较高水平，其余6个产业（"汽车制造业"除外）的梯度都处于中等水平，其装备制造业整体的产业梯度处于较高水平，具备很大产业优势；安徽和重庆各自均有产业梯度处于高水平或较高水平，并有较多产业的梯度处于中等水平，其装备制造业整体的产业梯度处于较高水平。贵州、云南、浙江、湖北装备制造业的梯度处于较低水平。贵州和云南的所有装备制造业的梯度处于低水平；浙江仅有2个产业的梯度处于中等水平，其余产业的梯度处于低水平；湖北有4个产业的梯度处于中等水平，其余产业的梯度处于低水平。

表1-24　2012年长江经济带沿线11省市装备制造业梯度排名

行业	上海	江苏	浙江	安徽	江西	湖北	湖南	重庆	四川	贵州	云南
金属制品业	9	2	7	5	3	4	1	8	6	11	10
通用设备制造业	3	5	6	4	8	7	2	9	1	11	10
专用设备制造业	5	4	9	2	8	6	1	7	3	11	10
汽车制造业	2	7	8	4	6	3	9	1	5	11	10
铁路、船舶、航空航天和其他运输设备制造业	5	2	4	6	7	8	3	1	9	11	10
电气机械和器材制造业	7	2	5	1	4	8	6	3	9	10	11

续表

行业	上海	江苏	浙江	安徽	江西	湖北	湖南	重庆	四川	贵州	云南
计算机、通信和其他电子设备制造业	2	3	8	9	6	5	7	1	4	10	11
仪器仪表制造业	7	1	5	6	4	8	2	3	9	10	11
金属制品、机械和设备修理业	6	7	8	3	1	5	9	4	2	10	—

资料来源：根据测算结果整理。

消费品工业。江苏、浙江、湖北、湖南、四川消费品工业的梯度处于较高水平（见表 1-25）。湖北"酒、饮料和精制茶制造业""烟草制品业"的梯度处于较高水平，另有 6 个产业的梯度处于中等水平，其消费品工业整体的产业梯度处于较高水平；湖南"烟草制品业"的梯度处于较高水平，另有 9 个产业的梯度处于中等水平，其消费品工业整体的产业梯度处于高水平。上海、云南消费品工业梯度处于较低水平，各自仅 3 个产业梯度不处于低水平。

表 1-25　2012 年长江经济带沿线 11 省市消费品工业梯度排名

行业	上海	江苏	浙江	安徽	江西	湖北	湖南	重庆	四川	贵州	云南
农副食品加工业	11	7	10	2	4	1	3	6	5	8	9
食品制造业	8	11	10	6	2	3	1	9	5	4	7
酒、饮料和精制茶制造业	11	7	8	5	6	3	4	9	1	2	10
烟草制品业	2	6	3	10	11	5	4	8	9	7	1
纺织业	9	4	1	7	3	2	8	6	5	—	10
纺织服装、服饰业	7	2	4	5	1	3	6	9	8	10	—
皮革、皮毛、羽毛及其制品和制鞋业	9	8	3	4	7	10	6	1	2	5	11
木材加工和木、竹、藤、棕、草制品业	11	8	3	2	4	7	1	9	6	5	10
家具制造业	6	10	7	4	3	8	1	5	2	9	—
造纸和纸制品业	8	9	5	7	4	1	2	6	3	10	11
印刷和记录媒介复制业	10	9	8	2	3	5	1	6	4	11	7
文教、工美、体育和娱乐用品制造业	1	5	3	8	2	9	6	10	7	11	4

续表

行业	上海	江苏	浙江	安徽	江西	湖北	湖南	重庆	四川	贵州	云南
医药制造业	11	2	9	8	1	7	4	10	5	3	6
废弃资源综合利用业	10	5	3	1	8	6	4	2	7	9	11
其他制造业	9	3	5	7	8	2	1	4	6	11	10

资料来源：根据测算结果整理。

五　研究结论与政策建议

（一）研究结论

采用结构相似系数、区位熵、工业利润率、改进的产业梯度系数测度了 2003~2012 年长江经济带沿线 11 省市工业细分行业（除电力、热力、燃气及水的生产和供应业外）的同构性水平和梯度水平，从行业和区域两个视角全面分析长江经济带工业同构的水平、趋势、合意性和工业梯度的空间分布和变化趋势，得出以下结论。

（1）长江经济带区域之间和区域内部工业同构性呈现明显的空间差异。下游地区工业同构性较强，中游地区次之，上游地区较弱。上中下游地区之间总体同构性不强，但上游与中游地区之间工业呈现较强的同构性。

（2）长江经济带上中下游地区工业同构性水平变化差异较大，且整体工业同构性呈现非合意特征。其中，中游地区工业同构性水平呈现下降特征，下游地区同构性水平仍处于上升阶段。除上游地区外，中下游地区工业同构对区域经济发展产生不利影响，长江经济带工业分布尚不够合理，区域工业发展不协调。

（3）长江经济带工业梯度水平呈现显著的区域差异，存在梯度转移趋势。采矿业梯度呈现下游低、中上游高的发展格局，中上游产业优势逐步增强；原材料工业梯度呈现下游高、中游次之、上游低的发展格局；装备制造业梯度呈现下游高、中上游低的发展格局，但区域产业梯度差距逐渐缩小；消费品工业梯度区域差异不大，但内部细分行业梯度差异显著。

（二）政策建议

1. 以产业转移为纽带促进上中下游互动发展

区域产业转移是优化区域产业布局和区域经济协调发展的重要手段。当区域间产业存在梯度势差时，产业存在由高梯度地区向低梯度地区扩散和转移的趋势。适时的产业转移既是高梯度发达地区"腾笼换鸟"、调整产业结构的必然选择，也是低梯度落后地区经济发展的重要途径。长江经济带产业梯度势差呈现明显的空间差异，具备产业转移的基础。可以通过合理有效地引导区域产业转移实现上中下游地区良性互动。

（1）加快下游地区产业转型升级。下游地区在产业结构高级化过程中将逐步退出低效、低附加值的产业，进一步发挥先进制造业、现代服务业和战略性新兴产业对经济增长的带动作用。重点发展航空航天、电子通信、计算机、信息化学和医药等高技术制造业，加快上海、江苏、浙江转出石油加工、炼焦和核燃料加工业，有色金属冶炼和压延加工业等原材料工业，以及烟草制品业，纺织业，纺织服装、服饰业等消费品工业。

（2）打造中游地区核心产业转移承接区。中游地区应积极推进新型工业化进程，加快和发展现代产业体系，因地制宜地承接下游地区转出的产业，形成错位的产业格局。安徽可重点承接有色金属冶炼和压延加工业，江西可重点承接农副食品加工业、有色金属冶炼和压延加工业，湖北可重点承接农副食品加工业，食品制造业，黑色金属冶炼和压延加工业，汽车制造业，铁路、船舶、航空航天和其他运输设备制造业，湖南可重点承接有色金属冶炼和压延加工业，通用设备制造业，专用设备制造业，汽车制造业，铁路、船舶、航空航天和其他运输设备制造业。

（3）推动上游地区有序承接产业转移。上游地区的部分区域要限制高强度的工业化和城镇化开发，以保持、提高农产品生产能力和生态产品供应能力为发展方向。另一部分区域可以借助已有的产业基础，积极承接下游地区的产业转移。成渝地区可重点承接农副食品加工业，食品制造业，汽车制造业，铁路、船舶、航空航天和其他运输设备制造业，计算机、通信和其他电子设备制造业等产业，黔中地区可重点承接烟草制品业，滇中地区可重点承接有色金属冶炼和压延加工业、医药制造业。

2. 以完善经济关系制度为核心规范地方政府行为

区域经济关系制度与规则的缺失会导致区域利益主体（尤其是地方政府）行为的不规范，从而引致区域经济的恶性竞争，导致区域经济发展的不协调。从改善政府职能和行为入手，建立和完善区域经济关系制度，能有效弱化区域经济恶性竞争和冲突，促进区域产业和经济的协调发展。

（1）强化中央政府引导。从国家层面通过规划、指导意见等权威性的制度安排，明确长江经济带沿江省市产业发展的战略定位，促进各地区的错位发展。加强基于产业价值链的分工协作，引导沿江省市开展产业链合作，依托各类开发区、城市新区等空间载体促进产业集聚，积极推进长江经济带产业走廊建设。

（2）建立区域补偿机制。中央政府通过转移支付，使得弱势地区获得足够补偿以弥补其发展具有比较优势但经济效益不明显工业所遭受的损失。这样可以有效阻止地方政府在产业规划过程中的"复制高经济效益产业结构"行为，消除不合理的利益目标对区域比较优势的扭曲，形成合理的区域产业布局。

（3）完善政绩考核机制。一方面，要实现评估主体的多元化，打破上级主体单一考核的局面，激发民间主体考核的积极性，实现官方主体与民间主体并重。另一方面，考核内容在经济增长指标的基础上，进一步考虑经济、政治和社会等各方面的协调和可持续发展，积极推动考核内容的体系化和多层次化。

参考文献

陈蕊、熊必琳：《基于改进产业梯度系数的中国区域产业转移战略构想》，《中国科技论坛》2007 年第 8 期，第 8 ~ 12 页。

陈晓永、张会平：《基于梯度差异视角的京津冀产业同构及成因的新认识》，《改革与战略》2012 年第 6 期，第 98 ~ 100 页。

陈耀：《产业结构趋同的度量及合意与非合意性》，《中国工业经济》1998 年第 4 期，第 37 ~ 43 页。

陈永国、马丽慧：《关于京津冀服务业各行业的梯度分析及建议》，《经济工作导刊》2002 年第 7 期，第 6 ~ 7 页。

陈永国、马丽慧：《基于产业梯度系数分析的京津冀工业分行业的发展取向》，《生产力研究》2004 年第 1 期，第 111 ~ 113 页。

陈真、宋新兴：《产业同构：成因、影响与破解》，《经济研究导刊》2009 年第 36 期，第 172 ~ 173 页。

戴宏伟等：《区域产业转移研究：以"大北京"经济圈为例》，中国物价出版社，2003，第 45 ~ 55 页。

邓路：《环渤海经济圈地方保护与产业同构的理论与实证研究》，《大连理工大学学报》（社会科学版）2010 年第 1 期，第 51 ~ 54 页。

冯立欣、胡平东：《中国地区产业结构同构化成因的博弈分析》，《经济研究导刊》2009 年第 10 期，第 124 ~ 125 页。

贺灿飞、刘作丽、王亮：《经济转型与中国省区产业结构趋同研究》，《地理学报》2008 年第 8 期，第 807 ~ 819 页。

贺清云、蒋菁、何海兵：《中国中部地区承接产业转移的行业选择》，《经济地理》2010 年第 6 期，第 960 ~ 964 页。

贺曲夫、刘友金：《基于产业梯度的中部六省承接东南沿海产业转移之重点研究》，《湘潭大学学报》（哲学社会科学版）2011 年第 5 期，第 71 ~ 75 页。

华德亚、丁玉龙、左菲菲：《基于产业梯度系数视角的长三角区域产业转移趋势分析》，《皖西学院学报》2014 年第 1 期，第 38 ~ 42 页。

黄维芳、李光德：《基于改进产业梯度系数的大珠三角服务业转移研究》，《产经评论》2013 年第 6 期，第 18 ~ 26 页。

蒋金荷：《我国高技术产业同构性与集聚的实证分析》，《数量经济技术经济研究》2005 年第 12 期，第 91 ~ 97 页。

李松志、骆华松、武友德：《珠江三角洲与其外围区域产业梯度比较及优化探讨》，《地理与地理信息科学》2006 年第 1 期，第 78 ~ 83 页。

李晅煜、孙洋、杨钊：《环渤海地区高新技术产业同构合意性分析》，《特区经济》

2012 年第 9 期，第 54～56 页。

李昭、文余源：《我国区域之间产业同构作用及原因分析》，《地域研究与开发》
1998 年第 4 期，第 53～57 页。

刘作丽、贺灿飞：《京津冀地区工业结构趋同现象及成因探讨》，《地理与地理信息
科学》2007 年第 5 期，第 62～66 页。

邱风、张国平、郑恒：《对长三角地区产业结构问题的再认识》，《中国工业经济》
2005 年第 4 期，第 77～85 页。

王小平、陈永国：《区域生产性服务业梯度与协作发展研究——以京津冀经济圈为
例》，《河北经贸大学学报》2008 年第 2 期，第 70～74 页。

王志华、陈圻：《长三角制造业高技术化与高技术产业同构的关系探析》，《科技进
步与对策》2006 年第 10 期，第 172～173 页。

熊必琳、陈蕊、杨善林：《基于改进梯度系数的区域产业转移特征分析》，《经济理
论与经济管理》2007 年第 7 期，第 45～49 页。

徐侠、安同良：《东部地区高新技术产业同构度的测度与分析》，《科技进步与对
策》2008 年第 8 期，第 119～121 页。

尹希果、李后建：《产业结构趋同测度的一种新方法》，《统计与决策》2010 年第 12
期，第 10～13 页。

于良春、付强：《地区行政垄断与区域产业同构互动关系分析》，《中国工业经济》
2008 年第 6 期，第 56～66 页。

张毅帆、高全成：《基于产业梯度系数分析的河南中原城市群产业布局》，《经济视
角》2012 年第 3 期，第 14～16 页。

张卓颖、石敏俊：《中国省区间产业内贸易与产业结构同构分析》，《地理学报》
2011 年第 6 期，第 732～740 页。

周立群、江霈：《京津冀与长三角产业同构成因及特点分析》，《江海学刊》2009 年
第 1 期，第 93～99 页。

邹艳芬、陆宇海：《战略性新兴产业的同构隐患、内因探究及其政府规制行为》，
《改革》2013 年第 5 期，第 42～50 页。

第二章 长江经济带工业集聚水平测度 及其影响因素研究

一 相关研究进展

（一）工业集聚成因

新古典经济学派主要从集聚优势的视角解释工业集聚。马歇尔（1991）认为外部经济的存在是工业集聚的基础，部分学者将其归结为集聚经济（Smith and Florida，1994）。基本观点体现在三个方面。第一，共享劳动力和基础设施资源。相似的工业企业集聚使得集群内部企业共享劳动力市场，获得专业技术劳动力并节约雇佣成本。第二，降低中间产品投入。集群内部中间投入生产者通过竞争可以提供价格低廉的中间投入，形成集群内部企业的前后关联和价值链体系，降低成本。第三，知识外溢。空间距离的缩短使得距离衰减效应最小化，克鲁格曼（2000）将这一特点概括为外部性。集群内企业可以通过共享知识和信息，为集群内部企业的创新和技能革新提供有利的软环境。

经济区位论主要以基于生产成本最小化选择集聚区位的观点来解释产业集聚的形成。其中，运输成本和劳动力费用是解释集聚成因的基础和核心。第一，原料导向型企业在原料产地布局可以最大限度地节约运输成本，适用于规模较大、运输成本较高和输送难度较大的原料加工业。第二，劳动导向型企业集聚在价格低廉的劳动力集聚区，例如劳动密集型加工企业一般集中于劳动力成本低廉的发展中国家和地区。第三，若工业无明显要素导向，空间布局可以在综合计算劳动力费用、运费及其他生产要素成本的基础上，选择最佳的区位。随着产业结构的优化升级和现代交通体系的完善，生产要素和运输成本受空间的限制不断减弱，市场、技术、知识等因素的影响不断增强，区位论对工业集聚形成的解释力逐渐弱化。

波特（2001）从外部环境对企业竞争优势的影响以及有利因素可获得的角度解释了工业集聚的形成，进一步发展了产业集聚理论。他首创了钻石模型，认为创新、政府支持、市场竞争等因素是企业竞争优势形成的关键，同样可解释工业集聚优势的形成。集群内部企业通过创新刺激技术变更和制度改革；政府通过完善政策为集群发展营造良好的软环境；通过引入竞争企业为集群企业施压，加快提高生产率或变更市场延续生产，提升集群整体的活力和竞争优势。

新经济地理学派以克鲁格曼为主要代表，从三个方面解释企业集聚的形成。第一，需求（市场规模）。企业一般选址于接近市场的地方，降低了企业的运输成本。第二，外部经济。集群的正外部性可以惠及集群内部企业。第三，地方专业化。外部因素促成了地区专业化的形成，当某一区域相对其他区域拥有专业化优势时，经过不断的循环累积强化优势，最终形成区域独有的竞争优势。

（二）工业集聚测度

经济发展会伴随特定要素在地理上的集聚，导致经济空间往往不是匀质平面。经济活动的空间集聚特征可以从不同角度加以衡量。按集聚对象划分，可以分为两种：第一，工业部门集聚，主要用于衡量地区工业专业化水平；第二，工业地区集聚，主要衡量工业的地理集中水平。学术界关于工业集聚水平测度采用的方法主要包括区位熵、区域分工指数、空间基尼系数、行业集中度指数、赫芬达尔指数、EG 指数、θ 指数、Hoover 指数、CAD 指数和熵指数等。上述方法均以特定的区域单元为基础，其测度结果受行政分割的限制较大。广义的产业集聚应当突破以行政单元为划分依据限制，以空间距离为衡量依据，K 函数、M 函数和 SP 指数应运而生。基于距离测度的产业集聚需要将特定的区域重心抽象化成具体的空间节点，通过测度空间节点的距离衡量空间集聚程度，但实用性不强。空间计量分析则改变了这一情况，Arcgis、Matlab 及 Geoda Space 等空间计量软件中，标准差椭圆（SDE）、G 系数和 Moran 指数基于地理距离测度空间集聚程度。学术界最早关于产业集聚的测度，主要是基于相应产业指标在总体中所占权重，虽然这一方法较为原始，但更为直观和便捷。其中，SDE、G 系数和 Moran 指数可兼顾区域整体集聚特征和局部分布规律；空间基尼系数、赫芬达尔指数、EG 指数和 θ 指数主要从产业部门的角度测度空间集聚水平；区域分工指数以区域为单元，衡量区域产业集聚程度差异；区位熵从相对集聚角度分析产业集聚；指标或份额比较分析法从绝对集聚角度分析产业集聚，可同时从区域和产业两个角度进行识别。

（三）工业集聚影响因素

1. 生产要素

新古典贸易理论认为，不同区域间的资源禀赋差异是形成经济活动空间集聚的先决条件，由于某些资源的不可流动性，所在地以该资源为原料的制造业集聚较其他地区有着先天优势，包括人力资本、物质资本、原材料成本和技术要素等。

（1）人力资本。劳动是基础性生产要素，劳动密集型产业集聚依赖于劳动力充裕程度。随着产业结构的优化升级，高技术制造业、战略性新兴产业的比重不断上升，尤其是信息产品制造、专用设备制造、光电子产品制造等行业，从而对人力资本的依赖程度也不断上升（Audretsch and Feldman，1996）。人才集聚程度较高的大城市成为高技术产业、科研院所集聚的首选，例如美国的硅谷和中国的中关村都是以知名高校为据点，依托人才推动高技术产业集聚。

（2）物质资本。物质资本也是基础性生产要素。早期资本对产业集聚的影响体现为：资本主义原始积累和工业革命时期，以及经济初创时期对生产各个环节的促进；工业化发展中期，资本的决定作用更多地体现为促进资本密集型产业发展；随着经济全球化程度的不断提高和现代产业部门的发展，资本跨区域流动逐步加快，现代产业部门的产生与发展离不开资本的支持和现代金融体系的支撑。学术界关于资本促进产业集聚的研究集中体现为外商直接投资对产业集聚形成的影响（盖骁敏和张文娟，2010）。

（3）原材料成本。生产成本与产业集聚是双向相关关系，关键要素的成本决定产业集聚的形成；随着企业的空间集聚，集群内部生产成本的配置效率也不断提高（盛丹和王永进，2013）。低成本原料可以直接通过价格优势促进产业集聚（刘妍，2004）。在工业发展初期，落后的交通运输无法完成对质量较大、储存困难原料的跨区域输送，原料供求失衡形成巨大的区域价格差异，阻碍了产业集聚的形成。

（4）技术要素。在索洛模型中，技术水平直接影响边际产出。技术进步决定了区域的后发优势，推动集群产业链延伸、集群内部分工深化，强化集群内部关联。技术要素是现代产业体系形成和发展的关键，较高技术水平和知识创造能力等同较强的现代产业生产能力，以技术共享为基础的现代产业集群决定了行业的集中程度。范剑勇（2006）从劳动生产率的角度探讨了我国产业集聚的区域特征。

2. 区位因素

（1）交通与资源禀赋。交通运输对产业集聚的影响集中体现为要素流动和产业扩散。何雄浪（2014）从要素流动的角度阐释交通体系的完备性对产业集聚的影响，认为交通条件的改善有助于引入更多外部因素，促进区域产业结构优化（骆火明，2008）。资源禀赋对产业集聚的影响取决于不同产业部门对区域内矿产资源、劳动力储量、技术水平的不同需求强度，资源禀赋决定区域不同产业部门的比较优势。

（2）工资和价格水平。租金价格也是直接影响产业集聚形成的主要因素（Rauch，1993）。产业集聚通过改变特定区域劳动力和土地的供求均衡状态，造成工资和土地价格的上涨。反之，较低的劳动力和土地价格可以降低集群企业的生产成本。已有研究表明，土地价格和劳动力价格对产业集聚并无显著的影响（胡健，2010）。

（3）市场开放度。厂商的增加和国外产品的进入会极大地加剧市场竞争，提高生产效率，增加服务产品种类，满足差异化的消费需求。外商直接投资包括资本投入和国外先进的技术、管理经验和企业文化。外商直接投资是衡量区域市场开放度的重要指标，学术界对市场开放度与产业集聚关系的研究主要以外商直接投资为切入点（张浩然，2009）。

（4）产业发展阶段。在不同产业结构下，劳动、资本和技术等生产要素的生产率存在差异，产出提升速度和需求扩展潜力也不同。与工业相比，服务业发展更具区域普遍性和分散性，产业发展阶段对产业集聚的影响体现在企业的空间分布层面。

（5）市场规模。市场规模是影响产业集聚的需求因素，较大的市场规模可以缩短产品的生产周期。市场规模对服务业集聚的影响尤为显著，服务业具有生产与消费同步的特征，市场需求直接决定产业规模。冯伟（2011）认为本地市场效应相比国际市场，能对产业集聚产生更稳健的影响。

3. 政策因素

（1）法律法规。完备的法律法规对限制损害社会利益的个人行为以及为经济利益主体创造公平合理的环境起到非常重要的作用。完善合理的法律规范对产业集聚也会产生同样的影响，为产业集聚内部企业创造公平的环境和机会。市场经济如果缺乏有效的规制，会造成市场失灵和资源配置低效。

（2）基础设施与产业政策。产业政策涉及：第一，产业结构调整政策，淘汰落后产业，促进战略性新兴产业发展；第二，行业规范措施，为促进产业部门合理发展，规范竞争行为；第三，产业技术政策，包括引进先进技术、促进优势产业发展等。学术界关于产业政策的研究以财税政策、对外开放政策和货币政策为主，考察政策实施效果与激励机制。

（3）特殊时期的政策。如产业转移政策、新中国成立初期的生产力布局政策、大推进理论等，在短期内使得制造业部门违背以上因素并在指定区域集聚。当市场机制存在严重缺失时，政策可以为市场提供补充，甚至取代市场。在财政收入最大化和经济增长双重目标的驱使下，各级地方政府都有主动性去制定和实施政策以促进本地制造业快速集聚。

二　长江经济带工业集聚水平研究

（一）测度方法和数据来源

1. 测度方法

学术界关于工业集聚水平测度的指标分为三类：一是基于总量指标的测度，包括区位熵、EG 指数、赫芬达尔指数、熵指数、空间基尼系数、行业集中度指数、θ 指数、Hoover 指数等；二是基于地理距离的测度，包括 K 函数、M 函数和 SP 指数等，与基于行政单元的总量指标相比，基于地理距离的总量指标更为详尽地反映出产业的空间布局状态；三是基于空间计量的测度，包括标准差椭圆（SDE）、G 系数和 Moran 指数等。综合比较各种测度方法的优缺点和适用性。本节采用空间基尼系数、区域专业化指数和区位熵，分别从空间集聚水平、区域产业分工状况、专业化程度和比较优势等角度研判长江经济带工业集聚水平的时空演变特征，并选取工业销售产值作为工业集聚水平的测度标的。

2. 数据来源

2001～2011 年长江经济带沿线 11 省市 26 个工业细分行业销售产值数据采自 2001～2003 年、2005～2011 年的《中国工业经济统计年鉴》，2004 年数据采自各省市的统计年鉴。2012 年和 2013 年长江经济带沿线 11 省市 37 个工业细分行业销售产值数据采自 2013 年和 2014 年的《中国工业经济统计年鉴》，2012 年工业销售产值的截面数据选取 26 个工业细分行业作为分析对象。其中，2011 年及以前的工业行业数据均采用《国民经济行业分类》（GB/T 4754—2002）行业分类代码，相比 2002 年的《国民经济行业分类》（GB/T 4754—2002），部分行业的名称和代码有所变动（见表 2-1）。

表2-1 2011年版与2002年版《国民经济行业分类》变动一览

代码	2011年版	2002年版
B11	开采辅助活动	—
C15	酒、饮料和精制茶制造业	饮料制造业
C18	纺织服装、服饰业	纺织服装、鞋、帽制造业
C19	皮革、毛皮、羽毛及其制品和制鞋业	皮革、毛皮、羽毛（绒）及其制品业
C24	文教、工美、体育和娱乐用品制造业	文教体育用品制造业
C30	非金属矿物制品业	塑料制品业
C31	黑色金属冶炼和压延加工业	非金属矿物制品业
C32	有色金属冶炼和压延加工业	黑色金属冶炼及压延加工业
C33	金属制品业	有色金属冶炼及压延加工业
C34	通用设备制造业	金属制品业
C35	专用设备制造业	通用设备制造业
C36	汽车制造业	专用设备制造业
C37	铁路、船舶、航空航天和其他运输设备制造业	交通运输设备制造业
C38	电气机械和器材制造业	—
C39	计算机、通信和其他电子设备制造业	电气机械及器材制造业
C40	仪器仪表制造业	通信设备、计算机及其他电子设备制造业
C41	其他制造业	仪器仪表及文化、办公用机械制造业
C42	废弃资源综合利用业	—
C43	金属制品、机械和设备修理业	—

资料来源：根据《国民经济行业分类》（GB/T 4754—2002）和《国民经济行业分类》（GB/T 4754—2011）整理。

（二）测度结果分析

1. 2001~2011年长江经济带工业空间集聚水平

2001~2011年长江经济带工业空间集聚总体水平较高，空间基尼系数超过0.4。其中，以2006年为拐点，长江经济带工业空间基尼系数呈现先平缓上升后逐步下降的变化特征，2006年以后长江经济带工业空间布局呈现逐步扩散趋势。在26个工业行业大类中，除煤炭开采和洗选业，石油和天然气开采业，化学纤维制造业，有色金属矿采选业，饮料制造业，通信设备、计算机及其他电子设备制造业，仪器仪表及文化、办公用机械制造业以及有色金属冶炼及压延加工业 8 个行业的集聚水平逐步上升外，其他工业行业均逐步扩散（见表 2 - 2）。造成这一现象的原因归结为：一是行业自身发展特征，大型工业企业具有规模报酬递增的特点；二是由于中上游地区工业体系的不断健全。高污染、高能耗的重化工业向中上游地区转移提高了工业空间集聚水平，有利于进一步整合资源，提高资源利用效率。

表 2 - 2 2001 ~ 2011 年长江经济带沿线 11 省市工业行业空间基尼系数

行业代码	2001 年	2002 年	2003 年	2004 年	2005 年	2006 年	2007 年	2008 年	2009 年	2010 年	2011 年
工业	0.476	0.481	0.494	0.506	0.496	0.504	0.494	0.480	0.436	0.449	0.420
B06	0.425	0.442	0.476	0.491	0.468	0.474	0.464	0.457	0.416	0.485	0.492
B07	0.738	0.740	0.765	0.766	0.771	0.778	0.789	0.780	0.709	0.785	0.817
B08	0.585	0.542	0.502	0.402	0.304	0.340	0.353	0.420	0.382	0.473	0.503
B09	0.485	0.475	0.505	0.540	0.582	0.575	0.558	0.535	0.487	0.581	0.610
B10	—	—	—	0.463	0.412	0.345	0.366	0.361	0.328	0.357	0.401
C13	0.420	0.430	0.418	0.415	0.410	0.409	0.402	0.395	0.359	0.405	0.398
C14	0.520	0.491	0.457	0.420	0.401	0.366	0.343	0.304	0.276	0.284	0.297
C15	0.439	0.454	0.451	0.451	0.435	0.429	0.425	0.412	0.375	0.436	0.454
C16	0.402	0.383	0.380	0.389	0.383	0.376	0.393	0.372	0.339	0.366	0.367
C17	0.688	0.695	0.696	0.712	0.706	0.704	0.695	0.687	0.624	0.659	0.639
C18	—	—	—	0.710	0.719	0.724	0.711	0.703	0.639	0.654	0.610
C22	0.543	0.557	0.565	0.559	0.555	0.561	0.561	0.550	0.500	0.489	0.467
C25	0.547	0.539	0.546	0.524	0.521	0.506	0.476	0.447	0.406	0.446	0.455
C26	0.503	0.515	0.514	0.524	0.525	0.537	0.531	0.509	0.463	0.484	0.474
C27	0.388	0.395	0.410	0.427	0.413	0.398	0.386	0.373	0.339	0.376	0.377
C28	0.689	0.691	0.725	0.746	0.735	0.767	0.759	0.769	0.699	0.770	0.768
C31	0.419	0.416	0.396	0.382	0.406	0.393	0.381	0.375	0.341	0.358	0.344
C32	0.456	0.441	0.446	0.437	0.462	0.474	0.461	0.437	0.398	0.427	0.411
C33	0.301	0.294	0.303	0.319	0.333	0.339	0.350	0.378	0.343	0.395	0.382
C34	0.636	0.638	0.664	0.667	0.652	0.646	0.631	0.620	0.564	0.575	0.539
C35	0.639	0.638	0.637	0.641	0.630	0.624	0.617	0.610	0.554	0.575	0.535
C36	0.596	0.572	0.529	0.553	0.573	0.573	0.561	0.544	0.495	0.541	0.544

行业代码	2001年	2002年	2003年	2004年	2005年	2006年	2007年	2008年	2009年	2010年	2011年
C37	0.456	0.462	0.474	0.456	0.420	0.434	0.435	0.445	0.405	0.450	0.450
C39	0.613	0.620	0.618	0.630	0.612	0.617	0.608	0.607	0.552	0.589	0.592
C40	0.666	0.678	0.722	0.746	0.737	0.743	0.746	0.748	0.680	0.724	0.671
C41	0.616	0.594	0.614	0.641	0.643	0.658	0.660	0.658	0.598	0.674	0.695

资料来源：根据测算结果整理。

2001～2011年长江经济带工业集聚的平均水平排名前10位的工业行业依次为：石油和天然气开采业，化学纤维制造业，通信设备、计算机及其他电子设备制造业，纺织服装、鞋、帽制造业，纺织业，仪器仪表及文化、办公用机械制造业，金属制品业，通用设备制造业，电气机械及器材制造业以及专用设备制造业（见表2-2）。能源导向型的重化工业和劳动力密集型的工业行业比重不大，且通信设备、计算机及其他电子设备制造业和仪器仪表及文化、办公用机械制造业等现代工业行业优势逐步凸显，表明长江经济带工业结构逐渐优化。

2. 2001～2011年长江经济带沿线11省市工业专业化指数

长江经济带沿线11省市工业专业化指数呈现稳中有降的变化特征。以2007年为拐点，2006年以前沿线11省市专业化指数整体变化较为平稳，2006年以后下降趋势明显。其中，上海、湖北和贵州略有上升，江苏、浙江和湖南发展平缓，其余5省市基本呈现下降趋势，总体工业专业化程度逐渐趋同（见表2-3）。一方面，长江经济带沿线11省市工业集聚程度不断降低，产业部门逐步健全并日趋多样化，经济结构日趋均衡；另一方面，相对较低的工业专业化程度不利于长江经济带资源整合和产业链的纵向延伸。

表2-3 2001～2011年长江经济带沿线11省市工业专业化指数

年份	上海	江苏	浙江	安徽	江西	湖北	湖南	重庆	四川	贵州	云南
2001	0.417	0.290	0.400	0.373	0.553	0.381	0.520	0.736	0.523	0.792	1.055
2002	0.419	0.282	0.403	0.392	0.582	0.442	0.506	0.734	0.514	0.787	1.043

续表

年份	上海	江苏	浙江	安徽	江西	湖北	湖南	重庆	四川	贵州	云南
2003	0.434	0.276	0.422	0.445	0.627	0.432	0.566	0.748	0.511	0.859	1.048
2004	0.412	0.262	0.450	0.486	0.632	0.584	0.655	0.763	0.573	0.887	1.044
2005	0.459	0.285	0.444	0.542	0.568	0.534	0.608	0.724	0.538	0.851	0.983
2006	0.422	0.283	0.398	0.519	0.632	0.513	0.630	0.752	0.509	0.892	1.020
2007	0.449	0.279	0.405	0.495	0.631	0.498	0.625	0.768	0.498	0.867	0.997
2008	0.465	0.283	0.406	0.459	0.596	0.524	0.579	0.689	0.480	0.867	0.965
2009	0.497	0.294	0.410	0.413	0.532	0.481	0.560	0.655	0.487	0.849	0.924
2010	0.503	0.296	0.414	0.385	0.535	0.491	0.536	0.596	0.498	0.899	0.933
2011	0.533	0.312	0.408	0.355	0.508	0.459	0.539	0.518	0.479	0.918	0.926
均值	0.455	0.286	0.415	0.442	0.581	0.485	0.575	0.698	0.510	0.861	0.994

资料来源：根据测算结果整理。

　　长江经济带沿线 11 省市工业专业化指数与工业销售产值呈现反向变化关系。从工业专业化指数聚类结果可知，贵州、云南、重庆工业专业化指数较高，位居第一梯队，这些省市产业结构相对单一，工业基础薄弱，行业发展不均衡；江苏、浙江、安徽工业专业化指数相对较低，这些省工业结构相对均衡，工业体系健全；四川、湖南、湖北、江西工业专业化指数介于二者之间，工业发展较快，内部竞争激烈。2009 年以来，长江经济带沿线 11 省市工业专业化指数的空间格局逐渐趋于稳定，形成了下中上游梯度递减的空间分工格局（见表 2－4）。

表 2－4　2001~2011 年长江经济带沿线 11 省市工业专业化指数聚类分析结果

年份	第一类	第二类	第三类
2001	贵州、云南、重庆	四川、湖南、江西	上海、江苏、浙江、安徽、湖北
2002	贵州、云南、重庆	四川、湖南、江西	上海、江苏、浙江、安徽、湖北
2003	贵州、云南、重庆	江苏、江西、四川、湖南	上海、浙江、安徽、湖北
2004	贵州、云南、重庆	湖北、四川、江西、湖南	上海、江苏、浙江、安徽
2005	贵州、云南、重庆	安徽、湖北、四川、江西、湖南	上海、江苏、浙江
2006	贵州、云南	江西、湖南、重庆	上海、江苏、浙江、安徽、湖北、四川
2007	贵州、云南、重庆	湖南、江西	上海、江苏、浙江、安徽、四川、湖北

续表

年份	第一类	第二类	第三类
2008	贵州、云南	湖南、江西、重庆	上海、江苏、浙江、安徽、四川、湖北
2009	贵州、云南	上海、湖北、湖南、江西、四川	江苏、浙江、安徽、重庆
2010	贵州、云南	上海、湖北、湖南、江西、四川、重庆	江苏、浙江、安徽
2011	贵州、云南	上海、湖北、湖南、江西、四川、重庆	江苏、浙江、安徽

注：根据 SPSS 22.0 聚类分析结果整理。

资料来源：根据测算结果整理。

3. 2001～2011 年长江经济带工业发展的比较优势

（1）长江经济带工业发展总体比较优势。2001～2011 年长江经济带优势工业行业数量总体呈现稳步增长趋势。2008～2011 年长江经济带 26 个工业行业中，有 16 个在全国层面具有规模集聚优势，表明长江经济带工业发展均衡，综合优势突出。此外，长江经济带优势工业行业数量高于沿线省市优势工业数量的总和，表明沿线 11 省市工业行业呈现优势互补的发展格局，有利于长江经济带形成健全的产业体系和分工协作网络，夯实了长江经济带产业链纵向延伸的空间基础。

如表 2 - 5 所示，2001～2011 年长江经济带区位熵大于 1 的工业行业包括非金属矿采选业等 16 个行业，表明长江经济带工业具有稳定的比较优势。优势行业中的交通运输设备制造业，通信设备、计算机及其他电子设备制造业，仪器仪表及文化、办公用机械制造业等现代制造业占比较高，说明长江经济带工业结构较为合理，工业发展质量较高。长江经济带工业优势行业呈现不断优化趋势。饮料制造业、烟草制品业、纺织业、化学原料及化学制品制造业等 12 个行业的优势相对稳定；非金属矿采选业、黑色金属冶炼及压延加工业比较优势逐渐丧失，通信设备、计算机及其他电子设备制造业和仪器仪表及文化、办公用机械制造业等行业的比较优势逐渐凸显。总体上，长江经济带工业呈稳定、均衡的集聚态势，内部结构合理，但缺乏集聚优势较为突出的工业行业。

表 2 - 5　2001~2011 年长江经济带工业分行业区位熵

代码	2001 年	2002 年	2003 年	2004 年	2005 年	2006 年	2007 年	2008 年	2009 年	2010 年	2011 年	均值
B06	0.489	0.478	0.442	0.359	0.442	0.448	0.438	0.472	0.486	0.487	0.472	0.456
B07	0.126	0.126	0.139	0.147	0.131	0.142	0.148	0.189	0.217	0.206	0.179	0.159
B08	0.620	0.672	0.503	0.381	0.516	0.511	0.527	0.515	0.557	0.458	0.492	0.523
B09	0.537	0.555	0.508	0.503	0.560	0.680	0.642	0.617	0.563	0.601	0.678	0.586
B10	—	—	—	—	0.925	1.034	0.939	1.023	1.022	1.045	1.059	1.007
C13	0.793	0.742	0.678	0.674	0.646	0.662	0.667	0.692	0.727	0.740	7.682	1.337
C14	0.684	0.679	0.740	0.792	0.687	0.699	0.658	0.683	0.657	0.684	0.711	0.698
C15	1.092	1.084	1.078	1.261	1.028	1.076	1.056	1.067	1.084	1.108	1.136	1.097
C16	1.688	1.662	1.651	1.861	1.671	1.723	1.645	1.606	1.640	1.581	1.610	1.667
C17	1.372	1.382	1.378	1.446	1.399	1.427	1.357	1.330	1.309	1.280	1.212	1.354
C18	—	—	—	—	1.287	1.339	1.270	1.232	1.184	1.184	1.176	1.239
C22	0.971	0.964	0.937	1.010	0.908	0.928	0.904	0.925	0.944	0.944	0.945	0.944
C25	0.680	0.655	0.672	0.627	0.659	0.638	0.594	0.587	0.557	0.556	0.552	0.616
C26	1.134	1.152	1.100	1.077	1.168	1.195	1.167	1.186	1.174	1.186	1.206	1.159
C27	1.061	1.082	1.097	1.204	1.100	1.123	1.071	1.084	1.089	1.075	1.074	1.096
C28	1.464	1.536	1.708	1.670	1.914	1.945	1.880	1.889	1.894	1.881	1.932	1.792
C31	0.921	0.919	0.877	0.902	0.854	0.851	0.806	0.818	0.830	0.858	0.891	0.866
C32	1.033	0.985	0.950	0.770	0.952	0.979	0.940	0.930	0.923	0.930	0.914	0.937
C33	1.128	1.144	1.148	0.969	1.206	1.300	1.202	1.151	1.133	1.148	1.132	1.151
C34	1.051	1.093	1.167	1.137	1.125	1.152	1.110	1.121	1.086	1.066	1.050	1.105
C35	1.359	1.371	1.377	1.332	1.342	1.360	1.793	1.237	1.177	1.178	1.142	1.333
C36	1.101	1.099	1.030	1.104	0.961	0.993	0.967	1.006	1.014	1.068	1.094	1.040
C37	1.248	1.233	1.195	1.286	1.137	1.180	1.120	1.163	1.153	1.142	1.156	1.183
C39 (C40)	1.067	1.075	1.064	1.052	1.079	1.143	1.137	1.178	1.181	1.193	1.266	1.130
C40 (C41)	0.773	0.765	0.876	0.822	0.979	0.997	1.021	1.039	1.054	1.064	1.096	0.953
C41 (C42)	1.018	0.942	0.978	0.969	1.081	1.117	1.073	1.186	1.250	1.288	1.356	1.114

资料来源：根据测算结果整理。

（2）长江经济带沿线 11 省市优势工业行业分布。长江经济带优势工业行业分布呈现明显的空间差异。如表 2 - 6 所示，上游省市优势工业行业资源导向性显著，其中，黑色金属矿采选业、有色金属矿采选业、煤炭开采和洗选业、非金属矿采选业占比较大。中游省份优势工业行业原料导向性特征显著，农副食品加工业、饮料制造业占较大比重，黑色金属冶炼及压延加工业、有色金属冶炼及压延加工业等高污染、高耗能的行业仍占较大比重。下游省市优势工业行业则主要基于其区位优势和历史基础，纺织业、化学原料及化学制品制造业、化学纤维制造业等比重较大，通信设备、计算机及其他电子设备制造业，仪器仪表及文化、办公用机械制造业等工业行业也具有显著的优势。

表 2 - 6　2001～2011 年长江经济带沿线 11 省市工业优势行业

省市	优势产业行业分类代码	合计
云南	B08，B09，B10，C16，C26，C27，C32，C33	8
贵州	B06，B10，C15，C16，C26，C27，C32，C33	8
四川	B06，B07，B08，B09，B10，C13，C14，C15，C27，C31，C35，C36	12
重庆	B10，C16，C27，C31，C37，C41	6
湖北	B08，B10，C13，C15，C16，C26，C27，C31，C32	9
湖南	B06，B09，C13，C14，C15，C16，C22，C26，C27，C31，C33，C36	12
江西	B08，B09，B10，C18，C27，C31，C33，C39	8
安徽	B06，B08，B10，C13，C15，C16，C31，C33，C37，C39	10
江苏	C17，C18，C26，C28，C32，C34，C35，C36，C39，C40，C41	11
浙江	C17，C18，C22，C28，C34，C35，C39，C41	8
上海	C16，C25，C26，C34，C35，C36，C37，C39，C40，C41	10

资料来源：根据测算结果整理。

长江经济带省际优势工业行业分布同构性严重。其中，7 个省市在非金属矿采选业、烟草制品业、医药制造业中具有集聚优势，6 个省市在非金属矿物制品业中具有集聚优势。

中上游地区的优势工业行业数量较少，但工业集聚水平高于下游地区。集聚水平较高的工业行业多为资源开采、原料加工或具有垄断性质的工业行业，主要包括有色金属矿采选业、烟草制品业、有色金属冶炼及压延加工业等行业，中上游地区工业结构单一、发展不均衡，尚未形成完整、均衡的产业体系。中上游省市缺乏资本、技术等因素的支持，产业竞争优势形成的主要动力来自自然资源、原料等地缘因素，造成中上游省市在原料加工、自然资源开采等技术含量低、自然条件要求高的工业行业上占据较大优势（见表2－7）。

表2－7 2001～2011年长江经济带沿线11省市集聚水平较高的工业行业分布

产业部门	区位熵均值	所在省市
有色金属矿采选业	3.873	云南
烟草制品业	18.856	云南
有色金属冶炼及压延加工业	3.878	云南
煤炭开采和洗选业	4.564	贵州
饮料制造业	3.697	贵州
烟草制品业	6.036	贵州
农副食品加工业	4.977	四川
饮料制造业	4.257	四川
交通运输设备制造业	4.336	重庆
烟草制品业	3.483	湖南
有色金属冶炼及压延加工业	4.650	江西
化学纤维制造业	5.195	浙江

资料来源：根据测算结果整理。

4. 2012～2013年长江经济带工业行业空间集聚水平

（1）工业行业空间集聚水平分析。2012年长江经济带工业行业大类的空间基尼系数最高的10个行业依次是：开采辅助活动，其他采矿业，石油和天然气开采业，有色金属矿采选业，煤炭开采和洗选，黑色金属矿采选业，化学纤维制造业，烟草制品业，酒、饮料和精制茶制造业，非金属矿采选业（见表2－8）。其中8个行业涉及矿产资源开采，且烟草制品业以及酒、饮料和精制茶制造业也是原料导向型工业行业。长江经济带工业行业空间集聚呈现以矿产资源和工业原料为导向的初等工业集聚模式，这与行业的规模报酬递增特点相关。

表 2 - 8　2012 ~ 2013 年长江经济带工业行业空间基尼系数及排名

行业名称	2012 年		2013 年		升降
	基尼系数	排名	基尼系数	排名	
开采辅助活动	0.599	1	0.816	1	平
其他采矿业	0.542	2	0.421	2	平
石油和天然气开采业	0.502	3	0.187	6	- 3
有色金属矿采选业	0.275	4	0.256	3	+ 1
煤炭开采和洗选	0.223	5	0.210	4	- 1
黑色金属矿采选业	0.197	6	0.188	5	+ 1
化学纤维制造业	0.171	7	0.158	7	平
烟草制品业	0.162	8	0.146	8	平
酒、饮料和精制茶制造业	0.128	9	0.127	10	- 1
非金属矿采选业	0.115	10	0.098	11	- 1
仪器仪表制造业	0.111	11	0.132	9	+ 2
家具制造业	0.100	12	0.086	12	平
皮革、毛皮、羽毛及其制品和制鞋业	0.090	13	0.078	13	平
计算机、通信和其他电子设备制造业	0.069	14	0.049	19	- 5
有色金属冶炼和压延加工业	0.068	15	0.063	14	+ 1
废弃资源综合利用业	0.063	16	0.057	16	平
食品制造业	0.060	17	0.059	15	+ 2
农副食品加工业	0.059	18	0.051	17	+ 1
纺织业	0.055	19	0.050	18	+ 1
汽车制造业	0.051	20	0.038	20	平
其他制造业	0.044	21	0.024	27	- 6
文教、工美、体育和娱乐用品制造业	0.038	22	0.034	21	+ 1
纺织服装、服饰业	0.029	23	0.030	22	+ 1
专用设备制造业	0.029	24	0.021	28	- 4
橡胶和塑料制品业	0.028	25	0.026	24	+ 1
非金属矿物制品业	0.028	26	0.025	26	平
铁路、船舶、航空航天和其他运输设备制造业	0.027	27	0.025	25	+ 2
电气机械和器材制造业	0.027	28	0.027	23	+ 5
石油加工、炼焦和核燃料加工业	0.027	29	0.012	31	- 2
木材加工和木、竹、藤、棕、草制品业	0.020	30	0.020	29	+ 1
造纸和纸制品业	0.017	31	0.016	30	+ 1
印刷和记录媒介复制业	0.010	32	0.011	32	平

续表

行业名称	2012 年		2013 年		升降
	基尼系数	排名	基尼系数	排名	
通用设备制造业	0.010	33	0.009	36	−3
黑色金属冶炼和压延加工业	0.009	34	0.010	34	平
金属制品业	0.008	35	0.009	35	平
化学原料和化学制品制造业	0.008	36	0.010	33	+3
医药制造业	0.006	37	0.005	37	平

资料来源：根据测算结果整理。

排名 11~20 的行业依次是：仪器仪表制造业，家具制造业，皮革、毛皮、羽毛及其制品和制鞋业，计算机、通信和其他电子设备制造业，有色金属冶炼和压延加工业，废弃资源综合利用业，食品制造业，农副食品加工业，纺织业，汽车制造业（见表 2-8）。其中家具制造业，皮革、毛皮、羽毛及其制品和制鞋业，食品制造业，农副食品加工业，纺织业等劳动密集型制造业占有较大比重，其次是对技术要素需求较大的仪器仪表制造业和计算机、通信和其他电子设备制造业。以上工业行业以生活必需品加工制造的轻工业部门为主，其空间集聚程度相对较低。居民需求的普遍性、成品相对较低的价格以及部分工业行业生产原料的不可转移性，是造成这一现象的重要原因。

与 2012 年相比，2013 年长江经济带产业结构略有优化，但矿产资源和原料导向型工业部门仍占据绝对比重。2013 年长江经济带工业行业空间基尼系数最高的 10 大行业依次是开采辅助活动，其他采矿业，有色金属矿采选业，煤炭开采和洗选，黑色金属矿采选业，石油和天然气开采业，化学纤维制造业，烟草制品业，仪器仪表制造业，酒、饮料和精制茶制造业，汽车制造业（见表 2-8）。其中，呈现加速集聚的工业行业部门按照增速高低排名依次是：电气机械和器材制造业，化学原料和化学制品制造业，铁路、船舶、航空航天和其他运输设备制造业，仪器仪表制造业，食品制造业等 15 个行业。其他制造业，计算机、通信和其他电子设备制造业，专用设备制造业，通用设备制造业，石油和天然气开采业等 9 个行业空间集聚程度不断下降，过度分散导致资源集约利用程度下降，无法使集群优势最大化。长江经济带工业行业的空间布局仍有待进一步优化，集群优势并不明显。

（2）工业行业专业化分析。2012～2013 年长江经济带工业专业化程度最高的 10 个工业大类依次是：开采辅助活动，化学纤维制造业，石油和天然气开采业，其他采矿业，仪器仪表制造业，计算机、通信和其他电子设备制造业，纺织业，纺织服装、服饰业，文教、工美、体育和娱乐用品制造业，电气机械和器材制造业（见表 2-9）。一方面，矿产资源采掘及其相关行业仍然占有绝对优势，这与原料布局的生产特点和资源集约利用度提高密不可分，说明长江经济带工业主导产业有待进一步优化；另一方面，专业化程度较高的产业部门横跨采矿业、重工业、高新技术产业和轻工业部门，优势分布相对均衡，仪器仪表制造业，计算机、通信和其他电子设备制造业等行业专业化程度较高，表明长江经济带工业内部结构呈现不断优化的趋势。

表 2-9　2012～2013 年长江经济带工业行业专业化指数及排名

行业名称	2012 年		2013 年		升降
	θ 指数	排名	θ 指数	排名	
开采辅助活动	0.655	1	0.656	1	平
化学纤维制造业	0.602	2	0.602	2	平
石油和天然气开采业	0.502	3	0.529	3	平
其他采矿业	0.496	4	0.484	4	平
仪器仪表制造业	0.477	5	0.477	5	平
计算机、通信和其他电子设备制造业	0.408	6	0.335	8	-2
纺织业	0.390	7	0.386	6	+1
纺织服装、服饰业	0.381	8	0.337	7	+1
文教、工美、体育和娱乐用品制造业	0.350	9	0.329	9	平
电气机械和器材制造业	0.338	10	0.329	10	平
废弃资源综合利用业	0.333	11	0.299	14	-3
皮革、毛皮、羽毛及其制品和制鞋业	0.323	12	0.277	16	-4
金属制品业	0.318	13	0.308	11	+2

续表

行业名称	2012 年		2013 年		升降
	θ 指数	排名	θ 指数	排名	
有色金属矿采选业	0.312	14	0.308	12	+2
通用设备制造业	0.296	15	0.288	15	平
化学原料和化学制品制造业	0.293	16	0.299	13	+3
铁路、船舶、航空航天和其他运输设备制造业	0.289	17	0.276	17	平
专用设备制造业	0.284	18	0.272	18	平
其他制造业	0.253	19	0.207	26	−7
煤炭开采和洗选	0.249	20	0.205	27	−7
酒、饮料和精制茶制造业	0.243	21	0.251	19	+2
造纸和纸制品业	0.239	22	0.241	21	+1
木材加工和木、竹、藤、棕、草制品业	0.237	23	0.238	22	+1
黑色金属冶炼和压延加工业	0.228	24	0.230	24	平
石油加工、炼焦和核燃料加工业	0.224	25	0.184	29	−4
橡胶和塑料制品业	0.216	26	0.238	23	+3
家具制造业	0.216	27	0.174	32	−5
烟草制品业	0.200	28	0.197	28	平
有色金属冶炼和压延加工业	0.192	29	0.168	33	−4
非金属矿采选业	0.188	30	0.180	31	−1
汽车制造业	0.185	31	0.210	25	+6
农副食品加工业	0.183	32	0.181	30	+2
黑色金属矿采选业	0.173	33	0.247	20	+13
医药制造业	0.143	34	0.142	34	平
印刷和记录媒介复制业	0.109	35	0.108	35	平
食品制造业	0.103	36	0.100	36	平
非金属矿物制品业	0.089	37	0.088	37	平

资料来源：根据测算结果整理。

此外，长江经济带专业化程度较低的工业行业以家具制造业，印刷和记录媒介复制业等生活必需品工业行业为主，这与行业生产、消费的普遍性，产品同质性较强的特点有着必然联系。石油和天然气开采业、开采辅助活动和其他采矿业等原料导向型工业行业专业化程度也相对较低，这与行业原料运输成本和生产特点密切相关。综上，长江经济带工业专业化程度的行业布局相对合理。

与 2012 年相比，2013 年长江经济带工业专业化程度变化平稳。增长较快的行业依次是黑色金属矿采选业，汽车制造业，橡胶和塑料制品业，化学原料和化学制品制造业，酒、饮料和精制茶制造业，农副食品加工业，金属制品业和有色金属矿采选业等 12 个行业，行业门类相对分散。其中上升最为显著的黑色金属矿采选业和汽车制造业，有利于进一步去库存和淘汰落后产能，实现资源的集约利用。

2013 年长江经济带工业专业化程度下降的行业包括：煤炭开采和洗选，家具制造业，有色金属冶炼和压延加工业，石油加工、炼焦和核燃料加工业，皮革、毛皮、羽毛及其制品和制鞋业，其他制造业等 9 个行业。这些行业以矿产开采、加工和原料加工制造行业为主。究其原因：一方面，其他行业专业化程度上升挤占了这些行业的发展空间；另一方面，行业本身规模的减小和竞争优势的丧失导致其专业化程度的下降。综上，长江经济带工业专业化程度呈现不断优化趋势，现代工业行业专业化程度不断上升。

（3）工业行业比较优势综合分析。2012 年长江经济带沿线 11 省市区位熵大于 1 的工业行业个数从高到低依次是四川、安徽、湖南、湖北、浙江、上海、江西、江苏、贵州、云南、重庆（见表 2 - 10）。长江经济带区位熵大于 1 的工业大类达到 20 个，工业集中度高于全国平均水平。长江经济带沿线 11 省市工业行业呈现优势互补的发展格局，有利于长江经济带工业产业链横向延伸和全面均衡发展。

表 2 - 10　2012 年长江经济带沿线 11 省市工业行业区位熵

行业代码	上海	江苏	浙江	安徽	江西	湖北	湖南	重庆	四川	贵州	云南	长江经济带
B06	0.000	0.073	0.004	1.002	0.280	0.075	0.931	0.770	1.147	6.631	1.659	0.447
B07	0.025	0.060	0.000	0.000	0.000	0.201	0.000	0.074	1.038	0.000	0.000	0.125
B08	0.000	0.080	0.027	1.212	1.010	1.246	0.669	0.089	1.694	0.375	2.205	0.530

续表

行业代码	上海	江苏	浙江	安徽	江西	湖北	湖南	重庆	四川	贵州	云南	长江经济带
B09	0.000	0.015	0.082	0.495	3.020	0.419	2.564	0.045	1.710	0.461	3.835	0.682
B10	0.000	0.368	0.463	1.194	1.485	2.731	2.189	1.226	2.629	2.693	2.448	1.111
B11	0.000	0.028	0.000	0.033	0.000	2.958	0.000	0.000	5.220	0.000	0.021	0.689
B12	0.000	0.000	0.000	0.000	0.000	1.162	7.522	0.000	2.723	0.000	1.875	0.929
C13	0.186	0.473	0.286	1.364	0.943	1.729	1.320	0.735	1.274	0.441	0.837	0.767
C14	1.117	0.303	0.513	0.848	0.996	1.209	1.336	0.570	1.260	0.697	0.941	0.745
C15	0.230	0.479	0.578	1.277	0.676	2.169	1.124	0.697	4.437	5.131	1.165	1.151
C16	2.581	0.391	0.664	1.121	0.708	1.515	2.676	1.183	0.830	5.939	17.955	1.500
C17	0.225	1.407	2.682	0.754	0.846	1.441	0.528	0.372	0.711	0.025	0.065	1.217
C18	0.882	1.435	1.952	1.048	1.787	1.088	0.418	0.336	0.277	0.044	0.021	1.167
C19	0.446	0.517	2.145	0.881	1.287	0.257	0.845	0.777	0.864	0.234	0.053	0.852
C20	0.208	1.152	0.667	1.444	1.262	0.752	1.681	0.181	0.823	1.080	0.514	0.958
C21	1.286	0.287	1.794	0.871	0.943	0.403	1.037	0.776	1.833	0.308	0.018	0.880
C22	0.687	0.744	1.461	0.681	0.908	0.979	1.452	0.981	1.008	0.384	0.579	0.947
C23	1.195	0.814	1.073	1.525	1.274	0.981	1.377	1.101	1.373	0.416	1.455	1.083
C24	1.037	0.789	1.410	0.620	1.041	0.230	0.364	0.171	0.159	0.041	0.461	0.734
C25	1.169	0.386	0.664	0.279	0.514	0.502	0.672	0.097	0.376	0.422	0.679	0.521
C26	1.087	1.460	1.157	0.784	1.104	1.149	1.136	0.739	0.956	1.301	1.335	1.191
C27	0.853	0.991	0.910	0.814	1.804	1.144	1.039	1.036	1.518	2.073	1.345	1.084
C28	0.163	2.723	5.997	0.330	0.440	0.332	0.119	0.025	0.666	0.000	0.209	1.942
C29	0.971	0.650	1.583	1.276	0.649	0.790	0.580	0.843	0.778	0.865	0.453	0.888
C30	0.324	0.575	0.574	1.117	1.562	1.172	1.295	1.025	1.314	1.230	0.823	0.845
C31	0.623	0.972	0.532	0.874	0.693	1.173	0.689	0.625	0.865	1.242	1.469	0.845
C32	0.375	0.720	0.966	1.378	4.749	0.699	2.113	0.954	0.614	1.671	4.316	1.197
C33	1.012	1.291	1.343	1.102	0.674	1.022	0.826	0.795	0.868	0.388	0.297	1.082
C34	1.731	1.203	1.476	1.090	0.475	0.681	0.894	0.700	1.119	0.183	0.176	1.109
C35	1.149	1.207	0.801	1.131	0.483	0.659	3.143	0.480	1.095	0.225	0.288	1.124
C36	2.448	0.677	0.906	1.147	0.577	2.239	0.451	3.302	0.794	0.280	0.297	1.093
C37	1.824	2.324	1.608	0.688	0.893	1.195	1.746	7.145	1.064	1.665	0.323	1.840
C38	1.117	1.738	1.527	2.109	1.032	0.644	0.632	1.012	0.523	0.251	0.170	1.284

行业代码	上海	江苏	浙江	安徽	江西	湖北	湖南	重庆	四川	贵州	云南	长江经济带
C39	2.349	1.718	0.507	0.366	0.465	0.456	0.475	1.474	1.123	0.143	0.038	1.095
C40	1.315	2.969	1.703	0.618	0.638	0.389	0.889	1.428	0.284	0.239	0.229	1.582
C41	1.156	1.331	3.779	1.573	1.070	2.388	2.184	4.728	1.089	2.110	0.794	1.945
C42	0.318	0.856	1.874	3.777	0.804	0.708	1.360	0.814	0.520	0.181	0.115	1.151

资料来源：根据测算结果整理。

2012年长江经济带沿线11省市37个工业行业区位熵均值排名从高到低依次是：云南、湖南、四川、浙江、湖北、贵州、重庆、安徽、江西、江苏、上海（见表2-11），经济发展水平相对较低的中上游省市排名普遍靠前，江苏、上海等省市排名较为靠后。各省市区位熵与标准差存在正相关的关系，中上游地区工业发展不均衡，少数工业行业区位熵较高，将严重制约区域的全面可持续发展。

表2-11　2012年长江经济带沿线11省市工业区位熵大于1的频数、均值、标准差

指标	上海	江苏	浙江	安徽	江西	湖北	湖南	重庆	四川	贵州	云南	长江经济带
频数	17	13	18	20	14	18	19	11	21	12	12	20
均值	0.860	0.881	1.183	0.999	0.986	1.046	1.278	1.004	1.272	1.038	1.302	1.031
标准差	0.767	0.728	1.141	0.650	0.844	0.701	1.283	1.348	1.021	1.602	2.953	0.383

注：表中频数为区位熵大于1的行业个数。

资料来源：根据测算结果整理。

2013年长江经济带区位熵大于1的工业行业数量的省市排名从高到低依次是重庆、上海、贵州、江西、湖南、安徽、湖北、浙江、江苏、四川和云南。长江经济带工业区位熵大于1的行业数量共19个（见表2-12），较2012年略有下降，高于长江经济带沿线多数省市，表明长江经济带在全国范围内工业竞争优势明显，工业行业门类齐全，拥有较为完整的工业体系。

表 2 - 12 2013 年长江经济带沿线 11 省市工业行业区位熵

行业代码	上海	江苏	浙江	安徽	江西	湖北	湖南	重庆	四川	贵州	云南	长江经济带
B06	0.474	0.000	0.162	0.001	2.078	0.589	0.221	2.015	1.755	2.002	13.730	0.474
B07	0.065	0.406	0.921	0.000	0.000	0.000	2.989	0.000	0.848	4.601	0.000	0.065
B08	0.531	0.000	0.123	0.051	2.575	1.630	2.259	1.218	0.178	3.032	0.919	0.531
B09	0.637	0.000	0.020	0.127	0.701	3.919	0.570	3.864	0.080	2.416	1.031	0.637
B10	1.102	0.000	0.343	0.406	1.064	1.299	2.520	2.066	1.135	1.868	2.894	1.102
B11	0.533	0.000	0.038	0.000	0.059	0.000	1.747	0.000	0.000	10.059	0.000	0.533
B12	0.614	0.000	0.000	0.000	0.000	0.000	2.695	6.225	0.000	3.425	0.000	0.614
C13	0.779	0.249	0.626	0.365	1.677	1.251	2.237	1.640	0.923	1.583	0.599	0.779
C14	0.743	1.446	0.405	0.643	1.121	1.251	1.672	1.865	0.809	1.708	0.908	0.743
C15	1.175	0.189	0.405	0.467	0.922	0.595	1.909	1.003	0.581	3.871	3.857	1.175
C16	1.578	1.975	0.268	0.459	0.718	0.470	0.979	1.793	0.748	0.546	3.324	1.578
C17	1.181	0.178	1.162	2.258	0.605	0.737	1.202	0.429	0.289	0.582	0.034	1.181
C18	1.190	0.589	1.246	1.653	0.966	1.760	0.939	0.362	0.267	0.238	0.067	1.190
C19	0.793	0.588	0.622	2.459	1.013	1.707	0.338	1.089	0.953	0.817	0.326	0.793
C20	0.970	0.204	1.278	0.639	1.483	1.240	0.790	1.662	0.198	0.736	1.249	0.970
C21	0.897	1.446	0.361	2.048	1.055	0.958	0.515	1.246	0.935	1.924	0.311	0.897
C22	0.950	0.745	0.810	1.594	0.648	0.888	0.983	1.526	1.066	1.087	0.443	0.950
C23	1.099	0.855	0.770	0.894	1.477	1.429	1.013	1.476	1.050	1.115	0.363	1.099
C24	0.832	1.203	1.152	1.865	0.871	1.458	0.355	0.544	0.337	0.249	0.087	0.832
C25	0.558	2.505	0.758	1.236	0.569	1.006	1.010	1.203	0.148	0.724	0.567	0.558
C26	1.180	0.930	1.266	1.020	0.667	0.862	0.979	0.958	0.546	0.736	0.905	1.180
C27	1.062	0.828	0.960	0.779	0.732	1.637	1.027	0.990	0.945	1.343	1.584	1.062
C28	1.920	0.101	1.543	2.962	0.164	0.190	0.151	0.061	0.024	0.358	0.000	1.920
C29	0.920	1.132	0.740	1.776	1.378	0.773	0.971	0.632	1.004	0.876	0.707	0.920
C30	0.902	0.378	0.671	0.658	1.243	1.824	1.422	1.592	1.138	1.416	1.680	0.902
C31	0.913	0.741	1.207	0.662	0.965	0.741	1.237	0.775	0.734	1.081	1.212	0.913
C32	1.081	0.327	0.609	0.822	1.169	3.814	0.564	1.805	0.781	0.476	1.135	1.081
C33	0.997	0.932	1.238	1.159	1.006	0.645	0.968	0.807	0.726	0.802	0.406	0.997
C34	1.160	1.589	1.113	1.353	1.024	0.447	0.605	0.819	0.622	0.962	0.170	1.160
C35	1.054	1.020	1.130	0.736	1.011	0.451	0.684	2.410	0.522	0.952	0.257	1.054
C36	1.097	2.400	0.677	0.571	0.919	0.540	2.048	0.487	3.068	0.870	0.300	1.097

行业代码	上海	江苏	浙江	安徽	江西	湖北	湖南	重庆	四川	贵州	云南	长江经济带
C37	1.328	1.034	1.216	0.885	0.317	0.540	0.681	1.063	3.827	0.667	0.642	1.328
C38	1.286	0.876	1.377	1.166	1.546	1.030	0.537	0.508	0.656	0.376	0.191	1.286
C39	1.094	2.016	1.518	0.475	0.375	0.411	0.445	0.557	1.623	1.242	0.086	1.094
C40	1.529	0.880	1.985	0.960	0.408	0.314	0.271	0.615	0.770	0.160	0.109	1.529
C41	1.269	0.560	0.745	1.730	0.809	0.512	1.166	1.268	1.797	1.015	0.816	1.269
C42	1.150	0.258	0.689	1.431	3.306	0.867	0.649	1.138	0.735	0.796	0.252	1.150

资料来源：根据测算结果整理。

2013 年长江经济带沿线 11 省市 37 个工业行业区位熵均值排名从高到低依次是：四川、湖南、云南、湖北、贵州、江西、安徽、浙江、重庆、江苏、上海（见表 2 - 13）。位于中上游地区的四川、云南、贵州、湖北和湖南等省占有较大优势，相比 2012 年有了较大的提升。长江中上游省市工业发展较快，竞争水平不断提高。一方面，下游省市服务业的快速发展和产业转移的不断推进；另一方面，中上游省市仍处于工业比重不断提升的集聚发展阶段。

表 2 - 13　2013 年长江经济带沿线 11 省市工业区位熵大于 1 的频数、均值、标准差

指标	上海	江苏	浙江	安徽	江西	湖北	湖南	重庆	四川	贵州	云南	长江经济带
频数	11	14	15	17	15	16	21	10	18	10	12	19
均值	0.772	0.815	0.981	0.990	1.021	1.118	1.289	0.860	1.533	1.112	1.190	0.772
标准差	0.686	0.481	0.742	0.669	0.856	0.733	1.124	0.779	1.767	2.318	2.090	0.343

注：表中频数为区位熵大于 1 的行业个数。
资料来源：根据测算结果整理。

长江经济带沿线 11 省市 37 个工业行业区位熵标准差排名从高到低依次是贵州、云南、四川、湖南、江西、重庆、浙江、湖北、上海、安徽、江苏（见表 2 - 13）。中上游省市显著高于下游省市，表明中上游省市工业比较优势行业分布存在两极分化特征，行业内部发展差别较大，而下游省市工业行业发展则相对均衡。

从区位熵的行业分布来看（如表 2 - 10 和表 2 - 12 所示），区位熵较高（大于 2）的行业分布主要呈现三大特点：第一，煤炭开采和洗选、

黑色金属矿采选业、有色金属矿采选业等矿产资源开采行业比重较大，显著高于其他行业；第二，区位熵较高的煤炭开采和洗选、黑色金属矿采选业、有色金属矿采选业等矿产资源开采行业集中于中上游省市；第三，区位熵较高的电气机械和器材制造业，计算机、通信和其他电子设备制造业，仪器仪表制造业等行业集中于下游省市。中上游省市矿产开采、原料加工等行业在工业总产值中占据较大份额，导致工业区位熵较高。

与 2012 年相比，2013 年长江经济带工业比较优势分布格局逐步优化，区位熵较高省市和行业数量不断下降，区位熵趋向均匀，方差有所下降。表明长江经济带工业发展日趋均衡，工业生产对资源和矿产的依赖程度有所下降。

三　长江经济带工业集聚影响因素研究

（一）研究假设和变量选取

1. 研究假设

（1）资源禀赋。从资本、劳动力充裕度、人力资本三个方面分析资源禀赋对工业集聚水平的影响，并提出研究假设。

资本。资本对产业集聚的影响主要体现为在产业集群的形成和发展过程中，作为必要的生产要素，资本的充裕程度直接决定资本密集型企业的发展规模和未来发展状况。资本对初创时期的企业至关重要，现代产业部门的产生与区域金融体系的完善程度、外商直接投资水平都有着密切的关系。基于以上提出：

假设 1：资本充裕度影响工业集聚水平。

劳动力充裕度。基于资源不可流动性假设，古典国际贸易理论强调劳动者的跨区流动是影响产业集聚的重要因素。劳动者迁移在为迁入地提供了必备生产要素的同时，也形成了一定规模的市场需求，这为劳动者迁入提供了新的动力。这种累计循环的结果，就是迁入地产业的集聚。基于以上提出：

假设2：劳动力充裕度影响工业集聚水平。

人力资本。随着专业化程度较高的知识密集制造业、高端制造业、高技术制造业比重的上升，其对高素质人才的依赖程度也不断增强。高素质劳动者具有较高的劳动效率和边际产出，可以强化规模经济效应。基于以上提出：

假设3：劳动者素质影响工业集聚水平。

（2）劳动生产率与创新能力。从劳动生产率与创新能力两个方面分析其对工业集聚水平的影响，并提出研究假设。

劳动生产率。正外部性和规模报酬递增从动因角度解释了产业集聚现象，新古典经济学认为集聚可以节约交易成本和信息传播费用，大规模生产会提高专业化水平和生产效率，生产效率的改进也为规模经济提供了前提。增长极理论认为，某些主导产业或具有创新力的企业在特定区域或城市集聚，会加快资本和技术的高度集中，形成增长迅速、经济效益较高的地区增长极。基于以上提出：

假设4：较高的劳动生产效率促进产业的空间集聚。

创新能力。创新、需求联动理论认为，技术创新和市场需求的联动机制在技术革新过程中起到重要作用。人才是创新的基础和核心，通过人才的流动可实现创新与区域产业集聚的互动。具体而言，一方面，相对较大的市场规模可以利用虹吸效应加速人才流动并形成集聚；另一方面，人才流动的迂回效应进一步扩大市场规模并提升区域创新能力。基于以上提出：

假设 5：区域创新活动促进产业集聚。

（3）市场与区位因素。从本地市场、开放度、基础设施、政府支持四个方面分析其对工业集聚的影响，并提出研究假设。

本地市场。本地市场效应理论认为，在规模报酬递增的经济中，本区域市场规模较大的经济在拓展区域外市场时会占据优势，而其产出份额会高于本地消费的份额，从而产生规模经济，而在多个区域中又形成了生产的空间集聚；同时接近本地市场可以降低货物的运输成本。根据克鲁格曼的观点提出：

假设 6：较大的区域市场推动产业的空间集聚。

开放度。宽松的环境有利于市场机制的形成与完善，对工业发展起着基础性作用。厂商的增加和外国产品的进入极大地加剧了市场竞争，促使生产效率的提高，增加服务产品种类，从而满足差异化的消费需求。随着市场化和开放度的提升，制度和市场割据局面逐步被打破，有利于外资和国外先进技术的进入。对外开放水平的提高，使得区域市场更趋向完全竞争，推动地区专业化水平的提升。基于以上提出：

假设 7：开放度水平影响产业的空间集聚。

基础设施。良好的基础设施可以降低企业的货运成本，同时为要素流动提供便利，加快要素和人力的空间集聚，有利于产业集聚发展。基于以上提出：

假设 8：基础设施条件影响产业的空间集聚。

政府支持。政府行为是影响集聚区企业竞争优势的重要因素，政府的直接投入降低了企业的外部成本，如完善基础设施、提供资本筹集渠道、加快信息流动。同时，政府采购可以扩大本地市场，为本地产业发展提供动力。基于以上提出：

假设9：政府行为影响产业的空间集聚。

2. 变量选取

借鉴殷德生和唐海燕（2007）、尹希果和刘培森（2013）关于工业集聚影响因素的相关研究，选取资本投入、劳动力投入、人力资本投入等作为产业集聚的影响因素。变量选取如下。

（1）被解释变量（Y）。选取长江经济带沿线11省市工业区位熵，考虑数据的可获得性和统计口径的一致性，采用工业增加值测度区位熵，公式为：工业增加值占地区生产总值的比重/全国工业增加值占国内生产总值的比重。

（2）资本投入（CAP）。参照尹希果和刘培森（2013）的研究，采用投资强度区位熵衡量，公式为：固定资产投资占地区生产总值的比重/全国固定资产投资占国内生产总值比重。

（3）劳动力投入（LAB）。采用人口密度区位熵衡量，公式为区域单位面积人口数/全国单位面积人口数，其中单位面积人口数 = 总人口/区域总面积。

（4）人力资本投入（HUM）。学术界通常采用劳动者受教育水平衡量，统计年鉴中人口概况指标是抽样指标，抽样人口大致为总人口的10%。采用大专以上学历人口占抽样人口的比重衡量区域人口受教育状况，采用与全国大专以上人口所占比重的比值衡量人力资本投入水平。

（5）劳动生产率（TFP）。采用全要素生产率衡量。全要素生产率是反映总产出相对总投入效率的指标，首先采用劳动和资本投入等分别计算本地区和全国的全要素生产率，然后以本地区全要素生产率和全国的全要素生产率比值来衡量劳动生产率。

（6）创新能力（$INNOV$）。创新能力是知识创造能力、知识获取能力、企业创新能力、创新环境和绩效等多方面因素的综合指标，全面反映区域知识传播、技术进步、科技产出等状况。创新能力指标采自《中国区域创新能力报告》，采用地区创新能力与全国相应年份的创新能力的比值来衡量区域创新能力。

（7）市场容量（GDP）。借鉴殷德生和唐海燕（2007）的研究，选取人均地区生产总值衡量区域市场容量，采用各省市人均地区生产总值与全国人均国内生产总值的比值衡量区域市场容量。

（8）开放度（OPEN）。采用经济开放度指标衡量，公式为外商直接投资占地区生产总值的比重与进出口总额占地区生产总值的比重之和，采用长江经济带沿线11省市的经济开放度与全国经济开放度的比值衡量开放度水平。

（9）基础设施（TRAN）。采用运输费用作为影响产业集聚的重要因素，这是衡量交通条件的典型变量。采用人均交通用地面积衡量区域基础设施条件，公式为区域交通用地总面积/区域总人口，采用与全国人均交通用地面积的比值衡量基础设施水平。

（10）政府支持（FIN）。借鉴殷德生和唐海燕（2007）的研究，采用人均财政支出衡量政府对产业集聚的支持，使用区域人均财政支出与全国人均财政支出的比值衡量政府支持水平。

具体变量及其符号见表2-14。

表2-14 工业集聚影响因素

影响因素	指标选取	代表符号
资本投入	固定资产投资占地区生产总值比重	CAP
劳动力投入	人口密度	LAB
人力资本投入	大专以上人口所占比重	HUM
劳动生产率	全要素生产率	TFP
创新能力	综合指标	INNOV
市场容量	人均地区生产总值	GDP
开放度	经济开放度	OPEN
基础设施	人均交通用地面积	TRAN
政府支持	人均财政支出	FIN

资料来源：根据相关文献整理。

（二）研究方法和数据来源

1. 研究方法

空间计量分析步骤：一是进行空间相关性检验；二是选择合适的空间计量分析模型。

（1）空间相关性检验。通常采用 Moran's I 指数检验空间相关性，包括全局 Moran's I 指数和局部 Moran's I 指数。

（2）空间计量模型选择。包括空间滞后模型（SLM）和空间误差模型（SEM）。其中，空间滞后模型主要考察解释变量是否存在空间扩散效应，表达式如下：

$$y = \rho Wy + X\beta + \varepsilon \tag{2-1}$$

式中，y 是被解释变量，X 是 $n \times k$ 阶外生自变量矩阵，ρ 是空间自相关系数，W 是 $n \times n$ 阶空间权重矩阵，一般采用邻接矩阵，ε 是随机误差向量。

空间误差模型主要考察解释变量间的空间依赖程度，其特点是随机误差项存在空间性，衡量相邻区域的变量误差对本区域的冲击程度，表达式如下：

$$Y = X\beta + \varepsilon \tag{2-2}$$

$$\varepsilon = \lambda W\varepsilon + \mu \tag{2-3}$$

式中，ε 是存在空间效应的随机误差向量，λ 是 n 阶空间误差系数向量，反映样本数据的空间依赖关系（主要是邻接关系）；μ 是服从 0 均值同方差的随机误差项（姚德龙，2008）。

（3）检验标准。当经济活动存在空间相关性时，传统的计量模型（如最小二乘估计）会导致参数估计量有偏或者无效，引入空间权重修正、采用最大似然估计可以克服这一问题。在建立空间计量模型时，根据 LMLAG 和 LMERR 以及稳健的 R-LMLAG 统计量和 R-LMERR 统计量的显著性决定选择空间滞后模型或空间误差模型。根据空间计量模型的选择标准：若 LMLAG 相比 LMERR 更显著，同时 R-LMLAG 显著而 R-

LMERR 不显著时，表明空间滞后模型相比空间误差模型能够更好地拟合客观现象，因此选择空间滞后模型，反之选择空间误差模型。在检验模型拟合优度时，常用的指标包括 R^2、似然函数对数值（LogL）、最大似然比（LR）、赤池信息量准则（AIC）和施瓦兹准则（SC）。其中，似然函数对数值（LogL）越大说明拟合效果越好，最大似然比（LR）、赤池信息量准则（AIC）和施瓦兹准则（SC）越小说明拟合效果越好。

（4）权重选择。在进行空间计量分析时，选择适当的空间权重矩阵 W 至关重要，本节选择距离权重矩阵作为空间权重矩阵。

2. 数据来源

本节研究的数据采自《中国统计年鉴》（2004 年、2009 年、2013 年）。其中，区域创新能力数据采自《中国区域创新能力报告》（2004 年、2005 年、2008 年），基础设施数据采自 Wind 宏观经济数据库。

（三）实证结果分析

1. 空间相关性分析

2003 年、2008 年和 2012 年长江经济带沿线 11 省市工业集聚水平的空间相关性指数分别为 0.493、0.178 和 0.135，伴随概率结果显示均通过了 10% 的显著性水平（见表 2 - 15），表明长江经济带沿线 11 省市工业集聚水平在空间上存在显著正相关关系，即较高工业集聚水平的省市相邻，较低工业集聚水平的省市也相邻。由于工业集聚存在空间相关性，采用空间计量模型分析长江经济带工业集聚的影响因素是有必要的。

表 2 - 15　空间相关性检验

指标	2003 年		2008 年		2012 年	
	统计值	伴随概率	统计值	伴随概率	统计值	伴随概率
Moran's I	0.493	0.007	0.178	0.089	0.135	0.095

资料来源：根据 Geoda Space 软件测算结果整理。

从空间自相关系数变化特征来看，2003 年、2008 年、2012 年长江经济带工业集聚的相关性指数及显著性水平不断降低，表明长江经济带工业集聚的空间相关性不断降低，工业集聚水平的相似相邻状态有所减弱。上游地区的重庆、四川等省市工业规模不断扩大，集聚水平也不断提高，与长江经济带工业集聚水平的空间分布相一致。

2. 最小二乘回归结果

为了设立参照系，首先进行最小二乘估计（见表 2 - 16）。模型拟合优度 R^2 和调整的 R^2 均在 0.8 以上，赤池信息量准则（AIC）和施瓦兹准则（SC）均在 - 20 以下，似然函数对数值 LogL 均处于 20 以上，说明运用最小二乘估计的拟合效果较好，但伴随概率结果显示 F 统计量和变量均未通过 10% 的显著性水平，采用最小二乘估计会导致结果有偏无效的问题。究其原因，第一，变量选取不准确，关键变量遗漏或选择错误导致结果不显著；第二，模型设定存在偏误，这是由考虑截面单元的空间相关性所致。因此需要建立空间计量模型进行分析。

表 2 - 16　最小二乘估计结果

变量	2003 年		2008 年		2012 年	
	系数	伴随概率	系数	伴随概率	系数	伴随概率
C	- 26.137	0.263	0.875	0.883	- 37.651	0.174
TFP	11.151	0.245	0.101	0.889	23.872	0.181
OPEN	- 3.560	0.269	- 0.197	0.853	- 1.027	0.165
HUM	3.855	0.260	0.327	0.879	- 3.815	0.169
LAB	- 4.905	0.259	0.420	0.886	- 0.709	0.212
CAP	4.672	0.256	- 0.941	0.909	11.961	0.155
FIN	4.844	0.270	- 0.065	0.889	- 3.230	0.161
INNOV	9.151	0.271	0.852	0.886	- 0.928	0.407
GDP	- 3.426	0.267	- 0.400	0.897	13.836	0.164
TRAN	5.074	0.257	- 0.651	0.880	- 0.437	0.246
R^2	0.983	—	0.950	—	0.983	—
调整的 R^2	0.832	—	0.856	—	0.832	—
LogL	31.99	—	27.203	—	20.458	—
AIC	- 43.97	—	- 34.405	—	- 40.916	—
SC	- 40.00	—	- 30.426	—	- 36.937	—
F	6.495	0.296	2.103	0.492	6.504	0.296

资料来源：根据 Geoda Space 软件测算结果整理。

3. 空间计量回归结果

由空间计量模型选择检验结果（见表 2 – 17）可知，2003 年的 LM-LAG、R-LMLAG 统计值分别为 11.869 和 11.000，伴随概率分别为 0.000 和 0.001；相应的 LMERR 和 R-LMERR 统计值分别为 1.202 和 0.333，伴随概率分别为 0.564 和 0.002。伴随概率结果显示 LMLAG 和 R-LMLAG 均通过 5% 的显著性水平，且 LMERR 不显著，表明 2003 年长江经济带截面数据应选择空间滞后模型分析。2008 年的 LMLAG、R-LMLAG 分别为 2.732 和 11.000，伴随概率分别为 0.098 和 0.001，低于 LMERR 和 R-LMERR 的伴随概率。2012 年的 LMLAG、R-LMLAG 统计值分别为 9.794 和 11.000，伴随概率结果显示均通过 5% 的显著性水平，LMERR 和 R-LMERR 不显著，2012 年长江经济带截面数据应该选择空间滞后模型分析。综上，2003 年、2008 年和 2012 年长江经济带工业集聚水平呈现扩散的发展态势。

表 2 – 17　空间计量模型选择检验

指标	2003 年		2008 年		2012 年	
	统计值	伴随概率	统计值	伴随概率	统计值	伴随概率
LMLAG	11.869	0.000	2.732	0.098	9.794	0.002
R-LMLAG	11.000	0.001	11.000	0.001	11.000	0.001
LMERR	1.202	0.564	1.780	0.182	0.773	0.379
R-LMERR	0.333	0.002	12.780	0.002	1.979	0.159

资料来源：根据 Geoda Space 软件测算结果整理。

从模型拟合优度来看，2003 年、2008 年和 2012 年的空间滞后模型拟合优度分别为 1.000、0.989 和 1.000，拟合效果十分理想。似然函数对数值（LogL）分别为 241.91、32.958 和 238.61，最大似然比（LR）的伴随概率分别为 0.000、0.001 和 0.000，伴随概率结果显示均通过 1% 的显著性水平。赤池信息量准则（AIC）的统计数据和施瓦兹准则（SC）的统计数据均低于 – 20（见表 2 – 18）。2003 年、2008 年和 2012 年分别采取空间滞后模型和空间误差模型，拟合效果较好。

表 2 – 18　空间滞后模型（SLM）和空间误差模型（SEM）的估计结果

变量	SLM						SEM					
	2003 年		2008 年		2012 年		2003 年		2008 年		2012 年	
	系数	Prob.	系数	Prob.	系数	Prob.	系数	Prob.	系数	Prob.	系数	Prob.
C	- 28.81	0.000	10.89	0.000	- 25.92	0.000	- 14.08	0.000	1.76	0.000	- 49.45	0.000
TFP	11.94	0.000	0.17	0.000	16.77	0.000	5.39	0.000	- 0.64	0.000	31.87	0.000
$OPEN$	- 4.12	0.000	- 0.46	0.000	- 0.74	0.000	- 2.42	0.000	0.12	0.000	- 1.29	0.000
HUM	4.48	0.000	0.54	0.000	- 2.60	0.000	1.90	0.000	- 0.24	0.000	- 4.84	0.000
LAB	- 5.67	0.000	5.38	0.000	- 0.37	0.000	- 3.05	0.000	0.28	0.000	- 0.77	0.000
CAP	5.28	0.000	- 1.30	0.000	9.06	0.000	2.47	0.000	0.42	0.000	15.07	0.000
FIN	5.58	0.000	- 0.05	0.000	- 2.51	0.000	3.88	0.000	- 0.84	0.000	- 1.68	0.000
$INNOV$	10.60	0.000	1.27	0.000	- 1.18	0.000	5.28	0.000	- 0.44	0.000	17.85	0.000
GDP	- 3.89	0.000	- 0.67	0.000	10.58	0.000	- 2.02	0.000	0.93	0.000	- 0.65	0.000
$TRAN$	5.86	0.000	10.89	0.000	- 0.45	0.000	3.31	0.000	- 0.34	0.000	- 1.55	0.000
R^2	1.000	—	0.989		1.000		0.999		0.999		0.999	
LogL	241.91		32.958		238.61		36.37		32.03		34.21	
LR	419.83	0.000	11.511	0.001	416.3	0.000	8.771	0.003	9.661	0.002	7.504	0.006
AIC	- 461.80	—	- 43.92	—	- 455.2	—	- 52.75	—	- 44.07	—	- 48.42	—
SC	- 457.40	—	- 39.54	—	- 450.8	—	- 48.77	—	- 40.09	—	- 44.44	—

资料来源：根据 Geoda Space 软件测算结果整理。

　　从工业集聚的影响因素看，劳动生产率（TFP）、资本投入（CAP）、创新能力（INNOV）、市场容量（GDP）、基础设施（TRAN）、政府支持（FIN）、人力资本投入（HUM）均促进了长江经济带工业集聚水平的提升，经济开放度（OPEN）和劳动力投入（LAB）阻碍了长江经济带工业集聚水平的提升（见表 2 – 19）。从静态分析来看，劳动生产率（TFP）、资本投入（CAP）和创新能力（INNOV）是长江经济带工业集聚的重要驱动因素；从动态分析来看，劳动生产率（TFP）、资本投入（CAP）、市场容量（GDP）对长江经济带工业集聚的促进作用有所增强。究其原因：第一，受金融危机冲击影响，国际市场需求不断萎缩，经济开放度逐步下降，经济发展对国内市场的依赖增强；第二，下游地区工业集聚水平和人口密度较高，昂贵的地租和劳动成本引发的拥挤效应推动工业不断向中上游地区转移集聚；第三，下游地区的工资水平和服务业发展较快，随着工业转移的加快，对高端人力资本的吸引力逐步增强。

表 2 - 19 空间计量模型回归结果

变量	系数				属性		
	2003 年	2008 年	2012 年	均值	2003 年	2008 年	2012 年
TFP	11.94	10.89	16.77	13.2	正向	正向	正向
OPEN	- 4.12	0.17	- 0.74	- 1.56	负向	正向	负向
HUM	4.48	- 0.46	- 2.6	0.47	正向	负向	负向
LAB	- 5.67	0.54	- 0.37	- 1.83	负向	正向	负向
CAP	5.28	5.38	9.06	6.57	正向	正向	正向
FIN	5.58	- 1.3	- 2.51	0.59	正向	负向	负向
INNOV	10.6	- 0.05	- 1.18	3.12	正向	负向	负向
GDP	- 3.89	1.27	10.58	2.65	负向	正向	正向
TRAN	5.86	- 0.67	- 0.45	1.58	正向	负向	负向

资料来源：根据 Geoda Space 软件测算结果整理。

四 研究结论与政策建议

（一）研究结论

采用空间基尼系数、区域专业化指数和区位熵，从空间集聚水平、区域产业分工状况、专业化程度和比较优势等角度，研判了 2001～2013 年长江经济带工业集聚水平的演变特征和空间差异，构建空间计量模型探究长江经济带工业集聚的影响因素，得到如下结论。

（1）长江经济带沿线 11 省市呈现优势工业互补的发展格局。各省市趋于产业分工协作和产业链纵向延伸，但整体仍缺乏具有突出优势的工业部门，各省市也存在一定的产业同构问题。长江经济带矿产资源开发、原料加工、劳动密集型和技术密集型制造业空间集聚程度较高，自然资源、劳动和技术是促进长江经济带工业空间集聚的重要因素。中上游地区缺乏先进的技术支撑，产业优势以自然资源开采和加工为主，形成了以原料导向型产业为支撑的产业体系，造成产业系统的单一化，不利于地区的可持续发展。

（2）技术密集型工业专业化程度普遍高于劳动密集型和资源导向型工业。专业化工业行业布局相对合理，有利于长江经济带工业结构的优化升级。从专业化程度和空间集聚程度视角看，工业集聚呈现不断扩散趋势，工业结构不断优化，工业内部结构日趋均衡。其中，高能耗的冶炼和采矿业的空间集聚程度呈现上升趋势，表明长江经济带空间资源不断整合。通信设备、计算机及其他电子设备制造业和仪器仪表及文化、办公用机械制造业等现代产业部门优势逐步显现，高能耗、高污染和劳动密集型工业行业优势逐渐消失。

（3）长江经济带工业集聚呈现明显空间分异特征。其中，下游地区工业发展相对均衡、现代工业优势突出，而上游地区工业结构相对单一，比较优势仍然集中在以原料加工为主的工业行业部门，导致中上游地区工业结构失衡，制约了区域可持续发展。

（4）资本投入、劳动生产率仍是决定区域产业集聚最重要的驱动因素。固定资产对经济的支撑仍依赖于土地财政和房地产的拉动作用，这对经济、区域产业和就业的发展起到了强大的支持作用；然而，房地产泡沫会加剧经济风险。同时区域创新能力、基础设施、人力资本、政府支持也是促进区域产业集聚的重要因素。

（5）受金融危机影响，经济开放度对工业集聚的影响呈现下降态势。国内市场对工业集聚的影响程度不断上升，成为驱动长江经济带工业集聚的重要因素。"拥挤"是下游地区工业集聚程度下降的重要原因，但其凭借较高的工资水平，对人才仍有较大吸引力。

（二）政策建议

1. 推动中上游地区工业集聚发展

以加快本地特色工业集聚区建设为主，以承接工业转移为辅，促进中上游省市工业合理集聚发展。一方面，依托区域现有资源，引导组织优势产业集聚发展，形成具有区域特色的工业集聚区。另一方面，中上游省市要完善基础设施建设，发挥安徽皖江城市带、湖北荆州、湖南湘南、重庆沿线承接产业转移示范区的引导作用，促进中上游省市工业集聚发展和产业体系完善。同时推动下游省市工业结构的优化升级，实现长江经济带沿线 11 省市产业发展的互利双赢。

2. 加快完善区域创新体系

鼓励企业加大技术投入，加强产学研合作。一方面，保证区域固定资产投资稳健增长，拉动国民经济各行业部门发展，提高区域就业水平，保证经济的稳定增长。另一方面，加大实体经济的技术和人力资本投入，淘汰高耗能、低产出企业，提高区域投入产出水平。促进企业、学校和科研院所的协同创新，提升科技成果转化速度。依托高等院校引导高技术产业毗邻集聚。完善专利保护和技术转让机制，促进技术的市场定价；将竞争机制引入技术开发，加快技术更新速度。

3. 强化市场对资源配置的决定作用

以主导产业为依托，以区域市场为导向，不断扩大内需规模。以市场竞争为基础，以政府扶持为辅助，通过成本机制合理调节集聚的规模和质量，促进产业结构优化升级和经济发展质量提升。在依据沿线省市区位优势的基础上，深化长江沿线省市的产业分工，提高专业化水平，促进产业链跨区域纵向延伸，实现长江经济带产业一体化协同发展。完善交通运输等基础设施建设，提高工业信息化水平，为资源跨区整合提供必要的基础设施条件，实现长江经济带区域优势互补。

4. 借助改革推进产业结构调整

借助改革契机，淘汰落后产能，实现结构调整。把握新常态下结构调整与"一路一带"建设契机，淘汰长江经济带落后产能。拓宽投资渠道，不断完善基础设施，加大民生工程建设，消化落后产能。加快国企改革步伐，引入市场机制，用市场来调整产业结构，实现资源优化配置，提高生产效率，打破刚性兑付，进一步缩短产品周转周期，提高资本的流动性和区域整体的利润水平，避免局部坏账风险演化成为区域性风险。

5. 完善金融保障措施

促进金融机构对工业的发展与支撑。建立与产业转移、长江经济带建设和西部工业发展相配套的产业支持基金，加强金融机构对实体经济的支撑。建立合理的财税制度，加大地方财政政策对实体经济的刺激力度。拓宽中小企业融资渠道，完善增信担保制度，成立中小企业担保公司，为企业的发展提供有力的资金保障。进一步完善财税缴收和返还政策，为中小企业减轻纳税负担；完善地方财政制度改革，打破地方保护，降低产业转出门槛，完善市场竞争机制。

参考文献

保罗·克鲁格曼：《地理和贸易》，北京大学出版社，2000，第 67～87 页。

范剑勇：《产业集聚与地区间劳动生产率差异》，《经济研究》2006 年第 11 期，第 72～81 页。

冯伟：《基于本地市场效应的产业集聚机制研究》，《产业经济评论》2011 年第 3 期，第 53～81 页。

盖骁敏、张文娟：《FDI 产业集聚的根植性问题研究》，《管理世界》2010 年第 12 期，第 168～169 页。

何雄浪：《多要素流动、产业空间演化与多重经济地理均衡》，《财贸研究》2014 年第 1 期，第 38～46 页。

胡健：《中国高技术服务业集聚水平及影响因素分析》，硕士学位论文，南京财经大学，2010，第 22～23 页。

刘妍：《基于成本动因的产业集聚》，硕士学位论文，福州大学，2004，第 35 页。

骆火明：《产业集聚的影响因素》，硕士学位论文，暨南大学，2008，第 18～23 页。

马歇尔：《经济学原理》，商务印书馆，1991，第 111～112 页。

迈克尔·波特：《国家竞争优势》，华夏出版社，2001，第 63～116 页。

盛丹、王永进：《产业集聚、信贷资源配置效率与企业的融资成本——来自世界银行调查数据和中国工业企业数据的证据》，《管理世界》2013 年第 6 期，第 85～98 页。

姚德龙：《中国省域工业集聚的空间计量经济学分析》，《统计与决策》2008 年第 3 期，第 123～125 页。

殷德生、唐海燕：《中国制造业集聚的决定因素与变动趋势——基于三大经济圈的实证分析》,《世界经济研究》2007 年第 12 期,第 3 ~ 8 页。

尹希果、刘培森:《中国制造业集聚影响因素研究——兼论城镇规模、交通运输与制造业集聚的非线性关系》,《经济地理》2013 年第 12 期,第 97 ~ 103 页。

张浩然:《广东省制造业集聚程度的变动趋势及影响因素研究》,硕士学位论文,吉林大学,2009,第 12 ~ 13 页。

Audretsch, D. B. , Feldman, M. P. , "R&D spillovers and the geography of innovation and production", *the American Economic Review* 86 (1996): 630 – 640.

Rauch, J. E. , "Does history matter only when it matters little? The case of city-industry location," *Quarterly Journal of Economics* 108 (1993): 215 – 231.

Smith, D. F. , Florida, R. , "Agglomeration and industrial location: An econometric analysis of Japanese-affiliated manufacturing establishments in automotive-related industries," *Journal of Urban Economics* 36 (1994): 23 – 41.

第三章 长江经济带能源消费与产业集聚的时空格局演变特征

一 相关理论分析

（一）产业集聚的理论机理分析

借鉴 Venables（1996）、陈国亮和陈建军（2012）的研究方法，构建第二产业和第三产业协同集聚理论机理模型。假设一个经济体内包含上游和下游两个部门，分别是第二产业部门（m）和第三产业部门（n），每个产业同时分布在 i 地区和 j 地区，销售量用 s 表示，产品价格用 p 表示，企业数量用 q 表示，运输成本用 t 表示，产品支出用 e 表示，相对产业分布用 v 表示，相对生产成本用 ρ 表示，相对需求用 η 表示，需求价格弹性用 τ 表示，产业价格指数用 P 表示。如果采用 D - S 垄断竞争模型（Dixit and Stiglitz, 1977）分别描述第二产业和第三产业的产业特征，则第二产业和第三产业的相对产业分布可定义为：

$$v^{m} = \frac{q_j^m p_j^m (s_{jj}^m + s_{ji}^m)}{q_i^m p_i^m (s_{ii}^m + s_{ij}^m)} \qquad (3-1)$$

$$v^{n} = \frac{q_j^n p_j^n (s_{jj}^n + s_{ji}^n)}{q_i^n p_i^n (s_{ii}^n + s_{ij}^n)} \qquad (3-2)$$

第二产业和第三产业的相对需求分别定义为：

$$\eta^{m} = \frac{e_j^m}{e_i^m} \qquad (3-3)$$

$$\eta^{n} = \frac{e_{j}^{n}}{e_{i}^{n}} \tag{3-4}$$

第二产业在两个地区的需求函数为：

$$s_{ii}^{m} = (p_{i}^{m})^{-\tau^{n}}(p_{i}^{m})^{\tau^{n}-1}e_{i}^{m} \tag{3-5}$$

$$s_{ij}^{m} = (p_{i}^{m}t^{m})^{-\tau^{n}}(p_{j}^{m})^{-\tau^{n}-1}e_{j}^{m} \quad (i \neq j) \tag{3-6}$$

第三产业在两个地区的需求函数为：

$$s_{ii}^{n} = (p_{i}^{n})^{-\tau^{*}}(p_{i}^{n})^{\tau^{*}-1}e_{i}^{n} \tag{3-7}$$

$$s_{ij}^{n} = (p_{i}^{n}t^{n})^{-\tau^{*}}(p_{j}^{n})^{\tau^{*}-1}e_{j}^{n} \quad (i \neq j) \tag{3-8}$$

式中，s_{ii}^{m}、s_{ij}^{m}、s_{jj}^{m}、s_{ji}^{m} 分别表示第二产业在 i 地区生产在 i 地区销售、在 i 地区生产在 j 地区销售、在 j 地区生产在 j 地区销售、在 j 地区生产在 i 地区销售的销售总额。p_{i}^{m}、p_{j}^{m} 分别表示第二产业在 i 地区和 j 地区的产品价格；q_{i}^{m}、q_{j}^{m} 分别表示第二产业在 i 地区和 j 地区的企业数量；e_{i}^{m}、e_{j}^{m} 分别表示第二产业在 i 地区和 j 地区的产品支出；t^{m} 表示第二产业的运输成本。

第二产业在两个地区的分布为：

$$
\begin{aligned}
v^{m} &= \frac{\eta^{m}[(t^{m})^{\sigma^{n}} - (\rho^{m})^{\sigma^{n}}] - t^{m}[(\rho^{m})^{\sigma^{n}} - (t^{m})^{-\sigma^{n}}]}{[(t^{m})^{\sigma^{n}} - (\rho^{m})^{-\sigma^{n}}] - \eta^{m}t^{m}[(\rho^{m})^{-\sigma^{n}} - (t^{m})^{-\sigma^{n}}]} \\
&= f^{m}(\rho^{m}, \eta^{m}, t^{m})
\end{aligned} \tag{3-9}
$$

假设第三产业的产品需求来自第二产业，第二产业的相对成本和第三产业的相对需求是内生的，第三产业的相对成本和第二产业的相对需求是外生的。如果劳动力是两个产业唯一需要投入的生产要素，那么第三产业总产出是以劳动力为投入要素的固定替代弹性生产函数。劳动力价格用代表工资水平的 $\bar{\omega}$ 表示，在两个地区相似政策制度下产生的交易费用用 $\bar{\gamma}$ 表示。第二产业总成本中有 α 份额的投入来自第三产业产出，有 β 份额的成本来自交易费用。第三产业相对成本为：$\rho^{n} = \bar{\omega} + \bar{\gamma}$。

假设第二产业由第三产业和第二产业的劳动力构成，则第二产业的生产成本为：

$$c_{i}^{m} = (\omega_{i})^{1-\alpha-\beta}(\gamma_{i})^{\beta}(p_{i}^{n})^{\alpha}, i = 1,2 \tag{3-10}$$

第二产业的相对成本为：

$$\rho^m = \frac{c_2^m}{c_1^m} = (\bar{\omega})^{1-\alpha-\beta} (\bar{\gamma})^\beta \left(\frac{p_2^n}{p_1^n}\right)^\alpha \qquad (3-11)$$

两个地区的产业价格指数为：

$$\left(\frac{p_j^n}{p_i^n}\right)^{1-\sigma^*} = \frac{(t^n)^{1-\sigma^*} + (\rho^n)^{-\sigma^*} v^n}{1 + (t^n)^{1-\sigma^*} + (\rho^n)^{-\sigma^*} v^n} \qquad (3-12)$$

将式 (3-12) 代入式 (3-11)，可得到：

$$\rho^m = (\bar{\omega})^{1-\alpha-\beta} (\bar{\gamma})^\beta \left[\frac{(t^n)^{1-\sigma^*} + (\rho^n)^{-\sigma^*} v^n}{1 + (t^n)^{1-\sigma^*} + (\rho^n)^{-\sigma^*} v^n}\right]^{\frac{\alpha}{1-\sigma^*}} = g[(\bar{\omega}+\bar{\gamma}), \gamma^n, t^n]$$

$$(3-13)$$

从第三产业的需求关联来看，第二产业的需求是外生的，第二产业对第三产业的需求是内生的，则第三产业的绝对需求（支出）为：

$$e_i^n = \alpha q_i^m p_i^m (s_{ij}^m + s_{ij}^m), i = 1,2 \qquad (3-14)$$

第三产业的相对需求（支出）为：

$$\eta^n = \frac{q_2^m p_2^m (s_{22}^m + s_{21}^m)}{q_1^m p_1^m (s_{11}^m + s_{12}^m)} \equiv v^m \qquad (3-15)$$

根据需求关联函数、成本关联函数、产出分布函数，可得第三产业的相对分布为：

$$v^n = f^n(\rho^n, \eta^n, t^n) = f^n[(\bar{\omega}+\bar{\gamma}), v^m, t^n] \qquad (3-16)$$

第二产业的相对分布为：

$$v^m = f^m(\rho^m, \eta^m, t^m) = f^m\{g[(\bar{\omega}+\bar{\gamma}), v^n, t^n], \bar{\eta}^m, t^m\} \qquad (3-17)$$

则第二产业和第三产业的协同集聚为：

$$F(v^n, v^m) = F(\eta^n, \eta^m, \bar{\omega}+\bar{\gamma}, t^n, t^m) \qquad (3-18)$$

式中，ω 表示工资水平；η^n 表示第二产业对第三产业的需求；η^m 表示市场最终消费支出；$\bar{\omega}+\bar{\gamma}$ 表示商务成本。由式 (3-18) 可知，第二产业和第三产业的协同集聚程度受到第三产业集聚度、第二产业集聚度、职员工资水平、交易费用、第二产业市场需求等的共同影响。

（二）产业集聚的空间形态演化理论

1. 单一产业集聚的空间演化

无论是单一产业集聚，还是产业协同集聚，从宏观角度来看，其空间形态均会经历一个"初始阶段—中级阶段—高级阶段"的过程。参考伍先福（2017）的相关研究，采用"产业空间分布"（SDI）这一概念对产业集聚的空间形态变化进行描述。

图3-1描述了产业集聚的空间形态演化。假设模型只存在第二产业和第三产业两种产业，两种产业的基本构成单元为"企业"，箭头方向为产业集聚发展方向和发展程度，$A \rightarrow H$ 为从低级阶段到更高级阶段对应的8个临界点。产业集聚发展程度直接受企业数量的影响，且变化由低到高分别为初级集聚、中级集聚和高级集聚。

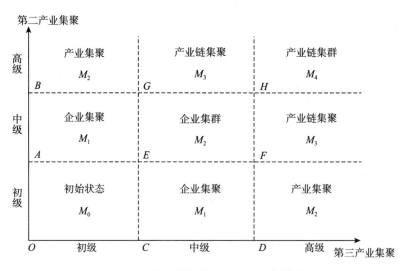

图3-1　产业集聚的空间形态演化模型

只考虑单一产业集聚的情况下，单一产业集聚的空间形态变化可简化为初始状态→企业集聚→产业集聚。无论是第二产业还是第三产业，单一产业集聚的空间形态变化均为一种路径，即 $M_0 \rightarrow M_1 \rightarrow M_2$，并可进一步分解为 $M_0 \rightarrow M_1$ 和 $M_1 \rightarrow M_2$ 两种状态。

（1）$M_0 \rightarrow M_1$ 为初级形态间的演化，即初始状态向企业集聚的演化过程。在只考虑单一产业集聚的情况下，演化方式为：第二或第三产业的企业数量获得一定程度的增加，突破了临界点 A 和 C；在地方政府干预下，某地区工业企业发展迅猛，在示范作用下，当地产业间的关联性有所增强，越来越多的企业开始集聚。

（2）$M_1 \rightarrow M_2$ 为初级向中级形态的演化，即企业集聚向企业集群或产业集聚的演化过程。在只考虑单一产业集聚的情况下，演化方式为：第二或第三产业的企业数量获得一定程度的增加，突破临界点 B 和 D；工业发展迅猛，为了获取更多利益，采取纵向一体化发展模式，阻碍了其他相关产业的发展。

2. 产业协同集聚的空间演化

进一步分析图 3-1 可以看出，在考虑产业协同集聚的情况下，根据集聚程度的不同，存在以下两种演化路径：

路径一：$M_1 \rightarrow M_2 \rightarrow M_3$，并进一步分解为 $M_1 \rightarrow M_2$ 和 $M_2 \rightarrow M_3$ 两种状态。

路径二：$M_2 \rightarrow M_3 \rightarrow M_4$，并进一步分解为 $M_2 \rightarrow M_3$ 和 $M_3 \rightarrow M_4$ 两种状态。

（1）$M_0 \rightarrow M_1$ 为初级形态间的演化，即初始状态向企业集聚的演化过程。在产业协同集聚情况下，演化方式为：在某一产业企业数量不变的情况下，另一产业的企业数量获得一定程度的增加，通过 AE 和 EC，突破临界点 E。在地方政府的干预下，某地区工业企业发展迅猛，在示范作用下，当地产业间的关联性有所增强，越来越多的企业开始集聚。

（2）$M_1 \rightarrow M_2$ 为初级向中级形态的演化，即企业集聚向企业集群或产业集聚的演化过程。在产业协同集聚的情况下，演化方式包括两种。在某一产业企业数量不变的情况下，另一产业企业数量获得进一步增加，通过 BG 和 DF，突破临界点 G 和 F。工业发展迅猛，为了获取更多利益，采取纵向一体化发展模式，阻碍其他相关产业的发展。在某一产业企业数量不变的情况下，与该产业存在关联的另一产业企业数量不断增加，通过 EG 和 EF，突破临界点 G 和 F。企业集聚形成后，工业企业开始实施外包战略，将部分业务外包给生产性服务业，使得生产性服务业获得发展。

（3）$M_2 \rightarrow M_3$ 为中级向高级形态的演化，即企业或产业集聚向产业链集聚的演化过程，演化方式包括两种。在该产业企业数量达到一定程度促使该产业具备一定集聚基础的情况下，与该产业存在关联的另一产业的企业实现横向发展，通过 EG 和 EF，突破临界点 G 和 F。工业部分外包业务发展较好，逐渐从原来的工业企业中脱离出来，形成新的独立部门，从而推动关联服务业的发展。在多元经济发展水平下，某一产业企业受规模经济效益，得到快速突破，通过 GH 和 FH，突破临界点 H。工业企业发展水平不断提高，但是为了节约成本，不愿采用外包形式，使得其关联服务业发展受到阻碍。

（4）$M_3 \rightarrow M_4$ 为高级形态间的演化，即产业链集聚向产业链集群的演化过程。演化方式为：在多元经济发展水平下，某一产业达到了产业链集聚水平，使得与该产业链存在关联的另一产业链的企业有机会得到快速突破，通过 GH 和 FH，突破临界点 H。在多样化的经济发展环境下，工业与关联生产性服务业在市场需求下不断产生新的产业链和业务链，形成具有一定规模的产业链集群。

二　长江经济带产业能源消费的时空演变特征

（一）能源消费测度方法

参照部分学者（王凯等，2013）对能源消费的估算方法，测算长江经济带沿线 11 省市的能源消费水平与能耗强度，公式如下：

$$E = \sum_i F_i \times N_i \qquad (3-19)$$

$$ECI = E/GDP \qquad (3-20)$$

式中，E 和 ECI 分别表示产业能耗水平和能耗强度，GDP 表示地区生产总值，i 为能源的消费类型，包括天然气、原煤、型煤、洗精煤、其他洗煤、焦炭、高炉煤气、焦炉煤气、其他焦化产品、汽油、柴油、煤油、燃料油、炼厂干气、液化石油气、其他石油制品；煤合计包括原煤、洗精煤、型煤、其他洗煤，油合计包括汽油、柴油、煤油、燃料油；F_i 表示 i 能源的终端消费量，N_i 表示 i 能源的二氧化碳排放因子。

上述指标数据均来自《中国统计年鉴》（1997～2017 年）、《中国能源统计年鉴》（1997～2017 年）、各类能源的平均低位发热量指数来自《中国能源统计年鉴》附录中各种能源折标准煤参考系数表。

（二）长江经济带产业能源消费总体演变特征

1. 能源消费及能源消费结构的演变特征

如图 3 - 2 所示，长江经济带整体能源消费增长速度以 2005 年为分界点，大致呈先升后降的变化特征。除 2005 年以外，长江经济带整体经济增长速度普遍高于能源消费增长速度；2005 年以后，能源消费增长速度与经济增长速度差距逐渐加大，反映了长江经济带能源消费增长不是促进区域经济发展的唯一要素。

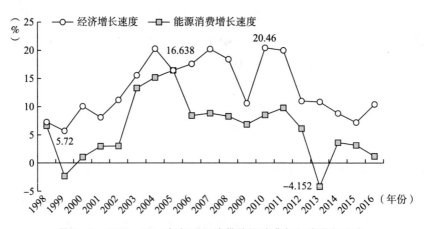

图 3 - 2　1998～2016 年长江经济带能源消费与经济增长速度

如图 3 - 3 所示，1997～2016 年长江经济带各类能源消费整体均呈上升的变化特征，产业能耗以煤炭与电力消费为主。其中，天然气消费量年均增长率最高（30.36%），煤品、油品、电力消费量年均增长率分别为 3.09%、21.4%、26.88%。1997～2016 年煤品、油品、天然气、电力各年度的平均消费量占能耗总量的比重分别为49.24%、22.57%、4.54%、23.65%。具体来看，2016年煤品消费量虽高达92470.2×10^{11}千焦，但能耗占比在1997~2016年呈逐渐下降态势；相反，2016年天然气消费量虽然最少（18898.2×10^{11}千焦），且各年度占能耗总量的比例最小（3.10%~7.25%），但能耗占比在1997~2016年呈逐渐上升态势。由此可见，1997~2016年，由于长江经济带煤炭资源十分丰富，煤炭作为一次能源在能源消费中始终占据着主体地位，其次是石油和电力，最后是天然气。尽管天然气的消费量占能源消费总量的比重始终未超过10%，但呈现显著的快速增长趋势，这反映了作为绿色清洁能源，长江经济带整体产业对天然气的市场需求不断提升，以及长江经济带沿线地区政府实施了相应的节能环保政策，降低了高污染燃料利用，鼓励清洁能源使用，支持清洁能源产业发展，促进了产业结构和能源结构调整，从而有效降低了废气、废水、固体废弃物等污染物的排放。

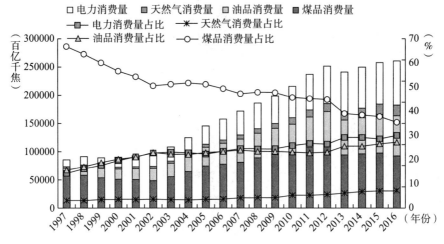

图3-3 1997~2016年长江经济带能源消费结构整体变化趋势

如图3-4所示，2016年长江经济带沿线11省市能源消费结构呈现显著的空间差异。其中，油品消费量占能耗总量的比例高达19.20%~54.89%，占比最高的是上海，最低的是贵州；煤品消费量占能耗总量的比例为8.08%~57.67%，占比最高的是贵州，最低的是上海；天然气消费量占能耗总量的比例为 1.38% ～18.29%，占比最高的是重庆，最低的是云南；电力消费量占能耗总量的比例为 20.24% ～46.02%，占比最高的是江苏，最低的是湖南。长江经济带沿线 11 省市中，煤品消费量占比达到 50% 以上的省市有贵州（57.67%）和湖南（53.01%），说明除贵州与湖南以外，长江经济带其他省市整体能耗结构具有低碳化发展趋势，贵州在煤炭消费方面远超其他省市，还需进一步降低传统高碳能源比重，积极发展清洁能源产业。

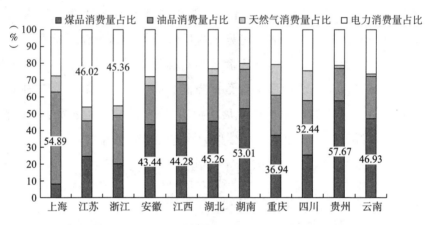

图 3 - 4　2016 年长江经济带沿线 11 省市能源消费结构分布

2. 能耗强度的演变特征

如图 3 - 5 所示，长江经济带整体能耗强度呈下降的变化特征。1997 ～ 2016 年长江经济带整体能耗强度从 2.623×10^{11} 千焦/亿元下降到 0.773×10^{11} 千焦/亿元。2007 年以来，长江经济带整体能耗强度指标值在 1.5×10^{11} 千焦/亿元以下，且能耗强度呈持续下降态势，说明《节能减排"十二五"规划》的实施以及我国"十一五"期间节能减排工作的开展不仅有效调整了能源消费结构，还推动了长江经济带产业结构调整以及绿色低碳发展水平的提高。2016 年长江经济带沿线 11 省市能耗强度呈现显著的空间差异。能耗强度最高的是贵州（1.651×10^{11} 千焦/亿元），最低的是江苏（0.532×10^{11} 千焦/亿元），除长江经济带下游地区的上海（0.652）、江苏（0.532）、浙江（0.626）以外，其他各省市的能耗强度均高于 0.8×10^{11} 千焦/亿元。长江经济带下游地区 3 省市的能耗强度较低，反映了下游地区节能减排带来的低能耗成效明显。相反，长江经济带沿线 11 省市中只有贵州的能耗强度在 1.0 以上，反映了贵州节能减排力度远远不及长江经济带其他省市。

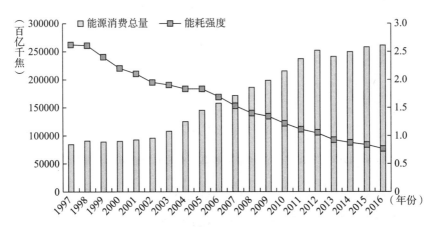

图 3 - 5　1997～2016 年长江经济带能源消费总量与能耗强度的变化特征

（三）长江经济带分产业能源消费演变特征

1. 能源消费及能源消费结构的演变特征

通过对比图 3 - 6 和图 3 - 7 所示的长江经济带第二产业与第三产业能源消费与经济增长速度可以看出，第三产业能源消费增长速度波动幅度较大。如图 3 - 6、图 3 - 7 所示，长江经济带第二产业能源消费的平均增长速度为 - 8.86%，第三产业能源消费的平均增长速度为 8.51%。长江经济带第二、第三产业的能源消费增长均以 2005 年为分界点，大致呈先升后降的变化特征。除 2005 年以外，第二产业的经济增长速度普遍高于能源消费增长速度；除 2002 年以外，第三产业的经济增长速度普遍高于能源消费增长速度。

如图 3 - 8 所示，1997～2016 年长江经济带第二产业各类能源消费整体呈波动上升趋势，第二产业能耗以煤炭与电力消费为主。其中，电力消费量年均增长率最高（20.69%），煤品、油品、天然气消费量年均增长率分别达 3.93%、0.43%、19.06%。1997～2016 年煤品、油品、天然气、电力各年度的平均消耗量占能耗总量的比重分别为 61.88%、

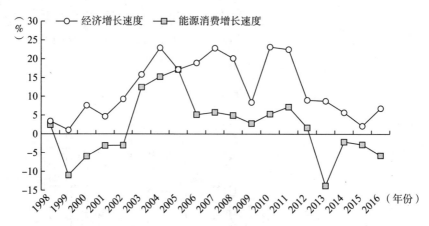

图 3 - 6　1998 ~ 2016 年长江经济带第二产业的能源消费与经济增长速度

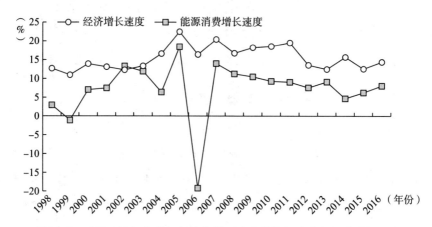

图 3 - 7　1998 ~ 2016 年长江经济带第三产业的能源消费与经济增长速度

6.48% 、4.87% 、26.76% 。具体来看，2016 年第二产业煤品消费量虽高达 74527.23 × 10^{11} 千焦，但能耗占比在 1997 ~ 2016 年呈逐渐下降的变化特征；相反，2016 年天然气能耗占比最小（4.87%），但是能耗占比在 1997 ~ 2016 年呈逐渐上升的变化特征。由此可见，1997 ~ 2016 年煤炭作为一次能源在长江经济带第二产业的能源消费中始终占据主体地位。而天然气和电力消费量则呈现十分显著的快速增长趋势。

如图 3 - 9 所示，1997 ~ 2016 年长江经济带第三产业除煤炭以外的能源消费量均呈波动上升趋势，2006 年以前，第三产业能耗以煤炭与石油消费为主；2006 年以后，第三产业能耗以石油与电力消费为主。其

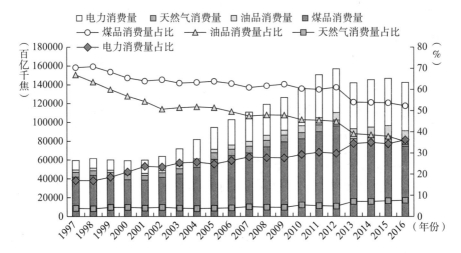

图 3 - 8 1997~2016 年长江经济带第二产业的能源消费结构变化趋势

中，油品消费量的年均增长率最高（36.18%），煤品、天然气、电力消费量的年均增长率分别达 - 1.40%、34.78%、22.53%。1997~2016 年煤品、油品、天然气、电力消费各年度的平均消费量占能耗总量的比重分别为 24.76%、58.39%、2.91%、13.94%。具体来看，1997~2016 年第三产业的煤品能耗占比呈大幅下降的变化特征；相反，天然气与油品的能耗占比呈大幅上升态势。由此可见，1997~2016 年早期

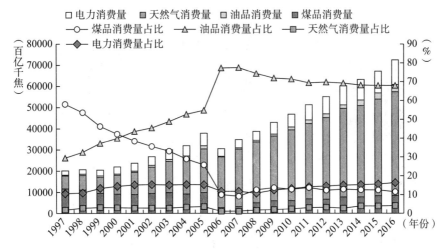

图 3 - 9 1997~2016 年长江经济带第三产业的能源消费结构变化趋势

占据主导地位的煤炭消费量在长江经济带第二产业能源消费结构调整的作用下逐渐丧失其优势，石油消费逐渐成为长江经济带第三产业能源消费主体。

如图 3-10 所示，长江经济带沿线 11 省市第二产业的能源消费结构呈现显著空间差异。其中，煤品消费量占能耗总量的比例为 25.45% ~ 72.00%，占比最高的是湖南，最低的是上海；油品消费量占能耗总量的比例为 1.26% ~8.46%，占比最高的是四川，最低的是贵州；天然气消费量占能耗总量的比例为 1.50% ~20.05%，占比最高的是四川，最低的是贵州；电力消费量占能耗总量的比例为 20.50% ~54.80%，占比最高的是浙江，最低的是重庆。在长江经济带沿线 11 省市中，除下游地区三省市以外，其他省市煤品消费均为其第二产业主体能源消费；除四川以外，中上游地区第二产业的煤品消费量占比均高达 50% 以上。长江经济带下游地区的电力消费均为其第二产业主体能源消费，说明与中上游地区相比，长江经济带下游地区第二产业的能耗结构具有低碳化发展趋势。

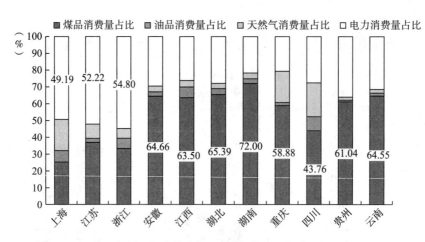

图 3-10 2016 年长江经济带沿线 11 省市第二产业的能源消费结构分布

如图 3-11 所示，长江经济带沿线 11 省市第三产业的能源消费结构地区差异较小，其中，煤品消费量占能耗总量的比例为 0.19% ~54.06%，占比最高的是贵州，最低的是江苏；油品消费量占能耗总量的比例为

39.56% ~ 81.17%，占比最高的是上海，最低的是贵州；天然气消费量占能耗总量的比例为 0.09% ~ 9.35%，占比最高的是重庆，最低的是云南；电力消费量占能耗总量的比例为 5.22% ~ 28.24%，占比最高的是江苏，最低的是贵州。在长江经济带沿线 11 省市中，除贵州以外，其他省市第三产业的能源消费结构均以油品为主，而贵州第三产业的能源消费结构受第二产业能源消费影响，以煤炭为主，石油为辅。

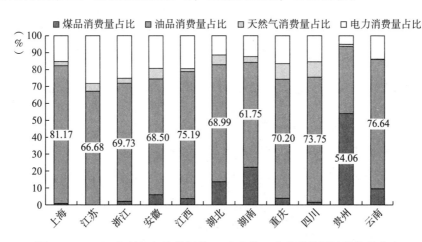

图 3 - 11　2016 年长江经济带沿线 11 省市第三产业的能源消费结构分布

2. 能耗强度的演变特征

如图 3 - 12 所示，长江经济带第二产业和第三产业的能耗强度均呈下降趋势。1997 ~ 2016 年长江经济带第二产业的能耗强度从 3.856×10^{11} 千焦/亿元下降到 0.988×10^{11} 千焦/亿元；长江经济带第三产业的能耗强度从 1.867×10^{11} 千焦/亿元下降到 0.438×10^{11} 千焦/亿元。尽管长江经济带第二和第三产业能源消费总量呈波动上升的变化特征，但自 2007 年以来，长江经济带第二产业的能耗强度指标值保持在 2 以下，第三产业的能耗强度指标值保持在 1 以下，且能耗强度呈持续下降态势。

如图 3 - 13 所示，2016 年长江经济带沿线 11 省市第二产业的能耗强度呈现显著空间差异。在长江经济带沿线 11 省市中，第二产业能耗强度最高的是云南（1.804×10^{11} 千焦/亿元），最低的是上海（0.625×10^{11} 千焦/亿元），除长江经济带下游地区的上海、江苏、浙江外，长江经济带

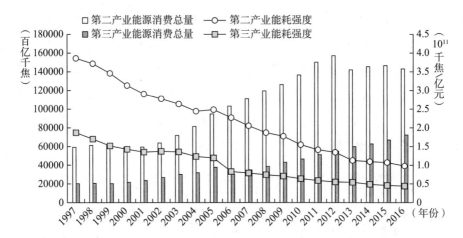

图 3-12 1997~2016 年长江经济带第二和第三产业的能源消费与能耗强度变化趋势

其他省市第二产业的能耗强度均高于 0.99×10^{11} 千焦/亿元。在长江经济带沿线 11 省市中，第三产业能耗强度最高的是贵州（1.546×10^{11} 千焦/亿元），最低的是江苏（0.214×10^{11} 千焦/亿元），除长江经济带上游地区的贵州（1.546×10^{11} 千焦/亿元）和云南（0.634×10^{11} 千焦/亿元）外，长江经济带其他省市第三产业的能耗强度均低于 0.6×10^{11} 千焦/亿元。下游地区三省市第二和第三产业能耗强度较低，反映了长江经济带下游地区节能减排带来的低能耗成效明显。

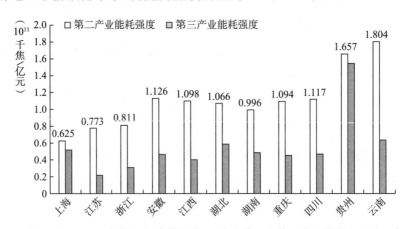

图 3-13 2016 年长江经济带沿线 11 省市第二和第三产业的能耗强度

三 长江经济带产业集聚的时空演变特征

（一）长江经济带产业集聚整体演变特征

如图 3 - 14 所示，1997～2016 年长江经济带第二产业的区位熵呈波动上升的变化特征，年均增幅为 0.17%；而第三产业的区位熵呈波动下降的变化特征，年均增幅为 - 0.02%。2013 年以前，长江经济带第三产业的区位熵普遍高于第二产业，表明 2013 年以前，第三产业在长江经济带整体产业发展中具有一定的比较优势；而在 2013 年以后，第二产业更具专业化优势。长江经济带第二和第三产业的协同集聚指数呈波动上升趋势，年均增幅为 0.07%。2009 年以前，产业协同集聚水平在第二产业集聚水平和第三产业集聚水平之间；2009 年之后，产业协同集聚水平远高于第二产业集聚水平和第三产业集聚水平。说明在多元化经济环境下，随着长江经济带单一产业集聚水平的提高，第二产业与具有关联的第三产业在市场需求下不断形成新的产业链和业务链，从而促进了长江经济带第二和第三产业协同集聚水平的进一步提升。

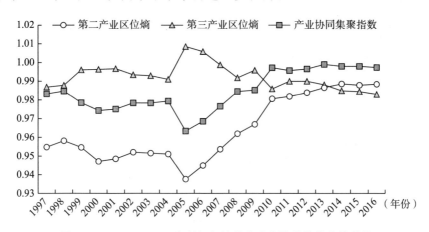

图 3 - 14 1997～2016 年长江经济带产业集聚的整体变化趋势

（二）长江经济带上中下游地区产业集聚演变特征

如图 3 - 15 所示，1997～2016 年长江经济带上游和中游地区第二产业的区位熵呈波动上升的演变特征，年均增幅分别为 0.41% 和 0.88% ；长江经济带下游地区第二产业的区位熵呈波动下降的演变特征，年均增幅为 − 0.83% 。2009 年以前，长江经济带下游地区第二产业的区位熵远高于中游和上游地区；2012 年以后，长江经济带中游地区第二产业的区位熵远高于上游和下游地区。表明 2009 年以前，下游地区产业集聚度普遍较高，具有极大的比较优势和极强的竞争力；而在 2012 年以后，该地位逐渐被中游地区所取代。

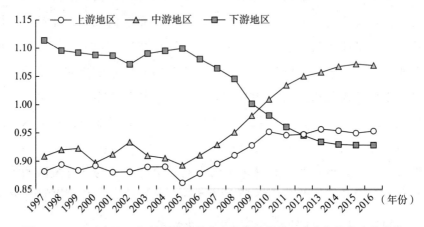

图 3 − 15 1997 ～ 2016 年长江经济带上中下游地区第二产业集聚的变化趋势

如图 3 − 16 所示，1997 ～ 2016 年长江经济带上游和下游地区第三产业的区位熵呈波动上升的演变特征，年均增幅分别为 0.02% 和 0.17% ；

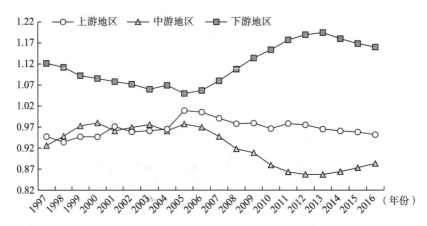

图 3 − 16 1997 ～ 2016 年长江经济带上中下游地区第三产业集聚的变化趋势

中游地区第三产业的区位熵呈波动下降的演变特征，年均增幅为
－0.23％。1997～2016 年长江经济带下游地区第三产业的区位熵远高于
中游和上游地区。表明与中游和上游地区相比，下游地区第三产业具有
一定的专业化和竞争优势。

如图 3－17 所示，1997～2016 年长江经济带上游地区第二和第三产
业协同集聚指数呈波动上升的演变特征，年均增幅为 0.18％；长江经济
带中游和下游地区第二和第三产业协同集聚指数呈波动下降的演变特征，
年均增幅分别为－0.43％和－0.54％。2007 年以前，下游地区第二和第
三产业的协同集聚指数远高于中上游地区；2009 年以后，上游地区第二
和第三产业的协同集聚指数超过中下游地区。表明 2007 年以前，长江经
济带下游地区的第二产业与关联的第三产业在市场需求下不断形成新的
产业链和业务链，对下游地区第二和第三产业协同集聚水平的提升产生
促进作用；2009 年以后，下游地区第二产业集聚度下降，市场需求下降
导致下游地区第二和第三产业的协同集聚水平快速降低，上游地区第二
和第三产业集聚度均稳步提高，促使其协同集聚水平提升。

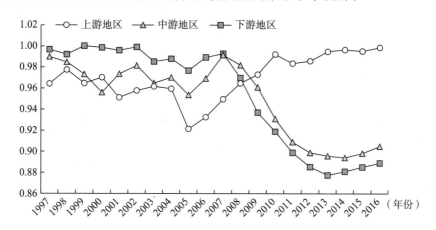

图 3－17　1997～2016 年长江经济带上中下游地区产业协同集聚的变化趋势

（三）长江经济带沿线 11 省市产业集聚演变特征

如表 3－1 所示，1997～2016 年上海、江苏、浙江、云南的第二产业
集聚水平呈波动下降的变化特征，上海的第二产业集聚度年均增幅最小

（-1.86%）；江西的第二产业集聚度年均增幅最大（1.83%）。2016年
江苏、浙江、安徽、江西、湖北、重庆的第二产业区位熵均大于1，高
于长江经济带平均水平，表明上述省市的第二产业在长江经济带中具有
一定的专业化优势；相反，2016年上海的第二产业区位熵低于0.7，表
明上海的第二产业不具有很强的竞争优势。

表3-1　主要年份长江经济带沿线11省市第二产业集聚水平测算结果

省市	1997年	2000年	2005年	2010年	2013年	2016年
上海	1.109	1.022	1.012	0.846	0.769	0.696
江苏	1.084	1.111	1.177	1.057	1.017	1.043
浙江	1.149	1.133	1.109	1.038	1.016	1.046
安徽	1.003	0.917	0.860	1.048	1.130	1.130
江西	0.815	0.752	0.983	1.091	1.107	1.113
湖北	0.989	1.067	0.897	0.979	1.020	1.046
湖南	0.828	0.851	0.830	0.921	0.972	0.986
重庆	0.886	0.889	0.853	1.107	1.045	1.038
四川	0.886	0.911	0.864	1.015	1.069	0.952
贵州	0.786	0.839	0.869	0.787	0.838	0.925
云南	0.968	0.927	0.858	0.898	0.870	0.897
上游地区	0.882	0.891	0.861	0.952	0.956	0.953
中游地区	0.909	0.897	0.892	1.010	1.057	1.069
下游地区	1.114	1.088	1.099	0.980	0.934	0.928
长江经济带	0.955	0.947	0.937	0.981	0.987	0.988

如表3-2所示，1997~2016年上海、浙江、安徽、四川、贵州、云
南的第三产业集聚水平呈波动上升的演变特征；安徽的第三产业集聚度
年均增幅最大（0.47%）；江西的第三产业集聚度年均增幅最小（-
0.82%）。2016年上海、江苏、浙江第三产业区位熵均大于1，且高于长
江经济带平均水平，表明上述省市第三产业在长江经济带中具有一定的
专业化优势；相反，2016年安徽和江西的第三产业在长江经济带中不具
有竞争优势，专业化程度普遍不高。

表 3 - 2　主要年份长江经济带沿线 11 省市第三产业集聚水平测算结果

省市	1997 年	2000 年	2005 年	2010 年	2013 年	2016 年
上海	1.373	1.340	1.262	1.394	1.456	1.422
江苏	1.020	0.960	0.887	1.007	1.045	1.019
浙江	0.970	0.959	1.001	1.059	1.080	1.039
安徽	0.764	0.879	1.018	0.826	0.773	0.836
江西	1.023	1.079	0.870	0.804	0.821	0.855
湖北	0.940	0.922	1.008	0.923	0.891	0.895
湖南	0.978	1.036	1.014	0.967	0.944	0.945
重庆	1.077	1.080	1.098	0.885	0.969	0.981
四川	0.922	0.900	0.961	0.854	0.825	0.962
贵州	0.866	0.891	0.990	1.151	1.091	0.910
云南	0.922	0.914	0.987	0.974	0.978	0.951
上游地区	0.947	0.946	1.009	0.966	0.966	0.951
中游地区	0.926	0.979	0.978	0.880	0.857	0.883
下游地区	1.121	1.086	1.050	1.153	1.193	1.160
长江经济带	0.987	0.996	1.009	0.986	0.988	0.983

如表 3 - 3 所示，1997～2016 年上海、安徽、江西、湖北、云南的第二和第三产业协同集聚水平呈波动下降的变化特征；上海第二和第三产业的协同集聚度年均增幅最小（- 1.32%）；浙江第二和第三产业的协同集聚度年均增幅最大（0.44%）。2016 年，江苏、浙江、湖南、重庆、四川、贵州、云南的第二和第三产业的协同集聚指数高于长江经济带的平均水平，表明这些省市的第二和第三产业协同发展在长江经济带中具有一定的专业化优势；相反，2016 年上海、安徽、江西、湖北的第二和第三产业的协同集聚指数低于长江经济带的平均水平，表明这些省市的第二和第三产业协同发展在长江经济带中的竞争优势不明显。

表 3 - 3　主要年份长江经济带沿线 11 省市产业协同集聚水平测算结果

省市	1997 年	2000 年	2005 年	2010 年	2013 年	2016 年
上海	0.893	0.865	0.890	0.755	0.691	0.657
江苏	0.970	0.928	0.859	0.976	0.987	0.988
浙江	0.915	0.917	0.949	0.990	0.969	0.997

省市	1997 年	2000 年	2005 年	2010 年	2013 年	2016 年
安徽	0.865	0.979	0.916	0.881	0.812	0.851
江西	0.887	0.821	0.939	0.849	0.852	0.869
湖北	0.975	0.927	0.941	0.971	0.932	0.922
湖南	0.917	0.902	0.900	0.976	0.985	0.979
重庆	0.903	0.903	0.874	0.889	0.962	0.971
四川	0.980	0.994	0.947	0.914	0.871	0.995
贵州	0.951	0.970	0.935	0.812	0.869	0.992
云南	0.976	0.993	0.930	0.959	0.942	0.971
上游地区	0.953	0.965	0.922	0.894	0.911	0.982
中游地区	0.926	0.883	0.927	0.932	0.923	0.923
下游地区	0.911	0.922	0.904	0.901	0.865	0.873
长江经济带	0.930	0.927	0.916	0.907	0.897	0.927

四　研究结论与政策建议

（一）研究结论

在系统梳理产业集聚理论分析的基础上，多维度、多尺度地考察了长江经济带能源消费与产业集聚的时空演变特征。一方面，从长江经济带整体和分产业两方面分析产业能源消费的时空演变特征；另一方面，从产业集聚的整体演变、区域时空差异、省际时空差异三个方面分析产业集聚的时空演变特征，得出如下结论。

（1）从整体来看，长江经济带各类能源消费呈逐步上升的演变特征，产业能耗以煤炭与石油为主，天然气消费增长迅猛。长江经济带整体能源消费增长速度以 2005 年为分界点，大致呈先升后降的演变特征。除 2005 年外，长江经济带的整体经济增长速度普遍高于能源消费增长速度；2005 年以后，能源消费增长速度与经济增长速度的差距逐渐加大。长江经济带沿线 11 省市能源消费结构差异极大，贵州煤炭消费水平显著高于其他省市，湖南以外的整体能耗结构均具有低碳化的发展趋势。长江经济带沿线 11 省市能耗强度具有极大的区域性差异，其中，下游地区 3 省市能耗强度较低，节能减排成效较为显著。

（2）从不同产业能源消费情况看，长江经济带第二产业和第三产业的能源消费增长均以 2005 年为分界点，大致呈先升后降的演变特征。长江经济带第二产业各类能源消费整体呈波动上升的变化特征，第三产业中除煤炭以外的能源消费均呈波动上升的演变特征。长江经济带沿线 11 省市第二产业的能源消费结构差异较大，与第三产业能源消费情况正好相反。长江经济带第二产业和第三产业的能耗强度均呈下降的演变特征。

（3）从产业集聚的演化特征看，长江经济带第二产业的区位熵和产业协同集聚指数呈波动上升的演变特征，第三产业区位熵呈波动下降的演变特征。其中，中上游地区第二产业的区位熵呈波动上升的演变特征，下游地区呈波动下降的演变特征；上下游地区第三产业的区位熵呈波动上升的演变特征，中游地区呈波动下降的演变特征；中下游地区第二和第三产业协同集聚呈波动下降的演变特征，上游地区呈波动上升的演变特征。

（二）政策建议

推动长江经济带产业集聚向高级阶段发展，打造绿色能源产业集聚区，需要重点从以下方面进行推进。

1. 提升单一产业集聚质量

为达到这一目的，地方政府可从以下几个方面进行服务与管理。一是积极引导具有极强关联性的同行业或具有前后关联性的高污染行业进驻同一产业集聚区，借助产业集聚外部性降低内部成本与能源消耗，促进节能减排。二是针对不同的行业性质，设置碳税、能源税、环境税等一系列税种，并将利益平衡协调机制、市场化运行机制、经济激励机制和公众参与机制统一纳入能耗管理体系中，引导高污染行业加快向园区集中。三是从基础设施、平台建设、引入新技术等方面改善集聚区发展环境，从而提高整个园区的能源效率。

2. 加强产业协同集聚程度

为了加强产业融合发展，促进产业协同集聚，相关部门可以从以下四个方面着手：一是进一步推进生产性服务业与制造业在创新链、产业链方面的深度融合；二是加快信息技术服务与生产制造融合；三是推动生产性服务业与制造业向服务型制造方向发展；四是打造全球现代服务业与先进制造业中心，搭建"服务－制造"一体化融合平台。地方政府需重点发展高附加值产业、高增值环节和总部经济，加快培育以技术、品牌、质量、服务为核心的竞争新优势，打造若干规模和水平居国际前列的先进制造业集群，形成现代产业体系。

3. 坚持区域协同发展

下游地区各省市较早进入后工业化阶段，产业结构更倾向低耗能、低污染行业，而以湖北、湖南、四川为代表的上中游省市因煤炭消耗占比过重，严重影响要素配置效率的提高。为改变这一现状，需从两方面着手：一方面，长江经济带不同地区需根据当地产业发展水平、地理环境、资源配置、市场需求供给等实际情况，制定短、中、长期发展目标与合理的宏观规划；另一方面，积极加强区域间的交流与合作，为提高要素配置效率寻找最佳路径。为此，地方政府可从以下方面开展交流合作：一是在当地产业集聚区中搭建"服务－制造"一体化平台，同时进一步升级以多个邻近区域为主体的"服务－制造"平台；二是通过打破不同产业的地域壁垒，促进不同地区生产要素随着市场需求的变化自由流动，这对邻近地区调整资源配置有着直接作用。地方政府可根据要素流动的实际情况，进一步完善市场配套设施，促进当地金融业、通信业、物流业等行业的发展。

参考文献

陈国亮、陈建军：《产业关联、空间地理与二三产业共同集聚——来自中国 212 个城市的经验考察》，《管理世界》2012 年第 4 期，第 82～100 页。

王凯、李娟、唐宇凌等：《中国服务业能源消费碳排放量核算及影响因素分析》，《中国人口·资源与环境》2013 年第 5 期，第 21～28 页。

伍先福：《生产性服务业与制造业协同集聚对全要素生产率的影响》，博士学位论文，广西大学，2017，第 35 页。

Dixit，A. K. , Stiglitz, J. E. , "Monopolistic competition and optimum product diversity", *American Economic Review* 67（1977）：297 – 308.

Venables，A. J. , "Equilibrium locations of vertically linked industries", *International Economic Review* 37（1996）：341 – 359.

第四章　长江经济带装备制造业集聚对绿色创新效率影响的实证研究

一　装备制造业集聚影响绿色创新效率的理论分析

（一）装备制造业集聚的外部性理论

产业集聚的外部性与经济活动的集聚程度相关，存在复杂的动态演变机理。在产业内，要素规模集聚与企业竞争产生 Marshall 外部性与 Porter 外部性；在产业外，多种产业的综合规模聚合和产业多元化产生 Jacobs 外部性。

在新产业区内，以中小企业间交流网络形成了劳动力池、知识外溢通路、网络根植性等效应；在产业集群内，企业及其关联机构通过经济关系的协调搭建起除经济关系以外的分享机制，更形成了主体竞争的创新效应；进一步地，在 Krugman "中心－外围" 模型中，产业集聚在向心力和离散力两力间平衡，在受到规模报酬递增效应影响的同时，历史的偶然波动也会影响集聚进程，形成集聚外部性中的循环积累因果效应。

（二）装备制造业集聚对绿色创新效率的非线性影响

产业生命周期与产业集聚外部性存在互动，集聚同样具有生命周期。在生命周期作用下，产业集聚从成长期过渡到成熟期，各个阶段劳动力分工、专业化、创新力、竞争模式都不尽相同，对绿色创新行为的影响也不同。

1. 装备制造业集聚形成阶段对绿色创新效率的影响

装备制造业集聚形成阶段资金、技术、劳动力等资源流入核心产业，对绿色创新效率的影响主要通过规模经济、要素资源共享、知识溢出、基础设施共享发挥正外部性。

（1）规模经济。产业链紧密联系的诸多产业集聚在较小的空间范围内，各生产要素的高度集中有利于发挥规模经济效应。一方面，随着产品产量的增加，平均总成本呈下降趋势，规模效应使得能源等要素的单位产出消耗量边际下降，利润随产业规模扩大而增加；另一方面，装备制造业集聚形成阶段，污染物排放量不大且污染治理的边际成本趋于下降，单个企业污染治理成本实现规模最优。

（2）要素资源共享。生产要素的高度集中削减了要素调用的空间成本，在装备制造业集聚形成阶段，资本要素的集中可以提高企业融资效率且减少交易成本；熟练劳动力可以降低劳动力成本、提高劳动生产率；要素资源的集聚可以促进要素资源的自由流动与有效配置，有利于绿色创新效率的提高。

（3）知识溢出与基础设施共享。装备制造业集聚区域内知识的分享与溢出跨越地理与物理介质的阻碍，能够以员工的非正式交流方式进行快速扩散与沉淀，且由于装备制造业的高技术门槛，知识外溢效应不会导致过度扩散以至于技术共享作用削减（马歇尔，1991），能最大限度地提高整体创新水平与资源利用效率；与此同时，产业链内的中间产品和最终产品能够依托产业集聚形成公共工业环境，供水、供电、供热等能源基础设施及环保基础设施也能通过共享降低整体成本，实现企业效能的最大化与成本最小化。

2. 装备制造业集聚成长阶段对绿色创新效率的影响

装备制造业集聚成长阶段，集聚区域生产成本提高，技术创新传导通道受阻，集聚出现拥挤，缺乏竞争力、提供低廉供给品的企业面临被淘汰的风险，边际效益将不断下降。

（1）技术创新路径依赖。当创新技术的正面学习效应在装备制造业集聚区内形成既定结构及资源配置形式固化时，创新活动将越来越缺乏灵活性。生产效率受限于技术创新的路径依赖，适应力的转化时间拉长，竞争力下降，从而出现规模报酬递减。

（2）拥挤效应。装备制造业在集聚过程中，因产业链条内具有一定的同质性，易形成产业同构现象。集聚区内资源短缺，生产成本高涨，同质化竞争严重，非均衡布局优势不再明显，拥挤效应导致退出门槛较高，需要强有力的产业疏导与政策调控。与此同时，集聚区的产业布局目标不清晰，约束产业重构与产业转移进程。装备制造业的高能源投入与高资源消耗特征在创新活动没有实质产出之前体现得尤为明显，此时集聚区内部过度膨胀，对于绿色创新效率的促进作用减小。

3. 装备制造业集聚成熟阶段对绿色创新效率的影响

当技术创新处于固定路径时，环境污染治理成本高涨带来的负面影响无法通过集聚效应抵消。集聚本质上是一种公共物品，当装备制造业的集聚水平较高时，拥挤与污染不会自动消散，需要通过产业转型升级才能实现经济发展方式的转变，提高绿色创新效率。

（1）创新网络。在装备制造业集聚成熟阶段，要不断提高技术创新能力，通过产业上下游链条的关联建立起良好的联盟关系，实现知识与基础设施的自发式共享；同时借助联合研发的力量实现环保治理技术与绿色生产工艺的提升，在延长产业链的同时，向高附加值的两端延伸，极大地提升生产效能。

（2）绿色生产。装备制造业集聚成熟阶段，在污染超出环境承载力的临界线上，以绿色发展理念与有力的环保政策对突出的资源环境问题进行及时治理并形成良好的绿色生产机制。在这一阶段，积累的节能治污绿色技术逐渐运用到生产经营活动中，创造新的经济效益并提升环境价值。绿色生产不再局限于末端治理，而是形成上游产品绿色创新、中间产品工艺创新、下游渠道设备创新、回流产品合理回收的生产状态。只有对知识技术快速更新有更高要求的装备制造业集聚区，才能拥有完整的创新主体和顺畅的创新通路。

二　长江经济带装备制造业集聚水平测度

（一）测度方法和数据来源

1. 测度方法

产业集聚水平测度有 HHI 指数、空间基尼系数、区位熵、EG 指数等方法，由于数据可得性和研究问题的重点不同，从区域和行业的角度采用区位熵测算各区域制造业的集聚水平，用空间基尼系数测算装备制造业两位数行业的集聚水平。

（1）区位熵。

$$LQ_{it} = \frac{X_{it} / \sum X_{it}}{Q_{it} / \sum Q_{it}} \qquad (4-1)$$

式中，LQ_{it} 是 t 时期 i 地区装备制造业的区位熵，X_{it} 是 t 时期 i 地区的装备制造业总产值（工业总产值），Q_{it} 是 t 时期 i 地区的工业总产值。LQ_{it} 值越大，表明装备制造业在该地区的集聚程度越高。

（2）空间基尼系数。将洛伦茨曲线与基尼系数用于衡量行业在地域空间的分布均衡程度，构建空间基尼系数。公式如下：

$$G = \frac{1}{2n^2 u} \sum_{i}^{n} \sum_{j}^{n} |x_i - x_j| \qquad (4-2)$$

式中，G 代表空间基尼系数，x_i 和 x_j 代表行业 i、j 在该地区工业总产值中所占份额，n 是一个地区行业的数量，u 是各行业所占份额均值。G 的取值范围为 $[0, 1]$，G 越大，说明该产业在该区域的集聚程度越高；G 越小，说明集聚程度越低，产业空间布局越均衡。

2. 数据来源

以全国 30 个省区市和长江经济带沿线 11 省市为研究对象，选取 2005～2017 年装备制造业两位数行业，运用空间基尼系数测度区域与装备制造业集聚水平。根据《国民经济行业分类》（GB4754—2017），装备制造业包括八大细分行业，为保证研究连贯性与细分行业时间序列，参照《国民经济行业分类》（GB/T4754—2017）对细分行业进行聚合调整，在测度 2012～2017 年空间基尼系数时，以汽车制造业与铁路、船舶、航空航天和其他运输设备制造业的空间基尼系数的平均值作为交通运输设备装备制造业的空间基尼系数值。数据来源于《中国经济普查年鉴》（2006）、《中国工业经济统计年鉴》（2007～2012 年）、《中国工业统计年鉴》（2013～2018 年）。

（二）测度结果分析

1. 长江经济带装备制造业集聚的空间特征

受金融危机的持续影响，2009 年、2010 年装备制造业集聚水平为其间谷底。从全国来看，2005～2017 年中国装备制造业区位熵经历 2010 年的低值 0.851 后回升至 0.954，东部沿海、北部沿海与南部沿海装备制造业集聚水平高于全国平均水平，南部沿海受金融危机冲击产业集聚水平低于全国平均水平，2011 年前后达到最低值；京津地区在 2010 年以前集聚水平高于全国平均水平，之后大幅下降至 2017 年的 0.888；西南地区、中部地区、东北地区与西北地区装备制造业集聚水平低于全国平均水平；从长江经济带来看，2005～2017 年长江经济带装备制造业集聚水平始终高于全国平均水平，2017 年达到 1.016；集聚水平由低到高依次为上游、中游、下游，数值分别为 0.974、1.036、1.046。

长江经济带沿线 11 省市中，江苏、上海、湖北、重庆、湖南、江西、浙江区位熵指数高于 1，除重庆外，均为中下游地区省市。装备制造业产业集聚程度与地区产业结构、产业发展历史等均存在紧密关联，但同时中下游地区由于高度集聚也面临产业梯度转移的必然趋势，集聚结果也是动态的。

K-means 聚类分析将研究的样本分为三组，高、中、低聚类中心分别是 1.01、0.87、0.75。高、中、低集聚组分别包括 7 个、3 个、1 个省市。长江经济带下游地区 3 省市，中游地区的湖北、江西、湖南，上游地区的重庆处于高集聚组；中游地区的安徽以及上游地区的四川、云南处于中集聚组，上游地区的贵州处于低集聚组（见表 4-1）。

表 4 - 1　长江经济带沿线 11 省市装备制造业集聚水平聚类结果

分类	省市
高集聚组	江苏、上海、重庆、湖北、江西、浙江、湖南
中集聚组	四川、安徽、云南
低集聚组	贵州

2. 长江经济带装备制造业集聚行业分布

结果显示，2005 ~ 2017 年，长江经济带专用设备制造业、交通运输设备制造业空间基尼系数有所提高，其他行业的空间基尼系数保持稳定或存在下降态势。长江经济带装备制造业各细分行业发展阶段各不相同，集聚也呈现不一样的水平阶段：2005 ~ 2017 年，通信设备、计算机及其他电子设备制造业[1]（0.77），仪器仪表及文化、办公用机械制造业（0.74），电气机械及器材制造业（0.68）的空间基尼系数超过各行业空间基尼系数均值（0.66），装备制造业各细分行业空间基尼系数均大于 0.5，属于中度集聚以上水平，其中集聚水平较低的是交通运输设备制造业（0.56）、专用设备制造业（0.59），它们属于战略性支持产业，尚未形成高度集聚。2005 ~ 2017 年长江经济带装备制造业细分行业空间基尼系数见表 4 - 2。

表 4 - 2　2005 ~ 2017 年长江经济带装备制造业细分行业空间基尼系数

序号	行业	2005 年	2006 年	2007 年	2008 年	2009 年	2010 年	2011 年
C34	金属制品业	0.72	0.72	0.71	0.69	0.68	0.67	0.65
C35	通用设备制造业	0.64	0.68	0.68	0.67	0.67	0.65	0.64
C36	专用设备制造业	0.54	0.60	0.59	0.58	0.58	0.58	0.59
C37	交通运输设备制造业	0.53	0.54	0.55	0.55	0.55	0.55	0.55
C39	电气机械及器材制造业	0.73	0.73	0.72	0.70	0.69	0.69	0.68
C40	通信设备、计算机及其他电子设备制造业	0.82	0.81	0.81	0.81	0.81	0.80	0.78
C41	仪器仪表及文化、办公用机械制造业	0.77	0.76	0.75	0.74	0.72	0.73	0.74

---

[1]　正文分析中在名称相似时行业名称以《国民经济行业分类》（GB/T4754—2002）为准。

续表

序号	行业	2012年	2013年	2014年	2015年	2016年	2017年	均值
C33	金属制品业	0.63	0.63	0.62	0.63	0.63	0.64	0.66
C34	通用设备制造业	0.64	0.64	0.64	0.64	0.64	0.65	0.65
C35	专用设备制造业	0.60	0.60	0.60	0.61	0.62	0.62	0.59
C36	汽车制造业	0.55	0.55	0.54	0.54	0.54	0.55	0.56
C37	铁路、船舶、航空航天和其他运输设备制造业	0.60	0.59	0.59	0.59	0.59	0.58	
C38	电气机械和器材制造业	0.67	0.67	0.66	0.66	0.67	0.66	0.68
C39	计算机、通信和其他电子设备制造业	0.75	0.74	0.73	0.72	0.72	0.72	0.77
C40	仪器仪表制造业	0.72	0.73	0.73	0.72	0.73	0.73	0.74

注：2005~2011年数据按《国民经济行业分类》（GB/T 4754—2002）的行业分类及代码划分，2012~2017年数据按《国民经济行业分类》（GB/T 4754—2011）的行业分类及代码划分。下同。

2017年中国各省区市装备制造业规模最大的三个行业所占比重超过75%的省区市为新疆、海南、吉林、青海、北京、广东、重庆、广西。长江经济带沿线11省市装备制造业规模位居前三的行业所占比重最大的为重庆（77.02%），上海、江西占比在70%以上，湖南所占比重最低，仅为54.95%（见表4-3）；长江经济带沿线11省市规模位居前三的行业主要为金属制品业，汽车制造业，计算机、通信和其他电子设备制造业，湖南的铁路、船舶、航空航天和其他运输设备制造业规模最大，重庆的汽车制造业占据较大比重。

表4-3　2017年全国各省区市规模最大的三个行业分布及相应比重

单位：%

地区	规模最大的三个行业	比重	地区	规模最大的三个行业	比重
北京	C36、C39、C38	79.56	河南	C37、C39、C33	52.45
天津	C36、C39、C33	54.34	湖北	C36、C39、C33	68.18
河北	C33、C36、C38	65.67	湖南	C37、C39、C33	54.95
山西	C39、C35、C38	69.39	广东	C39、C33、C36	77.90
内蒙古	C35、C33、C38	64.92	广西	C36、C39、C33	76.78
辽宁	C36、C38、C34	66.68	海南	C36、C33、C35	91.90
吉林	C36、C37、C38	83.86	重庆	C36、C39、C34	77.02

续表

地区	规模最大的三个行业	比重	地区	规模最大的三个行业	比重
黑龙江	C38、C37、C36	62.49	四川	C39、C36、C38	64.99
上海	C36、C39、C38	72.38	贵州	C39、C33、C36	60.75
江苏	C39、C33、C38	61.66	云南	C36、C33、C37	57.98
浙江	C33、C36、C38	61.81	陕西	C36、C33、C34	53.94
安徽	C33、C36、C39	64.18	甘肃	C33、C35、C37	67.61
福建	C39、C33、C36	63.70	青海	C33、C38、C35	83.27
江西	C33、C39、C36	71.40	宁夏	C33、C38、C37	73.62
山东	C38、C36、C37	51.01	新疆	C33、C35、C37	94.13

三　长江经济带装备制造业绿色创新效率测度

（一）测度方法和数据来源

1. 测度方法

构建包含非期望产出的 Super-SBM 模型能实现装备制造业绿色创新效率的有效测度，假设每个省区市包括 N 种投入 $x = (x_1, x_2, \cdots, x_N) \in R_N^+$，生产 M 种期望产出 $y^g = (y_1^g, y_2^g, \cdots, y_M^g) \in R_M^+$，排放 K 种非期望产出 $y^b = (y_1^b, y_2^b, \cdots, y_K^b) \in R_K^+$。在每个时期 $t(t = 1, 2, \cdots, T)$，第 $i(i = 1, 2, \cdots, I)$ 个省区市的投入产出为 (x_i^t, y_i^t, z_i^t)。具体形式如下：

$$P = \left\{ (x, y^g, y^b) \mid x \geqslant X\lambda, y^g \leqslant Y^g\lambda, y^b = Y^b\lambda, \sum_{i=1}^n \lambda = 1, \lambda \geqslant 0 \right\} \quad (4-3)$$

SBM 模型会存在一致有效性问题，导致单位单元的决策失效，在评价长江经济带装备制造业绿色创新活动中采用考虑非期望产出的 Super-SBM 模型，并以非径向、非角度、基于松弛的（Slack-Based Measure, SBM）测度方法（Tone，2001，2003；Li and Shi，2008）作为基础，将非期望产出纳入测算模型，其分式形式为：

$$\rho^* = \min \frac{\dfrac{1}{m} \displaystyle\sum_{i=1}^m \dfrac{\bar{x}_i}{x_{i0}}}{\dfrac{1}{M+K} \left(\displaystyle\sum_{r=1}^M \dfrac{y_r^{-g}}{y_{r0}^g} + \displaystyle\sum_{r=1}^K \dfrac{y_r^{-b}}{y_{i0}^g} \right)} \quad (4-4)$$

$$\text{s. t} \quad \bar{x} \geqslant \sum_{j=1, \neq 0}^{n} \lambda_j x_j, y^{-g} \leqslant \sum_{j=1, \neq 0}^{n} \lambda_j y_j^g, y^{-b} \leqslant \sum_{j=1}^{n} \lambda_j y_j^b \qquad (4-5)$$

$$\bar{x} \geqslant x_0, y^{-g} \leqslant y_0^g, y^{-b} \leqslant y_0^b \qquad (4-6)$$

$$\sum_{j=1, \neq 0}^{n} \lambda_j = 1, y^{-g} \geqslant 0, \lambda \geqslant 0 \qquad (4-7)$$

式中 ρ^* 为目标效率。考虑数据可获得性，以装备制造业产值与工业总产值之比将所有工业企业指标折算为装备制造业相关指标，构建装备制造业绿色创新效率评价指标体系。

2. 指标说明

参考韩晶（2012）、张江雪和朱磊（2012）的评价方法，选择财力资源与人力资源衡量绿色创新投入，选择能源消费总量折算成标准煤衡量绿色创新活动中的能源投入。产出方面参考刘耀彬等（2017）的思想，从经济产出、企业产品创新程度、技术创新产出三个维度分别选取装备制造业总产值、新产品销售收入、专利申请受理数（冯志军，2013；罗良文和梁圣蓉，2017）来衡量期望产出；借鉴屈小娥（2014）的研究方法，采用熵值法将工业废水排放量、工业二氧化硫排放量、工业烟（粉）尘排放量与一般工业固体废物产生量四个指标经产值比例折算后合成为环境污染综合指数来衡量非期望产出，由于非期望产出指标与绿色创新效率负相关，所以采用 Ramanathan（2005）、陈诗一（2009）的做法，将非期望产出作为投入变量进行测算，并对负指标进行正向化处理。以 2005 年为基期，对工业企业 R&D 经费内部支出、新产品开发经费支出与新产品销售收入经产值比例折算后，采用工业生产者出厂价格指数进行平减，对装备制造业总产值采用 GDP 平减指数进行平减，得到的指标体系见表 4-4。

（二）测度结果分析

1. 长江经济带沿线 11 省市装备制造业绿色创新效率

（1）绿色创新效率总体分析。2005～2017 年中国绿色创新效率的均值为 0.651，长江经济带绿色创新效率均值为 0.823，高于全国平均水平。中国绿色创新效率在 2005～2017 年呈显著上升态势，绿色创新效率

表 4 - 4　装备制造业绿色创新效率评价指标体系

阶段	类别	指标及单位
投入	创新投入	X_1：工业企业 R&D 经费内部支出（万元）
		X_2：工业企业 R&D 人员数量（人）
		X_3：新产品开发经费支出（万元）
	能源投入	X_4：能源消费总量折算为标准煤（万吨标准煤）
产出	期望产出	X_6：专利申请受理数（件）
		X_7：新产品销售收入（万元）
		X_8：装备制造业总产值（万元）
	非期望产出	X_9：工业废水排放量（万吨）
		X_{10}：工业二氧化硫排放量（吨）
		X_{12}：工业烟（粉）尘排放量（吨）
		X_{13}：一般工业固体废物产生量（万吨）

从 2005 年的 0.597 上升到 2017 年的 0.663，长江经济带绿色创新效率从 2005 年的 0.687 上升至 2017 年的 1.072，增长速度高于全国平均水平与四大板块平均水平。

长江经济带内部绿色创新效率差异较为明显，绿色创新效率由高到低分别为下游、中游、上游，其 2017 年绿色创新效率分别为 1.142、0.882、0.853。长江经济带 11 省市绿色创新效率高于 1 的依次为重庆、浙江、四川、湖南、江苏，均处于 DEA 超效率，投入产出达到最优配置。2005 ~ 2017 年，除上海、云南绿色创新效率呈下降趋势外，长江经济带其他省市绿色创新效率均呈波动上升趋势。根据聚类结果可知，长江经济带下游地区 3 省市处于中高效率组，上中游地区 8 省市均处于低效率组（见表 4 - 5）。

表 4 - 5　长江经济带沿线 11 省市绿色创新效率聚类结果

分类	省市
高效率组	上海
中效率组	江苏、浙江
低效率组	湖南、安徽、重庆、江西、湖北、四川、云南、贵州

（2）绿色创新效率损失分解。长江经济带投入冗余普遍高于全国平均水平，也存在产出过量，尚无产出不足。长江经济带各省市绿色创新效率损失来源差异明显，上海不存在效率损失，江苏效率损失主要源于能源投入冗余，安徽、江西、湖北、湖南、重庆、四川、贵州、云南的效率损失主要源于劳动力即投入冗余，浙江效率损失主要源于资本过度集聚，即资本投入冗余（见表4-6）。

表4-6　2005～2017年长江经济带沿线11省市绿色创新效率损失分解

地区	投入冗余			产出过量	产出不足
	劳动力投入	资本投入	能源投入	污染排放	GDP
上海	0.019	0.018	0.013	0.007	0.008
江苏	0.069	0.145	0.168	0.076	0.005
浙江	0.234	0.375	0.069	0.085	0.002
安徽	0.746	0.085	0.327	0.087	0.004
江西	0.683	0.239	0.181	0.079	0.001
湖北	0.609	0.124	0.337	0.076	0.003
湖南	0.594	0.038	0.494	0.073	0.004
重庆	0.675	0.450	0.620	0.067	0.010
四川	0.695	0.146	0.326	0.038	0.009
贵州	0.436	0.298	0.604	0.058	0.001
云南	0.674	0.134	0.480	0.057	0.003
全国	0.452	0.158	0.297	0.059	0.002
长江经济带	0.573	0.195	0.351	0.075	0.004

2. 长江经济带装备制造业各行业绿色创新效率

（1）长江经济带装备制造业各行业绿色创新效率。2005～2017年长江经济带装备制造业绿色创新效率大致呈增长趋势，由2005年的0.671增长至2017年的0.795。通信设备、计算机及其他电子设备制造业的绿色创新效率提升显著，电气机械及器材制造业绿色创新能力有所减弱，其他行业的绿色创新效率在2005～2017年波动不大。

2005～2017年长江经济带仪器仪表及文化、办公用机械制造业的绿色创新效率值基本大于 1（见表 4－7），说明内部企业的绿色创新行为能有效提高生产效率，通用设备制造业、专用设备制造业的绿色创新效率值较低。通信设备、计算机及其他电子设备制造业在 2011 年后绿色创新效率值达到 1 以上，实现了绿色创新效率 DEA 有效。

表 4－7 2005～2017 年长江经济带装备制造业绿色创新效率测度结果

序号	行业	2005 年	2006 年	2007 年	2008 年	2009 年	2010 年	2011 年
C34	金属制品业	0.58	0.55	0.56	0.56	0.55	0.55	0.56
C35	通用设备制造业	0.47	0.48	0.48	0.49	0.47	0.47	0.48
C36	专用设备制造业	0.45	0.44	0.46	0.47	0.47	0.45	0.46
C37	交通运输设备制造业	0.89	0.88	0.67	0.76	0.77	0.79	0.81
C39	电气机械及器材制造业	0.73	0.73	0.72	0.70	0.69	0.68	0.68
C40	通信设备、计算机及其他电子设备制造业	0.66	0.68	0.99	0.99	0.99	0.99	1.01
C41	仪器仪表及文化、办公用机械制造业	0.92	1.11	1.20	1.32	1.29	1.23	1.19
序号	行业	2012 年	2013 年	2014 年	2015 年	2016 年	2017 年	均值
C33	金属制品业	0.56	0.55	0.56	0.56	0.56	0.55	0.56
C34	通用设备制造业	0.51	0.49	0.45	0.45	0.44	0.46	0.47
C35	专用设备制造业	0.43	0.42	0.42	0.42	0.46	0.45	0.45
C36	汽车制造业	0.76	0.73	0.70	0.80	0.81	0.86	
C37	铁路、船舶、航空航天和其他运输设备制造业	0.79	0.95	0.90	0.89	0.93	0.92	0.81
C38	电气机械和器材制造业	0.67	0.67	0.66	0.66	0.67	0.68	0.69
C39	计算机、通信和其他电子设备制造业	1.35	1.29	1.20	1.02	1.39	1.28	1.05
C40	仪器仪表制造业	1.21	1.03	1.23	1.19	1.18	1.23	1.18

（2）长江经济带装备制造业绿色创新效率损失分解。绿色创新效率损失究竟来源于何处？长江经济带装备制造业 8 大细分行业中仅有 2 个行业绿色创新效率处于有效状态，6 个行业绿色创新效率存在损失。能源高消耗、资本同质投入、劳动力拥挤会导致绿色创新效率投入冗余，过度污染排放和过低产出预期使得绿色创新效率存在低值。能源、资本、

劳动力三种投入冗余造成的效率损失所占比重分别是 49.32%、29.56%、19.32%，过度污染排放造成 1.81% 的效率损失，尚不存在产出不足。

长江经济带各行业绿色创新效率损失来源差异明显，电气机械和器材制造业的效率损失主要源于劳动力投入冗余，其劳动力投入冗余造成效率损失的占比达 54.10%（见表 4 - 8）。铁路、船舶、航空航天和其他运输设备制造业与汽车制造业资本投入冗余造成效率损失的占比分别为 64.00%、59.70%。金属制品业、通用设备制造业与专用设备制造业能源投入冗余造成效率损失的占比分别为 70.80%、52.7%、46.3%，金属制品业由污染排放造成的效率损失达到 7.80%，远高于其他行业。

表 4 - 8　2005~2017 年长江经济带装备制造业绿色创新效率损失分解

行业	投入冗余			产出过量	产出不足
	劳动力投入	资本投入	能源投入	污染排放	GDP
C33	0.109	0.185	0.708	0.078	0.001
C34	0.356	0.384	0.527	0.038	0.001
C35	0.337	0.405	0.463	0.018	0.000
C36	0.310	0.597	0.693	0.017	0.003
C37	0.178	0.640	0.496	0.014	0.028
C38	0.541	0.017	0.057	0.002	0.001
C39	0.006	0.009	0.003	0.004	0.009
C40	0.001	0.031	0.018	0.001	0.011

四　长江经济带装备制造业集聚对绿色创新效率的影响

（一）空间计量模型

1. 空间相关性检验

Moran's I 指数普遍用于检验绿色创新效率在长江经济带相邻地区的相邻相似性以及独立异质性。

$$Moran's\ I = \frac{n\sum\limits_{i=1}^{n}\sum\limits_{j=1}^{n}w_{ij}(x_i-\bar{x})(x_j-\bar{x})}{\sum\limits_{i=1}^{n}\sum\limits_{j=1}^{n}w_{ij}(x_i-\bar{x})^2} = \frac{\sum\limits_{i}^{n}\sum\limits_{j\neq i}^{n}w_{ij}(x_i-\bar{x})(x_j-\bar{x})}{S^2\sum\limits_{i}^{n}\sum\limits_{j}^{n}w_{ij}} \quad (4-8)$$

式中，x_i 与 x_j 分别是地区 i 与地区 j 的绿色创新效率，$S^2 = \dfrac{1}{n}\sum\limits_{i=1}^{n}(x_i-\bar{x})$，$n$ 是区域样本数。在地理距离矩阵的基础上，采用 2015 年地区间人均实际 GDP 的差额的倒数作为测度地区间经济距离的指标，构成基础矩阵，与地理距离矩阵相乘得到权重矩阵，标准化处理后形成经济社会矩阵。

如表 4-9 所示，检验结果显示 $Moran's\ I$ 均为正值，且在 10% 的水平下通过显著性检验，表明绿色创新效率并非完全随机分布，有必要从空间维度对绿色创新效率的影响因素作计量分析。

表 4-9　2005～2017 年长江经济带装备制造业绿色创新效率空间自相关 $Moran's\ I$ 指数

年份	2005	2006	2007	2008	2009	2010	2011
$Moran's\ I$	0.174	0.147	0.157	0.204	0.293	0.194	0.184
Z	1.432	1.519	1.300	2.167	2.114	2.083	1.855
P	0.043	0.064	0.082	0.034	0.017	0.034	0.040
年份	2012	2013	2014	2015	2016	2017	
$Moran's\ I$	0.227	0.287	0.291	0.247	0.251	0.249	
Z	2.102	2.570	2.743	2.207	2.112	2.092	
P	0.022	0.001	0.004	0.031	0.009	0.018	

2. 模型设定

绿色创新效率存在显著的空间正相关关系，需要采用空间计量模型来检验装备制造业集聚对绿色创新效率的影响，空间面板模型包括空间滞后模型与空间误差模型。

空间滞后模型可以表示为：

$$Y_{it} = \rho W Y_{it} + \beta X_{it} + \varepsilon_{it}$$
$$\varepsilon_{it} \sim N(0,\sigma^2 I_n) \quad (4-9)$$

空间误差模型可以表示为:

$$Y_{it} = \beta X_{it} + \varepsilon_{it}$$
$$\varepsilon_{it} = \lambda W \varepsilon_{it} + \mu_{it} \qquad (4-10)$$
$$\mu_{it} \sim N(0, \sigma^2 I_n)$$

式中, i、t 分别表示样本地区与观察年度; Y 是因变量, X 是自变量; ε、μ 均是服从正态分布的随机误差项; ρ、λ 分别是空间滞后因变量的系数与空间相关误差的参数; β 是解释变量的系数; W 是空间权重矩阵。

对空间滞后模型、空间误差模型进行 Hausman 检验, P 值为 0.000, 因此采用固定效应模型; 对空间误差、空间滞后自相关模型进行选择, 比较发现 LM-lag (1.0128) 显著大于 LM-err (0.3784), 因此下文分析以空间滞后模型的结论为主。装备制造业集聚和绿色创新效率总体上存在明显的正相关关系, 但随着集聚水平上升, 两个变量关系出现非线性趋势, 采用计量分析方法验证, 故将模型设定为空间滞后面板模型:

$$GIE_{it} = \rho W GIE_{it} + \beta_1 lq_{it} + \beta_2 lq_{it}^2 + \beta_3 lq_{it}^3 + \beta_4 \ln gdp_{it} + \beta_5 \ln gdp_{it}^2$$
$$+ \beta_6 \ln hc_{it} + \beta_7 \ln urb_{it} + \beta_8 \ln tra_{it} + \beta_9 \ln evn_{it} + \beta_{10} \ln tech_{it} \qquad (4-11)$$
$$+ \beta_{11} \ln ener_{it} + \varepsilon_{it}$$

(二) 变量选取

1. 指标说明

被解释变量: 基于 Super-SBM 测度的绿色创新效率。

解释变量: 基于区位熵测度的装备制造业集聚水平, 同时根据产业集聚生命周期理论在模型中加入装备制造业集聚水平的多次方项。

控制变量: 包括经济发展水平、人力资本、城市化水平、贸易开放度、环境规制、研发投入强度与能源消耗等 (见表 4-10)。

表 4-10 模型变量选取

变量类型	变量	符号	指标
被解释变量	绿色创新效率	GIE	由包含非期望产出的 Super-SBM 模型计算得出
解释变量	产业集聚水平	lq	区位熵

变量类型	变量	符号	指标
控制变量	经济发展水平	lngdp	人均实际 GDP 的对数
	人力资本	hc	用平均受教育年限来表示
	城市化水平	urb	用年末城镇人口在总人口中所占的比重来衡量
	贸易开放度	tra	选取进出口总额与 GDP 的比值来衡量，用美元表示的进出口总额按照当年人民币平均汇率转换
	环境规制	env	采用环境污染治理投资额占 GDP 的比重来衡量
	研发投入强度	tech	研发投入占 GDP 的比重
	能源消耗	ener	能源消耗总量与 GDP 的比值

2. 描述性统计

根据对绿色创新效率、产业集聚水平及控制变量的描述性统计，绿色创新效率均值为 0.7348（见表 4 - 11），产业集聚水平均值为 0.4253，控制变量均值均在合理范围之内。

表 4 - 11　样本数据的描述统计

变量名称	均值	标准差	最小值	最大值
GIE	0.7348	0.4439	0.0353	1.9937
lq	0.4253	0.1163	0.2223	0.7823
lngdp	10.2766	0.6219	8.5475	11.5895
hc	8.6218	0.9718	6.3779	12.0284
urb	0.5180	0.1412	0.2668	0.8960
tra	0.3439	0.4187	0.0079	1.7215
env	0.0065	0.0052	0.0001	0.0361
tech	0.1377	0.1045	0.0182	0.6014
ener	1.1315	0.7298	0.0800	4.2100

（三）实证结果分析

全国装备制造业集聚水平与绿色创新效率呈显著的 N 形关系，空间自相关系数（ρ）估计值（0.081）显著为正（见表 4 - 12），绿色创新效率存在空间溢出效应，相邻地区绿色创新效率在空间上存在影响路径的延长和影响效应的传递现象。

表 4 – 12　全国样本模型回归结果

变量	OLS	空间滞后模型		
		空间固定	时间固定	双固定
lq	3.679 (1.51)	6.352 ** (2.042)	8.489 *** (2.489)	5.340 ** (2.788)
lq^2	– 4.040 (– 1.51)	– 7.387 ** (1.923)	– 9.351 *** (– 0.462)	– 5.712 ** (1.638)
lq^3	1.778 (1.38)	3.352 ** (1.927)	5.079 *** (1.882)	1.286 ** (0.657)
$\ln gdp$	0.811 *** (2.068)	0.969 *** (0.353)	1.950 *** (2.389)	2.309 *** (2.364)
$\ln gdp^2$	– 0.0405 ** (– 2.561)	– 0.0539 *** (2.308)	– 0.071 *** (– 2.967)	– 0.055 *** (2.018)
$\ln hc$	0.248 ** (0.109)	0.186 (5.213)	– 0.018 (– 6.241)	0.072 (0.828)
$\ln urb$	0.192 (0.029)	0.068 (1.073)	– 0.073 *** (– 0.281)	– 0.083 *** (2.228)
$\ln tra$	– 0.128 ** (1.917)	– 0.173 *** (0.401)	– 0.569 *** (– 1.388)	– 0.839 (– 8.575)
$\ln env$	– 0.038 *** (– 2.929)	– 0.028 *** (1.397)	– 0.0447 ** (– 4.970)	– 0.089 *** (2.110)
$\ln tech$	– 0.318 (– 1.490)	– 0.129 (– 1.320)	0.829 *** (5.310)	0.979 *** (– 1.751)
$\ln ener$	0.0498 * (1.229)	0.040 * (1.690)	– 0.060 ** (– 2.400)	0.070 *** (1.400)
$Cons$	– 9.839 ** (– 2.449)			
ρ		0.051 (0.982)	– 0.048 (– 0.22)	0.081 * (0.918)
R^2	0.297	0.911	0.848	0.931

注：*、**、***分别表示在10%、5%和1%的统计水平上显著。

长江经济带装备制造业集聚水平对绿色创新效率的影响具有明显的地区差异。

（1）长江经济带整体与中下游地区装备制造业集聚水平与绿色创新效率呈显著的 N 形关系。下游地区技术领先，高端装备制造业发展基础良好，绿色创新效率维持在较高水平，且市场开放度较高，辐射能力较强，空间自相关系数（ρ）显著为正，内部省市间存在正向溢出效应。

中游地区装备制造业总量大，以汽车制造业为代表的产业环保技术改进与产业转型效果显著。长江经济带装备制造业产业基础雄厚，技术革命深入，产业集聚效应明显。但目前长江经济带整体与中游地区空间自相关系数为负，长江经济带内部省市之间存在负向溢出效应，尚未形成良好的协同效应，上游地区较好地实现了内部正向溢出效应。

（2）上游地区装备制造业集聚水平与绿色创新效率呈显著的倒 N 形关系。装备制造业主要是技术密集型产业，上游地区劳动力的集聚并不能同等效能地提高生产效率，还造成了人员拥挤与生活垃圾排放，绿色创新效率受到抑制；在集聚的中级阶段，规模经济等促进了绿色创新效率的提高；随着集聚水平的提高，长江经济带省市间的梯度转移形成，无序的产业转移在提高短期生产效率的同时，为当地带来了诸多集聚负外部性影响，如产业同构、恶性竞争、侵蚀原有产业、劳动力不匹配等问题，同时，落后的发展模式没有为技术创新与知识共享提供良好氛围，这些都不利于绿色创新效率的提高。上游地区装备制造业集聚水平空间差异巨大，空间自相关系数为 -0.291，内部负向溢出产生恶性循环。

长江经济带部分控制变量与绿色创新效率呈正相关关系：经济增长水平对绿色创新效率的影响为显著倒 U 形。经济增长水平的一次项系数显著为正，二次项系数显著为负。经济增长水平在前期阶段为企业创新提供更好的发展基础与稳定的创新模式，居民具有更强的环保意识，政府倾向于提供更多的绿色创新资金支持和政策优惠；当经济增长水平进入下一阶段时，规模经济效应有所衰减，投入冗余现象愈加明显，造成绿色创新效率回落。

研发投入强度与绿色创新效率呈正相关关系。研发投入占 GDP 的比重每增加 1 个百分点，绿色创新效率提高 0.533 个百分点。罗良文和梁圣蓉（2017）认为研发投入增加绿色创新知识存量，知识外溢效应使得研发人员在生产过程中更易交流和积累绿色创新理念，减少创新活动中的不可再生能源使用，降低污染排放，研发绿色产品。中国经济发展具有较强的"能源依赖"特征，能源消耗的增加，提高了经济发展水平，也间接推动绿色知识的积累和溢出，促进绿色创新效率提高。人力资本、城市化水平与绿色创新效率之间存在正向关联，但并不显著。

另外，贸易开放度、城市化水平、环境规制在不同程度上抑制长江经济带部分地区绿色创新效率的增长。进出口总额占 GDP 的比重每增加 1 个百分点，绿色创新效率降低 0.649 个百分点（见表 4－13）。环境规制与绿色创新效率的显著负相关关系与刘亮等（2017）的研究结论一致：政府实施环境规制后，企业会增加相关的环境治理投资，但环境规制是政府对企业施加的额外成本与约束条件，政府将环境外部成本内部化从而产生挤出效应，对创新部门的投资必然减少，进而导致创新产出减少。

表 4－13　长江经济带样本模型回归结果

变量	下游地区		中游地区		上游地区		长江经济带	
	SLM	OLS	SLM	OLS	SLM	OLS	SLM	OLS
lq	18.269 *** (2.754)	19.948 *** (2.304)	12.930 ** (2.181)	14.202 ** (2.930)	－7.902 ** (－3.230)	－5.393 ** (－0.923)	4.992 ** (1.392)	7.939 ** (2.293)
lq^2	－20.343 *** (－2.239)	－29.303 *** (－3.206)	－18.592 ** (－2.531)	－17.843 ** (－2.853)	11.283 *** (2.939)	9.388 ** (3.292)	－14.394 * (－0.129)	－15.293 ** (－2.459)
lq^3	8.230 *** (3.009)	11.394 *** (2.494)	8.005 ** (2.568)	9.067 ** (2.229)	－6.239 *** (－2.939)	－4.293 ** (－3.942)	6.393 ** (2.203)	5.384 ** (1.202)
$\ln gdp$	－1.198 *** (－2.683)	－2.375 *** (－2.644)	6.643 *** (2.920)	7.920 *** (3.192)	0.527 *** (2.993)	0.496 ** (1.839)	6.394 *** (2.390)	7.493 *** (1.299)
$\ln gdp^2$	0.065 *** (2.349)	0.034 *** (3.239)	－0.467 *** (－2.493)	－0.467 *** (－1.394)	－0.018 (－2.043)	－0.033 ** (－0.088)	－0.391 *** (－2.129)	－0.883 *** (－1.939)
$\ln hc$	0.145 (1.317)	0.193 (1.009)	0.399 (3.290)	－0.298 (－3.920)	0.492 *** (2.877)	0.502 ** (2.561)	0.393 (2.322)	－0.201 (－1.545)
$\ln urb$	－0.094 ** (－2.345)	－0.087 ** (－3.358)	0.009 (0.037)	0.004 (0.204)	－0.087 *** (－1.053)	－0.044 *** (－6.342)	0.053 (0.468)	0.077 (0.323)
$\ln tra$	0.023 (0.279)	－0.009 (－0.048)	－0.397 * (－1.465)	－0.275 * (－1.558)	－0.034 (－1.031)	－0.211 *** (－2.412)	－0.649 * (－1.342)	－0.854 * (－0.783)
$\ln env$	－0.097 (－1.865)	－0.046 (－1.376)	－1.323 *** (－3.546)	－1.969 *** (－2.994)	－0.049 *** (－3.442)	－0.032 *** (－4.883)	－1.225 *** (－2.785)	－1.764 *** (－3.975)
$\ln tech$	0.835 *** (5.345)	0.643 *** (4.940)	0.057 (0.667)	0.029 (0.758)	0.941 *** (2.871)	1.562 *** (4.774)	0.533 (0.454)	0.658 (0.446)
$\ln ener$	－0.072 (－0.499)	－0.001 (－0.04)	－2.855 ** (－3.019)	－3.054 ** (－2.237)	3.557 (2.044)	3.049 (0.675)	－3.225 ** (－2.946)	－3.091 ** (－2.355)

续表

变量	下游地区		中游地区		上游地区		长江经济带	
	SLM	OLS	SLM	OLS	SLM	OLS	SLM	OLS
Cons	-0.839 *** (-8.203)	-0.355 *** (-8.403)	-0.167 * (-2.450)	-0.378 *** (-1.459)	0.071 *** (2.844)	0.015 ** (1.200)	-0.277 * (-1.542)	-0.765 *** (-0.543)
ρ	0.203 *** (3.713)		-0.128 (-1.573)		-0.291 *** (-3.192)		-0.586 (-1.242)	
R^2	0.802	0.799	0.866	0.884	0.829	0.891	0.745	0.899
Log-L	139.304	141.942	167.304	171.034	156.323	157.392	167.392	171.934

注：*、**、*** 分别表示在 10%、5% 和 1% 的统计水平上显著。

（四）稳健性检验与门槛检验

为了确保前文估计结果的有效性，作如下稳健性检验：第一，剔除 3% 的绿色创新效率极大值和极小值样本后进行回归；第二，剔除 2005 年、2015 年两年样本，采用 2006 ~ 2014 年 30 个省区市面板数据与装备制造业集聚水平滞后 1 期进行估计。两种稳健性检验结果均显示，各变量系数方向具有一致性，只是显著性有所变化，模型具有较好的解释力。

为考察变量之间的非线性关系，构建门槛面板模型如下：

$$GIE_{it} = a_i + b_i GINI \cdot I(q_{it} \le \gamma_1) + b_2 GINI_{it} \cdot I(q_{it} > \gamma_1) + \cdots + b_n GINI_{it} \cdot$$
$$I(q_{it} \le \gamma_n) + b_{n+1} GINI_{it} \cdot I(q_{it} > \gamma_n) + \beta H_{it} + \lambda_i + \varepsilon_{it}$$

$$(4-12)$$

式中，GIE_{it} 表示 i 省区市 t 时期装备制造业绿色创新效率，$GINI_{it}$ 表示 i 省区市在 t 时期的装备制造业集聚水平。将产业集聚作为门槛值，采用 F 统计量和 Hansen 自抽样法的 P 值检验。结果显示，通过单门槛、双门槛检验的地区包括全国、长江经济带中游与下游地区；然而，长江经济带整体与上游地区却只通过单门槛检验。其中，全国两个门槛值分别是 0.425、0.478，下游地区的两个门槛值分别是 0.398、0.426，中游地区的两个门槛值分别是 0.371、0.427，上游地区与长江经济带整体的门槛值分别是 0.474 与 0.501。长江经济带装备制造业集聚门槛面板模型估计结果见表 4 - 14。

表 4 – 14　长江经济带装备制造业集聚门槛面板模型估计结果

变量	全国	长江经济带	下游地区	中游地区	上游地区
$lngdp$	2.031 *** (1.239)	3.677 ** (1.332)	– 1.392 *** (– 2.045)	5.787 *** (3.896)	– 6.562 *** (– 2.670)
$lngdp^2$	– 0.244 *** (1.855)	– 15.676 * (– 0.113)	0.667 *** (2.002)	– 0.443 *** (– 1.553)	12.382 *** (1.299)
$lnhc$	0.067 *** (0.124)	6.333 ** (2.199)	0.165 (0.956)	0.343 (2.886)	– 6.006 *** (– 1.049)
$lnurb$	– 0.086 *** (2.465)	7.377 *** (1.634)	– 0.035 ** (– 1.855)	0.001 (0.053)	0.446 *** (2.886)
$lntra$	– 0.753 (– 3.231)	– 0.123 *** (– 1.567)	0.434 * (0.144)	– 0.365 * (– 1.434)	– 0.035 (– 1.478)
$lnenv$	– 0.042 *** (2.457)	0.343 (1.099)	– 0.024 (– 1.154)	– 1.287 *** (– 2.898)	0.445 *** (1.997)
$lntech$	0.779 *** (1.523)	0.064 (0.376)	0.656 *** (5.879)	0.155 *** (0.057)	– 0.045 (– 6.956)
$lnener$	0.032 *** (1.564)	– 0.754 * (– 1.268)	– 0.554 (– 0.665)	– 2.767 ** (– 1.980)	– 0.065 (– 1.054)
lq^1	4.654 *** (2.948)	3.555 *** (– 1.425)	14.742 (– 9.050)	12.194 *** (– 1.066)	– 6.406 *** (– 0.535)
lq^2	3.229 (3.203)	4.570 (0.234)	14.759 *** (0.871)	10.917 *** (2.326)	– 2.910 (0.234)
lq^3	6.780 *** (2.193)		17.056 ** (– 2.460)	14.108 (1.929)	

注：* 、** 、*** 分别表示在 10%、5% 和 1% 的统计水平上显著。

　　装备制造业集聚水平对绿色创新效率的影响效应呈现复杂的非线性关系，存在明显的地区差异。

　　（1）全国装备制造业集聚水平与绿色创新效率存在显著的正向非线性影响效应，正向作用呈先降后升的变化特征。当装备制造业集聚水平低于 0.425 时，产业集聚水平对绿色创新效率的正向效应显著，当装备制造业集聚水平处于 0.425 ~ 0.478 时，产业集聚水平对绿色创新效率的促进作用不明显；当装备制造业集聚水平高于 0.478 时，正向效应显著并增强。这表明装备制造业集聚可能存在瓶颈，正向作用受到约束，因此要促进创新驱动及产业升级，弱化约束作用。

（2）长江经济带装备制造业集聚水平对绿色创新效率呈现递增的正向非线性影响。当装备制造业集聚水平低于 0.501 时，产业集聚水平对绿色创新效率的促进作用显著；当装备制造业集聚水平高于 0.501 时，正向效应不显著。长江经济带装备制造业基础较好，实力雄厚，目前已形成诸多成熟的产业集群，集聚水平较高，但可能存在过度集聚倾向。

（3）长江经济带下游地区装备制造业集聚水平对绿色创新效率的正向非线性影响呈现边际效率递增的特征。当下游地区装备制造业集聚水平低于 0.398 时，产业集聚对绿色创新效率的促进作用不明显；当装备制造业集聚水平处于 0.398 ~ 0.426 时，具有显著正向效应；当装备制造业集聚水平高于 0.426 时，正向效应进一步增强。表明长江经济带下游地区装备制造业集聚水平对绿色创新效率的促进作用有一定的条件约束，只有当集聚水平高于 0.398 时，才具有正向效应。

（4）长江经济带中游地区装备制造业集聚对绿色创新效率的影响存在明显正向非线性影响效应。当长江经济带中游地区装备制造业集聚水平低于 0.371 时，产业集聚水平对绿色创新效率的正向效应显著；当装备制造业集聚水平处于 0.371 ~ 0.427 时，促进作用稍弱；当装备制造业集聚水平高于 0.427 时，正向效应不显著。仅当产业集聚水平小于 0.427 时，长江经济带中游地区装备制造业产业集聚才能促进绿色创新效率的提高。

（5）与全国及其他地区情况相反，长江经济带上游地区装备制造业集聚抑制绿色创新效率的提高。尤其当装备制造业集聚水平低于 0.474 时，产业集聚水平对绿色创新效率的阻碍作用较大。长江经济带上游地区的产业结构单一，尽管集聚水平较高，但并未形成产业集群，集聚形成规模但未能产生知识外溢、技术共享与集中治污效应，这些都会阻碍绿色创新效率的提高。

五　研究结论与政策建议

（一）研究结论

在理论分析不同发展阶段装备制造业集聚对绿色创新效率影响差异

的基础上，采用区位熵、空间基尼系数测度 2005～2017 年长江经济带装备制造业的集聚水平，结合考虑非期望产出的 Super-SBM 模型测度了长江经济带沿线 11 省市装备制造业的绿色创新效率，通过构建空间计量模型和门槛面板模型实证检验了长江经济带装备制造业集聚对绿色创新效率的影响，得出如下结论。

（1）长江经济带装备制造业集聚水平呈现下游、中游、上游梯度递减的空间分异特征。长江经济带集聚总体呈现平稳变化特征，集聚水平高于全国平均水平。从行业分布看，通信设备、计算机及其他电子设备制造业，仪器仪表及文化、办公用机械制造业，电气机械及器材制造业的空间基尼系数超过各行业空间基尼系数均值，装备制造业各细分行业空间基尼系数均大于 0.5，属于中度集聚以上水平。其中，集聚水平较低的是交通运输设备制造业、专用设备制造业，它们属于战略性支持产业，尚未形成高度集聚。

（2）长江经济带绿色创新效率呈现下游、中游、上游梯度递减的空间分异特征。长江经济带绿色创新效率高于全国平均水平。浙江和江苏与上中游地区的重庆、四川、湖南处于 DEA 超效率。从行业分布看，长江经济带装备制造业绿色创新效率大多波动不大，其中电气机械及器材制造业绿色创新效率有下降趋势，通信设备、计算机及其他电子设备制造业的绿色创新效率提升显著。金属制品业由能源投入冗余造成的效率损失占比达 70.80%，由污染排放造成的效率损失达到 7.80%，远高于其他行业。从影响因素看，研发投入强度、能源消耗、人力资本、城镇化水平与长江经济带装备制造业绿色创新效率呈正相关，贸易开放度、环境规制与装备制造业绿色创新效率呈显著负相关。

（3）长江经济带装备制造业集聚对绿色创新效率的影响呈现显著空间差异。其中，长江经济带整体和中下游地区装备制造业集聚水平与绿色创新效率呈显著的 N 形关系。长江经济带装备制造业基础雄厚，技术革命深入，产业集聚效应明显，但长江经济带整体及中上游地区的空间自相关系数为负，长江经济带内部省市之间存在负向溢出效应，尚未形成良好的协同效应。上游地区较好地实现了内部正向溢出效应，装备制造业集聚水平与绿色创新效率呈显著的倒 N 形关系。长江经济带上游地区内部省市间差异较大，内部负向溢出产生了恶性循环。此外，门槛回归验证了结论，并给出上中下游地区最优的集聚范围。

（二）政策建议

装备制造业是我国产业迈向中高端的重要引擎，装备制造业集聚促进了经济增长，但在装备制造业集聚的不同阶段，装备制造业集聚水平对绿色创新效率的影响不同。为充分发挥装备制造业集聚对绿色创新效率的正向作用，促进装备制造业的转型与绿色优化升级，提出以下政策建议。

（1）优化产业结构，引导装备制造业合理集聚。装备制造业是工业经济发展的重要根基、高新技术产业的重要组成部分。产业重组方面，长远规划新兴产业园区与产业结构布局，引导产业链适度集聚，促进园区经济发展；产业升级方面，要从装备制造业的生产能力出发，通过技术创新、科创融合促进高端装备制造业的形成、发展与壮大；产业结合方面，引导装备制造业与生产性服务业、金融业等第三产业的科学融合，借力政府规制与政策引导，释放绿色创新的长足动力。

（2）充分利用装备制造业对绿色创新效率的非线性异质影响规律，因地制宜地制定装备制造业发展战略。在装备制造业集聚初级阶段，加快引导集聚，发挥规模经济效应；当装备制造业集聚发展到一定阶段时，加快装备制造业创新驱动，发挥知识技术外溢效应，适当引导产业转移。东部地区发挥技术人才优势，发展高端装备制造业；中部地区保持合理规模扩张与集聚水平，引导环保服务等生产性服务业与装备制造业融合发展；西部地区利用地理、资源优势，克服集聚负外部性，有选择性地承接产业转移；东北地区继续发挥老工业基地作用，注重技术积累与市场挖掘，加强创新资源共享。

（3）增强自主创新能力，坚持绿色发展。研发投入与绿色创新效率呈显著正相关关系，应鼓励科技要素向企业集聚，加强研发投入与关键核心技术研发，引导技术成果的链条化、产品化、普及化。环境规制与绿色创新效率呈显著负相关关系，能源消耗则与绿色创新效率显著正相关，故应将规避粗放型发展与能源依赖作为重要任务，转变经济发展理念与模式，同时坚持绿色发展，从源头解决环境污染问题，遵循市场规律，完善环境治理规章制度，严格执行监督环节，加快装备制造业高端化、智能化、集聚化、绿色化、服务化发展。

参考文献

陈诗一：《能源消耗、二氧化碳排放与中国工业的可持续发展》，《经济研究》2009年第4期，第41～55页。

冯志军：《中国工业企业绿色创新效率研究》，《中国科技论坛》2013年第2期，第82～88页。

韩晶：《中国区域绿色创新效率研究》，《财经问题研究》2012年第11期，第130～137页。

刘亮、蒋伏心、王钺：《产业集聚对绿色创新的影响——抑制还是激励？》，《科技管理研究》2017年第6期，第235～242页。

刘耀彬、袁华锡、王喆：《文化产业集聚对绿色经济效率的影响——基于动态面板模型的实证分析》，《资源科学》2017年第4期，第747～755页。

罗良文、梁圣蓉：《国际研发资本技术溢出对中国绿色创新效率的空间效应》，《经济管理》2017年第3期，第21～33页。

马歇尔：《经济学原理》，商务印书馆，1991，第111～112页。

屈小娥：《中国工业行业环境技术效率研究》，《经济学家》2014年第7期，第55～65页。

张江雪、朱磊：《基于绿色增长的我国各地区工业企业技术创新效率研究》，《数量经济技术经济研究》2012年第2期，第113～125页。

Li, H., Shi, J., "Energy efficiency analysis on Chinese industrial sectors: an improved Super-SBM model with undesirable outputs," *Journal of Cleaner Production* 65 (2008): 97 – 107.

Ramanathan, R., "An analysis of energy consumption and carbon dioxide emissions in countries of the Middle East and North Africa," *Energy* 30 (2005): 2831 – 2842.

Tone, K. , "A slacks-based measure of efficiency in data envelopment analysis," *European Journal of Operational Research* 130 (2001): 498 – 509.

Tone, K. , "Dealing with undesirable outputs in DEA: a slacks-based measure (SBM) approach," GRIPS Research Report Series, 2003 – 2005.

第五章　长江经济带工业转移
与绿色承接研究

一　相关研究文献评述

（一）产业转移态势测度

区际产业转移趋势的量化方法主要包括单一指数法、多重指数法和测算模型法。其中，单一指数法是指只用某一个指数来度量区际产业转移趋势，既可以是产业梯度系数（陈茹云和蔡炳水，2018），区域产业竞争力系数、EG 指数（张文武，2013），空间基尼系数等集聚指数指标，也可以是产业比重、增加值比例等简单指标。

多重指数法是综合使用多个指数，层层筛选出具体转移趋势的行业，相对单一指数法更加科学，相对测算模型法免去了复杂的建模过程，测算方法是综合使用产业静态区域集聚指数和产业动态区域集聚指数；还有用霍夫曼系数、MORE 值和全要素生产率进行测算的方法（段敏芳和田秉鑫，2018）。此外，刘秉镰和胡玉莹（2010）综合使用区位熵和变化的波士顿矩阵法进行测算。

测算模型法是指使用现有的或改进的产业转移趋势模型进行测算。具有代表性的有时间序列 ARIMA 模型（廖双红，2013）、非中性技术进步超越随机前沿模型（傅帅雄等，2011）、投入产出模型（刘红光等，2011；肖雁飞等，2014）及重力测度模型（张杰和唐根年，2018），多数学者通过构建模型验证产业转移趋势。

（二）产业转移绿色承接能力评价

在产业承接能力评价方面，除了少量的定性研究外，多数学者选择构建评价指标体系来评价地区产业承接能力。现有研究主要从产业转移四大力子系统、转移动因、要素禀赋三个不同视角构建指标体系。孙世民和展宝卫（2007）最早提出产业转移的四大力子系统，包括产业吸引力、产业选择力、产业支撑力、产业发展力，得到了广泛运用。部分学者基于上述系统建立简化的承接力指标体系（华克思，2017；孙威等，2015；苏华等，2011）。产业转移是在众多推动因素和阻碍因素的交互作用下完成的产业布局过程（梅林等，2018），一些学者试图从产业转移动因的角度构建指标体系，基于人口因素、环境因素、社会因素和经济因素（肖雁飞等，2014；段小薇等，2016）构建承接力评价指标体系，经济因素作为主要驱动力又可细化为产业因素、市场因素、成本因素等（陈斐和张新芝，2012）。又有学者进一步将产业因素细化为产业集聚因素、产业配套因素、技术因素等指标。此外，各种资源禀赋也是评价产业承接能力的重要因素，包括自然资源、劳动力、技术等。

指标权重确定方法包括 AHP、主成分分析、因子分析、熵值法、灰色关联法等较常见的方法，也有突变级数法、Theil 不均衡指数、TOPSIS 法、粗糙集模糊度、优势关系等近年来的新方法。在评价结果后利用聚类分析、自然间断点等方法对结果进行分类。此外，可视化分析法也是流行的趋势之一。

（三）产业转移与承接的影响因素

关于产业转移与承接影响因素的相关研究大体上可分为四类：一是基于成本的影响因素研究；二是基于梯度的影响因素研究；三是基于新经济地理学推动力与集聚力的影响因素研究；四是在中国国情下的其他影响因素研究。其中，前三类借鉴了国际产业转移相关理论的学说与观点。

基于成本的影响因素研究最初以国际产业转移为研究背景，后来被运用到区际产业转移领域。一些学者从生产成本、运输成本和制度成本等方面来分析我国区际产业转移与承接的影响因素；也有学者认为不同于国际产业转移，在区际产业转移中，地价成本差异相比工资成本差异对产业转移的直接影响更大。

基于梯度的影响因素研究认为，由于发展的不平衡性，地区之间客观存在着经济梯度，产业会自发由高梯度地区向低梯度地区转移。一些学者认为高梯度地区向低梯度地区产业转移的影响因素主要包括三大类，即成本、产业结构和市场需求。相关研究认为产业转移压力与拉力、对承接地的激励效应和租金因素是影响产业梯度转移的三大因素。

基于新经济地理学推动力与集聚力的影响因素研究认为，制造业集聚是离心力与向心力共同作用的结果。一些学者基于新经济地理学的集聚力和分散力分析了我国区际产业转移的动力机制及其耦合。江霈（2009）认为中国区域产业转移与承接是在多重因素作用下发生的，表现为东部地区的推力与中西部地区的拉力。与成本的影响因素相比，基于新经济地理学的推动力与集聚力的影响因素研究更多地被用来解释国家内部的区际产业转移与承接。

在我国还有一些其他比较重要的影响区际产业转移与承接的因素。市场扩张、产业结构的调整、追求经营资源的边际效益最大化、企业成长需要是中国现阶段产业区际转移与承接的主要动因。学术界相关研究将影响中国区际产业转移与承接的因素归为四类，一是成本；二是产业结构和企业利润；三是资源禀赋、区位条件等梯度因素；四是其他因素。这些研究都是在上述理论基础上与中国发展实际情况的结合。

二　长江经济带工业转移态势研判

（一）研究方法和数据来源

1. 研究方法

（1）产业梯度系数。用来测度区域的产业梯度水平，可表示为比较劳动生产率与区位熵的乘积。比较劳动生产率（CPOR）是地区工业劳动相对全国平均水平的技能、熟练程度、教育水平等；区位熵（LQ）用于度量地区工业的专业化水平，主要受地区资源丰裕度、专业人员数量和专用设备配备程度等因素的影响，并将其与全国平均水平进行比较。公式为：

$$ICG = CPOR \times LQ \tag{5-1}$$

式中，$CPOR$ 是地区某产业总产值占全国同行业总产值的比重/地区某产业从业人员占全国同行业从业人员的比重，LQ 是地区某产业总产值占该地区 GDP 的比重/全国相应行业产值占全国 GDP 的比重。

（2）投入产出法。宏观的产业转移可界定为一个区域最终消费的增加引起另一个区域产出的变化（刘红光等，2011）。通过构造区域间投入产出模型（Isard，1951），可以更加全面地测算区域间工业转移的方向与数量。采用区域间投入产出模型对全国工业转移进行分析，可以反映不同区域之间的工业联系。

假设存在 n 个区域间的投入产出表（见表 5-1）。X 是总产出，Y 是最终消费，A 是直接消耗系数。X_{ij} 表示由区域 j 的最终消费引起的区域 i 的总产出，Y_{ij} 表示区域 j 对区域 i 产品的最终消费，A_{ij} 表示区域 j 对区域 i 产品的直接消耗系数，$A_{ij}X_j$ 表示区域 j 对区域 i 产品的直接消耗量。根据非竞争投入产出模型，可以得到式（5-2）和式（5-3）。

表 5-1　n 个区域间的投入产出表

		中间使用			最终消费			总产出
		区域 1	…	区域 n	区域 1	…	区域 n	
中间投入	区域 1	$A_{11}X_1$	…	$A_{1n}X_n$	Y_{11}	…	Y_{1n}	X_1
	…	…	…	…	…	…	…	…
	区域 n	$A_{n1}X_1$	…	$A_{nn}X_n$	Y_{n1}	…	Y_{nn}	X_n
增加值		V_1	…	V_n				
总投入		X_1	…	X_n				

资料来源：根据相关资料整理。

$$X = (1 - A)^{-1} Y \tag{5-2}$$

$$\begin{pmatrix} X_{ii} & X_{ij} \\ X_{ji} & X_{jj} \end{pmatrix} = \begin{pmatrix} 1 - A_{ii} & A_{ij} \\ A_{ji} & 1 - A_{jj} \end{pmatrix} \begin{pmatrix} Y_{ii} & Y_{ij} \\ Y_{ji} & Y_{jj} \end{pmatrix}, (i = 1,2,\cdots,n; j = 1,2,\cdots,n) \tag{5-3}$$

t 到 $t+1$ 时期区域 i 和区域 j 的产出变动 ΔX 可表示为：

$$\Delta X = \begin{pmatrix} \Delta X_{ii} & \Delta X_{ij} \\ \Delta X_{ji} & \Delta X_{jj} \end{pmatrix} = \begin{pmatrix} X_{ii}^{t+1} - X_{ii}^t & X_{ij}^{t+1} - X_{ij}^t \\ X_{ji}^{t+1} - X_{ji}^t & X_{jj}^{t+1} - X_{jj}^t \end{pmatrix} \tag{5-4}$$

式中，ΔX 为区域 j 产出变动中由区域 i 最终消费变化带来的部分，表示 t 至 $t+1$ 时期区域 j 向区域 i 的工业转移，称为消费驱动型工业转移。同理，将式（5-2）中的最终消费矩阵 Y 替换为出口矩阵 E，称 ΔX_{ij} 为出口驱动型工业转移。区域 i 和区域 j 工业转移差额是区域之间的工业转移净值。为提高测度结果的准确性，需要将进口从间接使用和最终使用中剔除，若区域 i 存在进口 M_i，则：

$$\sum_{j=1}^{n} A_{ij} X_j + \sum_{j=1}^{n} Y_{ij} - M_i = X_i \tag{5-5}$$

式（5-5）经过变形后可得到式（5-6）：

$$\left(\sum_{j=1}^{n} A_{ij} X_j + \sum_{j=1}^{n} Y_{ij} \right) \frac{M_i}{X_i + M_i} = M_i \tag{5-6}$$

令 $\dfrac{M_i}{X_i + M_i} = \beta_i$，将式（5-6）代入式（5-4）中得到式（5-7）：

$$(1 - \beta_i) \sum_{j=1}^{n} A_{ij} X_j + (1 - \beta_i) \sum_{j=1}^{n} Y_{ij} = X_i \tag{5-7}$$

式（5-7）左侧为剔除进口后区域 i 的中间使用和最终消费，据此计算工业转移水平。

2. 数据来源

以中国 30 个省区市为研究对象，运用区域间投入产出模型测算工业转移的方向与绝对量，区域间投入产出表来自中国科学院区域可持续发展分析与模拟重点实验室发布的 2010 年的《中国 30 省市区区域间投入产出表》。重点研判长江经济带沿线 11 省市的产业梯度转移与承接能力，数据整理自 2016 年《中国统计年鉴》和 2016 年长江经济带沿线 11 省市统计年鉴。

（二）测度结果分析

1. 长江经济带工业转移态势的时空演变特征

京津、东部沿海和南部沿海等地区是全国主要的工业转出地，北部沿海、中部地区、东北地区和西北地区是全国主要的工业承接地（见表 5-2）。这一结论验证了之前学者的观点（肖雁飞等，2014）。

长江经济带下游地区是主要的工业转出地，以出口驱动型工业转出为主。下游地区工业转出趋势与其外向型转移政策导向一致。中游地区是主要的工业承接地，四省的工业转出净值大多为负，且出口驱动型转入大于消费驱动型转入。中游地区呈现较好的工业承接态势，得益于区位条件、国家战略及工业布局调整。上游地区的工业转出量略高于转入量，表现为消费驱动型转出和出口驱动型转入，但绝对规模较小（见表 5-3）。出口驱动型转入通过工业区位的重新选择实现工业的直接转入，消费驱动型转出可视作中间投入和最终消费引起的隐性转移，可理解为中下游地区大规模基础设施建设与城市化进程对上游工业产品投入的需求。

表 5-2　2007~2010 年全国各地区分行业工业转移净值

单位：亿元

地区	消费驱动型				出口驱动型				合计			
	能源密集	劳动密集	资本密集	技术密集	能源密集	劳动密集	资本密集	技术密集	能源密集	劳动密集	资本密集	技术密集
辽宁	0.3	1.5	-33.9	0.3	0.6	0.4	-117.9	0.4	1.0	1.9	-151.8	0.7
吉林	-0.7	1.3	40.7	-1.7	0.1	-0.1	-34.9	0.4	-0.6	1.2	5.8	-1.3
黑龙江	-0.4	0.9	35.0	2.2	-0.2	0.1	-24.5	0.5	-0.5	1.0	10.4	2.8
东北地区	-0.7	3.7	41.7	0.8	0.6	0.4	-177.3	1.4	-0.2	4.1	-135.6	2.2
北京	1.0	-0.2	4.4	-8.3	0.1	1.3	146.9	5.6	1.0	1.2	151.3	-2.7
天津	-0.7	-0.1	-1.3	2.2	-0.3	0.1	-54.9	4.3	-1.0	-0.1	-56.1	6.6
京津地区	0.3	-0.3	3.1	-6.0	-0.2	1.4	92.1	9.9	0.0	1.1	95.2	3.9

续表

地区	消费驱动型				出口驱动型				合计			
	能源密集	劳动密集	资本密集	技术密集	能源密集	劳动密集	资本密集	技术密集	能源密集	劳动密集	资本密集	技术密集
河北	2.4	1.3	-40.3	0.9	-0.6	1.5	-196.0	0.7	1.8	2.8	-236.3	1.6
山东	-0.2	-4.1	-214.6	3.1	0.4	-0.8	-286.4	2.4	0.2	-5.0	-501.0	5.5
北部沿海	2.2	-2.8	-254.9	4.0	-0.2	0.7	-482.4	3.1	2.0	-2.2	-737.3	7.1
上海	2.6	1.9	28.4	9.1	0.0	1.5	306.4	10.9	2.7	3.4	334.8	20.0
江苏	5.8	-1.4	-84.3	2.2	0.1	-3.6	-115.4	2.9	5.9	-5.0	-199.7	5.1
浙江	-1.3	-4.5	169.4	0.2	-0.5	1.5	332.7	7.4	-1.8	-3.0	502.2	7.6
东部沿海	7.1	-3.9	113.6	11.5	-0.4	-0.7	523.7	21.2	6.8	-4.6	637.2	32.8
福建	0.6	-0.6	4.9	-0.8	0.0	0.0	95.1	-0.9	0.6	-0.6	100.0	-1.7
广东	4.7	-3.0	-158.8	-12.5	0.8	-2.1	800.2	-21.9	5.5	-5.1	641.5	-34.4
海南	0.2	-0.1	-3.1	0.4	0.0	0.0	-12.7	0.1	0.1	-0.1	-15.8	0.5
南部沿海	5.4	-3.6	-157.0	-12.9	0.8	-2.1	882.7	-22.8	6.3	-5.7	725.7	-35.6
山西	-1.8	2.9	-22.6	6.3	0.0	0.3	-70.3	-0.9	-1.7	3.2	-93.0	5.3
安徽	-0.7	-1.0	2.8	-0.8	0.0	0.1	-35.4	2.7	-0.6	-1.0	-32.5	1.9
河南	0.6	-1.2	54.8	11.3	-0.1	0.1	133.0	0.5	0.5	-1.0	-78.3	11.8
湖北	-1.1	-0.7	17.8	1.0	0.0	-0.3	-30.2	0.0	-1.1	-0.9	-12.4	1.0
湖南	-1.4	0.0	47.6	0.3	0.0	0.2	-71.3	-0.2	-1.5	0.3	-23.8	0.1
江西	-1.6	-1.7	-90.5	-2.3	0.0	-0.7	-131.8	-3.5	-1.6	-2.3	-222.3	-5.9
中部地区	-6.0	-1.6	9.8	15.7	0.0	-0.2	-472.1	-1.4	-6.0	-1.8	-462.3	14.3
内蒙古	-3.2	2.9	14.0	5.0	-0.2	0.2	-59.6	0.1	-3.4	3.1	-45.6	5.0
陕西	-1.9	2.1	29.7	2.7	0.0	-0.2	-50.6	0.8	-1.9	1.9	-20.9	3.4
甘肃	1.0	0.9	-24.1	-1.0	-0.3	0.0	-37.2	-1.7	0.7	0.9	-61.3	-2.7
青海	-0.8	0.3	-0.6	0.2	0.0	0.0	-9.4	0.0	-0.8	0.3	-10.0	0.2
宁夏	-0.2	-0.1	12.4	-5.9	0.0	0.1	-6.4	-2.4	-0.2	-0.1	6.0	-8.2
新疆	0.5	0.9	5.2	0.7	0.2	0.3	-19.0	0.6	0.7	1.2	-13.8	1.3
西北地区	-4.6	7.0	36.7	1.7	-0.3	0.4	-182.2	-2.6	-4.9	7.4	-145.6	-0.9
重庆	-0.7	-0.3	77.3	-3.8	0.0	-0.2	8.9	-6.4	-0.7	-0.5	86.2	-10.2
四川	-2.1	-0.4	56.4	-0.7	-0.1	0.0	-54.2	-0.6	-2.2	-0.5	2.2	-1.3
广西	-0.1	1.3	12.7	0.7	-0.1	0.1	-75.1	0.3	-0.2	1.4	-62.4	1.0
贵州	-0.6	0.1	40.1	1.9	0.0	0.1	-18.2	1.5	-0.6	0.2	21.9	3.4
云南	-0.2	0.9	20.5	-12.9	0.0	0.2	-45.7	-3.6	-0.2	1.1	-25.2	-16.5

续表

地区	消费驱动型				出口驱动型				合计			
	能源密集	劳动密集	资本密集	技术密集	能源密集	劳动密集	资本密集	技术密集	能源密集	劳动密集	资本密集	技术密集
西南地区	-3.7	1.6	207.0	-14.8	-0.3	0.1	-184.3	-8.8	-3.9	1.7	22.7	-23.6

注：根据区域间投入产出表包含的 21 个工业部门划分为能源密集型、劳动密集型、资本密集型、技术密集型四类产业。能源密集型产业包括煤炭开采和洗选业，石油和天然气开采业，金属矿采选业，非金属矿采选业及其他采矿业，电力、热力的生产和供应业，燃气及水的生产与供应业等；劳动密集型产业包括食品制造业，烟草制造业，纺织业，纺织服装、鞋、帽制造业，皮革、毛皮、羽毛（绒）及其制品业，木材加工业，家具制造业、造纸及纸制品业，印刷业，文教体育用品制造业等；资本密集型产业包括石油加工、炼焦及核燃料加工业，化学原料及化学制品制造业，非金属矿物制品业，金属冶炼及压延加工业，金属制品业，通用、专用设备制造业等；技术密集型产业包括交通运输设备制造业，电气机械及器材制造业，通信设备、计算机及其他电子设备制造业，仪器仪表及文化办公用机械制造业等。下同。

资料来源：根据 R3.2.2 软件测算结果整理。

表 5 - 3　2007～2010 年长江经济带沿线 11 省市分行业工业转移净值

单位：亿元

地区	能源密集型		劳动密集型		资本密集型		技术密集型		合计	
	消费驱动	出口驱动	消费驱动	出口驱动	消费驱动	出口驱动	消费驱动	出口驱动	消费驱动	出口驱动
上海	6.8	0.1	10.9	7.0	-11.5	1191.4	34.0	-38.4	40.2	1160.1
江苏	28.9	0.6	-0.6	-17.9	-642.6	-622.6	23.3	9.2	-591.0	-630.7
浙江	0.2	-1.4	-8.1	13.2	460.9	1210.2	4.0	22.6	457.2	1244.7
下游地区	36.0	-0.8	2.2	2.3	-193.2	1779.1	61.3	-6.6	-93.7	1774.0
安徽	-6.1	0.3	-2.1	0.5	-52.3	-175.8	-0.3	9.0	-60.9	-166.0
江西	-6.8	0.2	-5.2	-3.0	-489.4	-612.3	-7.6	-2.9	-509.0	-618.1
湖北	-7.7	0.1	-1.1	-0.9	25.7	-144.0	3.2	0.8	20.2	-144.0
湖南	-4.8	0.1	1.3	0.9	106.3	-324.0	1.1	1.8	103.4	-321.2
中游地区	-25.5	0.7	-7.1	-2.5	-409.7	-1256.2	-4.1	8.8	-446.3	-1249.2
重庆	0.6	0.0	-0.4	-0.7	278.0	21.6	-9.4	-6.9	269.4	14.0
四川	-10.1	-0.1	0.2	0.0	159.0	-253.1	-2.4	0.0	146.8	-253.2
贵州	-2.1	0.0	0.4	0.2	137.2	-84.4	5.9	2.6	141.5	-81.6
云南	1.0	0.1	4.6	0.6	28.0	-207.1	-51.4	2.2	-17.7	-204.0
上游地区	-10.5	0.1	4.9	0.2	602.9	-523.0	-57.3	-2.2	540.0	-524.8

资料来源：根据 R3.2.2 软件测算结果整理。

2. 长江经济带工业转移态势的行业特征

（1）能源密集型工业。从全国层面看，能源密集型工业由沿海地区向中西部地区转移。从长江经济带内部看，能源密集型工业由下游地区向中上游地区转移。尤其是上游地区资源丰富，大开发战略使得上游地区的交通运输与能源开采条件得到了充分改善，加快推动能源密集型工业向西部地区布局。这种转移是直接转移与间接转移的并行，既包括能源企业向中上游地区的迁移，也包括为满足下游地区对能源原料需求而新增的产能。

（2）劳动密集型工业。从全国层面看，劳动密集型工业主要从沿海地区向东北、西北和西南地区转移。从长江经济带内部看，劳动密集型工业主要是从下游和上游地区向中游地区转移，表现为消费驱动型，即直接转移。劳动密集型工业转移的驱动因素是成本，下游地区劳动力成本日益上涨，上游地区劳动力严重外流。基于劳动力成本和劳动力可得性考虑，中游地区部分中心城市成为劳动密集型工业承接的主要地区。

（3）资本密集型工业。从全国层面看，京津和东南沿海地区是全国资本密集型工业的主要转出地，北部沿海和中部地区是主要承接地。从长江经济带内部看，靠近下游的安徽、江西、湖南是资本密集型工业转入的主要省份；江苏的资本密集型工业也呈现工业净转入，说明下游地区也存在一定程度的工业转移。相比其他工业，资本密集型工业转移的规模较大，工业发展的路径依赖性较强，工业转移需要大量投资带动，跨区域和长距离转移难度较大。

（4）技术密集型工业。从全国层面看，技术密集型工业转移主要发生在南部沿海和东部沿海等发达地区，其中，广东是最主要的转出地，上海是最主要的承接地。从长江经济带内部看，技术密集型工业转移主要是从长江经济带下游的江苏和浙江向上海转移。技术密集型工业对劳动者技能、基础设施以及技术创新和工业配套环境要求较高，路径依赖较强，通常有进一步集聚的集群倾向，而不是扩散式转移。云南、重庆也呈现技术密集型工业的净转入，主要为间接转入，可视作满足下游技术密集型工业中间投入的新增产出。

3. 长江经济带工业转移态势的梯度特征

长江经济带上游地区在承接能源密集型工业方面具有比较优势，中游地区在承接劳动密集型工业方面具有比较优势，下游地区及部分中游地区省份在承接资本与技术密集型工业方面具有比较优势。2015 年长江经济带沿线 11 省市分行业工业梯度系数见表 5 – 4。

表 5 – 4　2015 年长江经济带沿线 11 省市分行业工业梯度系数

地区	能源密集型			劳动密集型			资本密集型			技术密集型		
	CPOR	LQ	IGC	CPOR	LQ	IGC	CPOR	LQ	IGC	CPOR	LQ	IGC
上海	3.65	0.34	1.23	1.14	0.43	0.49	1.00	0.68	0.67	1.38	1.41	1.94
江苏	1.85	0.45	0.83	1.04	1.04	1.08	1.18	1.39	1.64	1.13	1.80	2.04
浙江	3.04	0.66	2.01	0.75	1.09	0.81	0.88	0.97	0.86	0.75	0.90	0.67
安徽	0.72	0.87	0.62	1.12	1.18	1.31	1.12	1.09	1.22	1.32	1.14	1.50
江西	0.99	0.81	0.80	1.05	1.27	1.34	1.18	1.32	1.55	0.84	0.78	0.65
湖南	0.62	0.55	0.34	1.11	0.87	0.97	0.89	0.88	0.78	1.06	0.55	0.58
湖北	0.90	0.56	0.51	1.33	1.23	1.63	1.02	0.84	0.85	1.11	0.90	1.00
重庆	0.69	0.54	0.38	1.06	0.47	0.50	0.86	0.59	0.50	1.24	1.73	2.15
四川	0.79	1.05	0.83	1.21	0.92	1.11	0.92	0.76	0.70	1.15	0.73	0.84
贵州	1.10	1.80	1.99	1.89	0.57	1.08	1.09	0.57	0.62	1.17	0.23	0.27
云南	0.82	0.92	0.76	1.41	0.63	0.89	0.81	0.46	0.37	0.87	0.08	0.07

资料来源：根据测算结果整理。

就能源密集型工业而言，上游地区的比较优势主要来源于区位熵，上游地区能源密集型工业发展主要依赖于其丰富的能源储备；就劳动密集型工业而言，中游地区的比较优势主要来源于劳动生产率和地区专业化的共同作用，而上游地区的专业化程度相对较低。就资本密集型工业而言，安徽、江西等靠近下游地区的省份表现出更高的产业梯度，体现了工业转移的渐进过程。就技术密集型工业而言，由于发展要求较高，主要趋势为工业进一步集聚，下游地区的上海、江苏和上游地区的重庆资源集聚能力较强，工业梯度相对较高。

三　长江经济带工业绿色承接能力研究

（一）研究方法和数据来源

1. 评价指标体系构建

工业转移承接能力由吸引能力、选择能力、支撑能力和发展能力四个系统构成（孙世民和展宝卫，2007）。在经济新常态背景下，环境规制、生态承载力等环境约束成为影响工业转移承接的内生因素，因此将生态能力作为第五个子系统纳入指标体系。第一，考虑承接地对工业转移的吸引能力，市场规模、劳动成本、对外开放度影响了转移企业进入承接地的意愿。第二，承接地政府对工业转移项目的认知、判断和筛选过程也至关重要，这与当地信息获取能力和教育水平息息相关。第三，承接地需要为经筛选后留下的工业企业融入本地经济提供保障，充分考虑本地的经济基础、工业配套和基础设施等因素。第四，工业发展能力指产业持续发展及转型升级的可能性，影响工业发展能力的因素包括科技投入、金融支持、企业盈利和政府调控四个方面。第五，考虑承接地的生态环境承载力，环境因素可能成为工业承接的短板，借鉴 PSR（压力－状态－响应）体系，工业生态能力包括环境存量、环境压力和环境治理三方面指标。基于以上考量，初步建立如下指标体系，包括 5 个一级指标，15 个二级指标，39 个三级指标（见表 5－5）。

表 5－5　工业绿色转移承接能力评价指标体系

目标层	系统层	准则层	指标层	单位	性质
工业绿色转移承接能力	工业吸引能力	市场规模（A_1）	年末常住人口（A_{11}）	万人	+
			人均社会消费品零售额（A_{12}）	元	+
			人均城乡居民储蓄（A_{13}）	元	+
			城镇居民人均可支配收入（A_{14}）	元	+
			农村居民人均可支配收入（A_{15}）	元	+
		劳动成本（A_2）	职工平均工资（A_{21}）	元	－
		对外开放度（A_3）	实际利用外资金额占全社会固定资产投资比重（A_{31}）	%	+
			外商投资企业产值比重（A_{32}）	%	+
			外商投资企业数比重（A_{33}）	%	+
	工业选择能力	信息获取能力（B_1）	信息传输、计算机服务和软件业从业人员比重（B_{11}）	%	+
			每百万人互联网宽带接入用户数（B_{12}）	万户	+
		教育水平（B_2）	每百万人拥有高等学校数（B_{21}）	所	+
			每万人高等学校专任教师数（B_{22}）	人	+
			每万人普通高等学校在校学生数（B_{23}）	人	+

续表

目标层	系统层	准则层	指标层	单位	性质
工业绿色转移承接能力	工业支撑能力	经济基础（C_1）	人均 GDP（C_{11}）	元	+
			GDP 增长率（C_{12}）	%	+
			人均固定资产投资（C_{13}）	元	+
		工业配套（C_2）	二三产业比重（C_{21}）	%	+
			工业增加值（C_{22}）	万元	
			规模以上工业企业数（C_{23}）	个	+
		基础设施（C_3）	货运量（C_{31}）	万吨	+
			客运量（C_{32}）	万人	+
			人均邮电业务收入（C_{33}）	元	+
	工业发展能力	科技投入（D_1）	科学技术支出占财政支出比重（D_{11}）	%	+
			科技服务业从业人员比重（D_{12}）	%	+
		金融支持（D_2）	人均金融机构年末各项贷款余额（D_{21}）	元	+
			金融业从业人员比重（D_{22}）	%	+
		企业盈利（D_3）	工业企业利润占工业企业生产总值比重（D_{31}）	%	+
		政府调控（D_4）	人均财政收入（D_{41}）	元	+
			公共管理和社会组织从业人员比重（D_{42}）	%	+
	工业生态能力	环境存量（E_1）	人均绿地面积（E_{11}）	平方米	+
			绿化覆盖率（E_{12}）	%	+
		环境压力（E_2）	万元 GDP 工业废水排放量（E_{21}）	万吨	−
			万元 GDP 工业 SO_2 排放量（E_{22}）	吨	−
			万元 GDP 工业烟（粉）尘排放量（E_{23}）	吨	−
			城市人口密度（E_{24}）	人/千米^2	−
		环境治理（E_3）	生活垃圾无害化处理率（E_{31}）	%	+
			污水处理厂集中处理率（E_{32}）	%	+
			一般工业固体废物综合利用率（E_{33}）	%	+

资料来源：根据相关资料整理。

指标筛选。首先剔除鉴别力较弱的指标，采用变异系数 $V_i = \sigma_i / \bar{X}_i$ 衡量指标的鉴别力，分子为样本数据标准差，分母为均值。变异系数越大，指标鉴别力越强，因此剔除变异系数小于 0.3 的指标，包括城镇居民人均可支配收入、农村居民人均可支配收入、职工平均工资、GDP 增长率、二三产业比重。若将上述 5 个指标全部剔除，指标体系中缺少评价劳动成本的指标，因此保留职工平均工资，剔除其余 4 个指标。

选取 Cronbach's Alpha 系数法对剩下的 35 个指标进行信度检验，公式为 $\alpha = kr/1 + (k-1)\bar{r}$，其中，$k$ 为评估项目数，$\bar{r}$ 为项目相关系数的均值。若 α 大于 0.8，则认为内在信度可接受；若 α 介于 [0.70, 0.80]，则认为设计存在一定问题但有参考价值；若 α 小于 0.7，则认为设计问题太大，应重新设计。经检验，金融业从业人员比重、公共管理和社会组织从业人员比重两个指标对整体信度产生较大负面影响，予以剔除。剩余的 33 个指标构成优化后的指标体系，信度系数为 0.893（见表 5-6），说明该指标体系内在信度较为理想。Friedman 检验的卡方观测值为 1857.925，P 值为 0.000（见表 5-7），说明各指标取值存在显著的差异。协同系数 W 显著小于 1，说明各地区间系数的相关性不强，能够对评估对象进行区分，因此可以对长江经济带中上游地区的工业绿色承接能力进行差异性分析。

表 5-6　信度系数

Cronbach's Alpha	基于标准化项的 Cronbach's Alpha	项数
0.893	0.899	33

资料来源：根据测算结果整理。

表 5-7　ANOVA 和 Friedman 检验

指标		平方和	自由度	均方	Friedman 的卡方	Sig.
人员之间		20.578	82	0.251		
人员内部	项之间	169.098[a]	32	5.284	1857.925	0.000
	残差	72.271	2624	0.028		
	合计	237.209	2656	0.089		
总计		267.457	2738	0.097		

注：样本均值为 0.3608219；a. Kendall 的协同系数 W 为 0.656。
资料来源：根据测算结果整理。

2. 基于 FAHP 和 CRITIC 法组合赋权的灰色关联投影模型

（1）模糊层次分析法。模糊层次分析法（FAHP）将模糊逻辑原理引入传统层次分析法（AHP），一定程度上克服了 AHP 在调整判断矩阵一致性时出现的复杂性问题。首先，建立模糊互补判断矩阵，将传统的

AHP 标度过渡到 FAHP 标度 (兰继斌等, 2006), 令 $r_{ij}(a) = \log_a a_{ij} + 0.5(a \geqslant 81)$, 其中, $r_{ij}(a) + r_{ji}(a) = 1$, $R = (r_{ij}(a))_{n \times n}$ 为模糊互补判断矩阵。其次, 将模糊互补判断矩阵转化为模糊一致性判断矩阵, $b_i = \sum\limits_{j=1} r_{ij}$, $b_{ij} = (b_i - b_j)/2n + 0.5$。模糊一致性判断矩阵满足一致性条件, 则不必再进行一致性检验。最后, 用归一法计算得到权重, $w_i^{\text{FAPH}} = b_i / \sum\limits_{i=1} b_i = 2b_i/n(n-1)$。

(2) CRITIC 法。首先, 对指标进行无量纲化处理, 设有 m 个评价单元, n 项评价指标, 第 i 个评价单元对应的第 j 项指标值记为 x_{ij}。$x_j^{\max}$ 代表第 j 项评价指标的最优效应, $x_j^{\min}$ 代表最差效应。

$$z_j = \begin{cases} \dfrac{x_j - x_j^{\min}}{x_j^{\max} - x_j^{\min}}, \text{正向指标} \\[3mm] \dfrac{x_j^{\max} - x_j}{x_j^{\max} - x_j^{\min}}, \text{负向指标} \end{cases} \quad (5-8)$$

CRITIC 法的优点在于同时考虑指标的对比强度和指标间的冲突性 (Diakoulaki et al., 1995)。对 z_j 作归一化处理, 得到综合权重 w_j^{CRITIC}。运用线性加权组合法得到组合权重 $w_j = \theta w_j^{\text{FAPH}} + (1 - \theta) w_j^{\text{CRITIC}}$, 考虑到主观行为具有一定的随意性, 取偏好系数 $\theta = 0.4$。

(3) 灰色关联投影模型。灰色关联投影模型将矢量投影原理引入传统的灰色关联分析, 考察了比较序列 (样本向量) 与参考序列 (指标最优值的集合向量) 之间几何形状的相似性和距离程度 (吕锋和崔晓辉, 2002)。首先, 对评价指标进行初值化处理, 得到初值化矩阵 $\boldsymbol{X}' = (x_{ij}')_{(m+1) \times n}$; 其次, 构造灰色关联度判断矩阵 $\boldsymbol{G} = (g_{ij})_{(m+1) \times n}$, 其中:

$$g_{ij} = \frac{\min\limits_n \min\limits_m |x_{0j}' - x_{ij}'| + \xi \max\limits_n \max\limits_m |x_{0j}' - x_{ij}'|}{|x_{0j}' - x_{ij}'| + \xi \max\limits_n \max\limits_m |x_{0j}' - x_{ij}'|}, i = 0, 1, 2, \cdots, m; j = 1, 2, \cdots, n \quad (5-9)$$

式中, ξ 为分辨系数, 一般取 0.5。灰色关联投影权值 $\bar{w}_j = w_j^2 / \sqrt{\sum\limits_{j=1}^n w_j^2}$, 进而得到各评价对象的灰色关联投影 $Z_i = \sum\limits_{j=1}^n g_{ij} \bar{w}_j$。对比强度指同一指

标取值的差异程度，用标准差表示，冲突性与相关系数呈反向相关关系：

$$c_{ij} = \sigma_j \sum_{i=1}^{m} (1 - r_{ij}), j = 1, 2, \cdots, n \qquad (5-10)$$

式中，c_{ij} 表示指标间的冲突性，σ_j 表示第 j 项指标的标准差，r_{ij} 表示第 i 项指标与第 j 项指标的相关系数。

3. 数据来源

以长江经济带 108 个地级及以上城市为研究对象，指标数据来自 2005 年、2010 年、2015 年的《中国统计年鉴》、《中国城市统计年鉴》、长江经济带沿线 11 省市的统计年鉴以及国民经济和社会发展统计公报。涉及市场价值的指标均为消除价格影响后的实际值：以 2005 年为基期，采用居民消费价格指数、商品零售价格指数、固定资产投资价格指数、工业生产者出厂价格指数和 GDP 平减指数剔除价格变化，选取当年每月月末汇率中间价均值作为当年汇率。对缺失的地级市数据，采用与其经济规模和人口数量相近的省内邻近地级市数据替代。由于自治州的数据缺失，所以未予研究。

（二）实证结果分析

1. 长江经济带工业绿色承接能力分维度评价

（1）工业吸引能力。上海、重庆、成都的工业吸引能力较强。上海和重庆作为直辖市，市场规模较大，成都与重庆的劳动成本相对中游地区具有比较优势。各省省会城市及下游地区大部分城市处于工业吸引能力的第一至第三阶梯，非省会城市具有劳动成本优势，但在对外开放度方面与省会城市仍有一定差距。

工业吸引能力较弱的城市主要分布在上游地区的乌蒙山、大凉山等人口密度不高的山区；受地形影响，交通条件落后，对外开放度成为限制工业转移的主要因素。中国在较长的一段时间内都将保持以要素驱动和投资驱动为主的增长方式，内需和开放水平仍是决定工业吸引能力的关键因素。

（2）工业选择能力。工业选择能力最强的地区主要是省会城市，这些城市汇聚了丰富的教育与人才资源，在互联网等信息获取能力方面也显著优于非省会城市，有利于承接项目。此外，靠近下游地区城市的表现普遍优于其他城市，地缘优势使安徽获益于长三角地区的知识溢出，在承接了长三角地区大量工业转移后，安徽越来越注重提高承接项目的质量。

云南、贵州以及中游地区远离长江干流的边缘城市工业选择能力较弱。由每百万人互联网宽带接入用户数，信息传输、计算机服务和软件业从业人员比重构成的因子影响越来越大。长江经济带城市工业信息获取能力两极分化特征明显，其中，上海每百万人互联网宽带接入用户数比重是昭通的 15.75 倍。

安徽皖南、重庆沿江、湖南湘南、湖北荆州和四川广安等国家级承接工业转移示范区的工业选择能力较高，新时代背景下的工业承接不仅要求政府注重转移工业的数量，更对转移工业的质量和效益提出更高要求。

（3）工业支撑能力。上海和省会城市处于长江经济带工业支撑能力的第一阶梯。苏南和浙东地区的城市处于第二阶梯，芜湖、徐州等传统工业强市或交通枢纽城市处于第三阶梯。省会城市经济基础和工业配套雄厚，交通通达度高，苏南与浙东地区受上海经济辐射较大，是要素汇聚的高地。芜湖等城市在工业配套等方面表现突出，作为交通枢纽的徐州则在客运量、货运量指标上具有明显优势。

四川、贵州、云南的大部分城市属于国家重点生态功能区，工业支撑能力处于中低水平，这些地区生态脆弱，生态保护对工业发展产生了较强约束。江西南部和湖南西部城市是中国主要的粮食产区，农业生产对工业化构成了一定限制，工业支撑能力不高。

根据国家主体功能区规划，禁止或限制开发的生态功能区和农产品主产区不宜进行大规模的工业开发或连成片的城镇化。因此，在工业由下游地区向中上游地区转移的过程中，不能盲目开发，应结合有关规划，充分考虑区域的可持续发展。

（4）工业发展能力。工业发展能力较强的区域集中在下游的苏浙沪三省市及皖东地区，皖东地区、省会城市及其周边地区处于第二阶梯。

下游城市在金融支持和企业盈利方面表现较好，皖江地区是第一个获得中央批复的国家级承接工业转移示范区，安徽应充分利用这一政策优势，为转移工业的发展提供充足的金融与税收支持。2016年国务院颁布的《长江三角洲城市群发展规划》将安徽纳入长三角地区发展战略中，激发其区位优势。省会城市在政府调控和科技投入上优势明显，长江中上游地区多数省会城市均为创新型试点城市，武汉、成都提出建设有全球影响力的工业创新中心和区域双创中心。远离省会的城市工业发展能力不强，科技创新资源集聚水平较低，受下游地区的经济辐射较少，难以在工业发展方面获得竞争优势。

由此可见，长江经济带的创新驱动尚未形成合力。尽管长江经济带的科教资源丰富，但有效转化为现实创新能力的还很少，在创新成果工业化方面还有一定的潜力。

（5）工业生态能力。工业生态能力的空间分异格局与其他维度差别较大，环境约束对工业绿色承接能力的影响不可忽视。上海、江苏、浙江的所有城市以及重庆和四川、湖南、湖北、江西的部分城市工业生态能力较强。其中，上海、江苏、浙江的城市主要在环境治理方面表现较好，但面临的工业污染压力与人口压力较大。重庆、四川、湖南、湖北、江西的部分城市主要位于高原或山区，植被覆盖面积大，自然条件好，环境存量高，面临的环境压力较小，但工业化水平不高。

攀枝花、马鞍山、六盘水等传统或新兴工业城市工业生态能力较低。这些城市面临较大的工业污染排放压力，同时经济转型发展较慢，对环境治理的投入力度较低，对整体承接能力与后续发展产生不利影响。

长期以来，生态环境因素被视为经济增长的外生变量。随着环境规制的完善和"两型社会"的建设，政府加强了环境整治力度和环境违约行为处罚力度，环境成本开始被企业内部化，成为影响工业转移的因素之一。生态能力较高的地区与生态功能保护区有较大程度的重合，需要因地制宜地制定工业承接规划。

2. 长江经济带工业绿色承接能力总体评价

（1）工业绿色承接能力的空间分异特征。2005~2015年长江经济带上中下游地区城市工业绿色承接能力分布不均衡，以 2015 年为例，承接能力处于中高水平的城市较少，处于中低水平的城市较多，22 个高水平及中高水平城市贡献了长江经济带 55% 的 GDP。工业绿色承接能力呈现下游、中游、上游梯度递减的分异特征，在下游、中游和上游地区内部也呈现东强西弱的格局，这与国家发展战略有关，国家重大项目布局、工业园区建设、财税金融体制改革等向东部倾斜支持。从区位条件、交通成本等因素考虑，下游地区的工业会优先向邻近省市转移。承接能力较强的地区主要分布在省会及周边地区，这些是主体功能区规划中的城市化地区。依托省级财政支持，通过城市间基础设施的一体化、工业经济合作、生态环境联治等措施，形成皖江、长株潭、成渝、滇中、黔中等具有国家战略意义的城市群。靠近长江干流的地区承接能力较强，远离长江干流的地区承接力较弱。长江干流附近地区集聚了大量人口，提供了便利的水运条件，六大国家级工业转移示范区均在沿江布局。

（2）工业绿色承接能力的时序演变特征。2005～2015 年长江经济带上中下游地区城市工业绿色承接能力分布不均衡态势趋强。处于高水平和中高水平的城市个数从 26 个减少到 22 个（见表 5－8），高水平和中高水平地区的经济集聚水平较高。大部分城市工业绿色承接能力呈显著增强趋势。随着工业向中上游地区转移，皖江城市带、武汉经济圈、长株潭等地区已经形成工业集群优势，在制度基础、市场环境及发育状况方面逐渐缩小与下游地区的差距，并呈现自我加强的特征；为减小工业黏性带来的阻碍，中游地区更加注重工业的"绿色"转移，加强了环境治理投入。上游除成渝以外的其他地区，工业绿色承接能力没有得到明显改善。成渝地区是上游集聚各种资源要素的"中心区域"，云南、贵州大部分地区和四川部分地区位于山区，难以吸引要素流动，是远离长江干流和中心城市的"外围区域"，除滇中、黔中外，其他区域也并不适合大规模工业化或城镇化。

3. 全国视野下长江经济带工业绿色承接能力评价

（1）2015 年长江经济带沿线 11 省市的工业绿色承接能力在全国层面处于中高水平。2005～2015 年，长江经济带沿线 11 省市工业绿色承接

表 5 - 8   2015 年长江经济带工业绿色承接能力

地区类型	城市		土地面积		人口		GDP	
	数量（个）	比重（%）	数量（万千米²）	比重（%）	数量（亿人）	比重（%）	数量（亿元）	比重（%）
高水平地区	5	5	4.68	3	0.43	8	70304.10	23
中高水平地区	17	16	20.57	15	1.13	21	95439.45	32
中等水平地区	35	32	42.72	30	1.57	29	75546.93	25
中低水平地区	30	28	38.30	27	1.33	24	35975.93	12
低水平地区	21	19	34.03	24	1.01	18	23210.82	8

资料来源：根据 ArcGIS 10.2 软件处理结果整理。

能力排名有小幅度的提高。长江经济带各省市工业吸引能力表现较好，汇聚了较多资源。依托长江流域较为优越的自然条件，长江经济带各省市在工业生态能力上获得不错的排名。由于较为雄厚的工业基础与天然水道，长江经济带各省市的工业支撑能力排名情况尚可，但工业选择能力与工业发展能力排名还有进一步提高的空间，见表 5 - 9。

表 5 - 9   2005 ~ 2015 年长江经济带工业绿色承接能力排名

省市	2005 年	2010 年	2015 年					
	承接能力	承接能力	承接能力	吸引能力	选择能力	支撑能力	发展能力	生态能力
上海	3	3	3	2	2	5	6	8
江苏	1	1	2	3	4	1	4	4
浙江	6	4	4	4	8	4	9	1
安徽	14	12	13	15	17	8	24	16
江西	25	18	17	16	22	13	18	15
湖北	11	11	11	12	11	10	20	13
湖南	17	15	12	14	19	14	24	10
重庆	13	20	16	17	16	17	12	12
四川	18	19	19	11	15	20	17	19
贵州	31	30	27	27	29	22	29	26
云南	27	25	24	24	27	28	28	20

资料来源：根据测算结果整理。

（2）从长江经济带内部看，下游三省市的工业绿色承接能力处于高水平，中游四省的工业绿色承接能力处于中等水平至中高水平，其中湖北表现最好。上游四省市的工业绿色承接能力处于低水平至中等水平，其中，云南、贵州两省的工业绿色承接能力表现较差。2005～2015 年，中游地区四省的工业绿色承接能力有较大的提升，上游地区和下游地区的排名则基本保持不变。下游三省市在各模块的评分上表现都十分强势。中游地区四省在工业发展能力上的表现相对较差。上游地区呈现较为明显的分化趋势，云南、贵州两省在各项指标上的排名都相对靠后。

四　长江经济带工业承接影响因素研究

（一）研究方法和数据来源

1. 指标选取

本节构建如下模型研究长江经济带工业承接的影响因素。

$$\ln ind_{it} = \beta_0 + \beta_1 \ln gdp_{it} + \beta_2 \ln wage_{it} + \beta_3 \ln inv_{it} + \beta_4 \ln traf_{it} + \beta_5 \ln freg_{it}$$
$$+ \beta_6 \ln ireg_{1,it} + \beta_7 \ln ireg_{2,it} + \varepsilon_{it} \qquad (5-11)$$

（1）被解释变量。选取工业承接量（ind）作为被解释变量。区际工业承接必然会引起区域工业产值的变化，采用地区工业产值占全国总产值的比重衡量地区工业承接量，该指标的优点是易获取。地区工业产值的正向变化表示该地区承接了其他地区转移的工业，地区工业产值的负向变化表示该地区的产业向其他地区转移。

（2）解释变量。综合考虑市场容量、劳动成本、投资规模、交通状况对区际工业承接的重要影响，特别是在国家倡导长江经济带产业绿色承接背景下，环境规制对区域工业承接产生了不可忽视的影响，因此引入正式环境规制与非正式环境规制作为解释变量。

市场容量（gdp）。一个地区的经济发展水平越高，市场容量越大，该地区的经济活动越活跃，能够为企业提供更多的潜在机会，对企业迁移的吸引力越大。选取 GDP 作为衡量市场容量的指标，预测市场容量对工业承接的影响为正向。

劳动成本（*wage*）。成本是影响企业区位选择的重要因素，劳动成本又是总成本的重要组成部分。企业需要最小化成本，因此较低的劳动成本对企业迁移更具吸引力。但也有理论认为更高的工资水平意味着更高的劳动者技能与劳动生产率。目前工业转移的主体是中低端制造业，劳动者技能水平对工业转移的影响有限，因此用地方职工平均工资来衡量地区的劳动成本，并预测劳动成本对工业承接的影响为负向。

投资规模（*inv*）。工业承接地需要为经筛选后留下的工业融入本地经济提供铺垫和保障，需充分考虑本地的投资规模，较大的投资规模意味着该地区较大的工业规模，可以视作判断该地区投资环境的有效信号，对工业迁移的决策具有重要的参考意义。迁移企业间通过共享基础设施等方式产生规模效应，能够增强工业的竞争力。选取全社会固定资产投资额作为衡量投资规模的指标，预测投资规模对工业承接的影响为正向。

交通状况（*traf*）。一方面，良好的交通状况便于企业原材料与产品的运输，能够有效地降低交易成本；另一方面，良好的交通状况也往往意味着该地区具有更高的对外开放程度，能够提升地区对迁移企业的吸引力。选取道路密度衡量地区的交通状况，采用每平方千米道路面积作为衡量指标，预测交通状况对工业承接的影响为正向。

正式环境规制（*freg*）。增强环境规制会增加企业成本，地区环境规制强度越大，对企业成本的影响越大。"波特假说"也提出另一种可能性，随着经济发展水平的提高与环境规制水平的进一步增强，企业会经历从被动应对环境规制到主动提高技术效应以降低环境成本的过程，因此环境规制有可能实现经济发展与环境保护的双赢。已有研究关于正式环境规制的衡量方式主要有三种，一是环境污染治理成本；二是污染排放水平；三是综合环境规制指数。环境污染治理成本指标最为直观，但只有省级层面数据而缺少市级层面数据，因此综合考虑每万元 GDP 废水排放量、每万元 GDP 二氧化硫排放量、每万元 GDP 烟（粉）尘排放量，构成每万元 GDP 污染物排放量，运用主成分分析法得到污染物排放指数衡量正式环境规制水平，该指数越小，环境规制水平越高。由于我国尚处于经济发展的高速时期，预测正式环境规制对工业承接的影响为负向。

非正式环境规制（$ireg$）。不同于正式环境规制，非正式环境规制即隐性环境规制主要指内在的环保意识和观念的作用。非正式环境规制更难以测度，选取两类指标衡量非正式环境规制强度，一是受教育水平（$ireg_1$），受教育水平越高，环保意识越强，更容易自觉地抵制企业的污染行为，用每万人普通高等学校在校学生数衡量；二是人口密度（$ireg_2$），人口密度越高，受到污染企业影响的公众人数越多，组织团体活动或环境非政府组织（ENGO）组织抵制污染行为的能力越强，预测非正式环境规制对工业承接的影响为负向。回归模型变量见表 5 – 10。

表 5 – 10   回归模型变量

变量类型	变量名称	指标选取	符号表示	预计符号
被解释变量	工业承接量	地区工业产值占全国总产值的比重	ind	
解释变量	市场容量	GDP	gdp	+
	劳动成本	地方职工平均工资	$wage$	−
	投资规模	全社会固定资产投资额	inv	+
	交通状况	每平方千米道路面积	$traf$	+
	正式环境规制	每万元 GDP 污染物排放量	$freg$	
	非正式环境规制	每万人普通高等学校在校学生数	$ireg_1$	
		人口密度	$ireg_2$	−

资料来源：根据相关资料整理。

2. 模型选取

静态面板数据模型是指解释项不包含被解释变量的滞后项的情形，固定效应模型和随机效应模型是静态面板数据模型中常见的两种。模型形式为：

$$y_{it} = x'_{it}\beta + u_{it} \tag{5 – 12}$$

$$u_{it} = a_i + \varepsilon_{it} \tag{5 – 13}$$

式中，$i = 1,2,\cdots,N$，$t = 1,2,\cdots,T$；x'_{it} 是 $K \times 1$ 列向量，$\boldsymbol{\beta}$ 是待估系数，也是 $K \times 1$ 列向量，K 表示自变量个数。对个体 i 而言，a_i 表示不会因时

间变化而产生变化的影响因素，不容易直接被观察和衡量，比如民俗制度、个体偏好等，即个体效应。固定效应模型与随机效应模型的主要区别在于个体效应的处理方法不同。固定效应模型将个体效应看作不因时间变化而变化的固定因素，在模型中用截距项表示，因此每个个体都有一个独特的截距项。相反，随机效应模型将个体效应视作随机因素。在固定效应模型和随机效应模型的选择上，可以通过检验 a_i 和自变量的相关性来确定。常用 Hausman 检验：假设随机效应与自变量不相关，采用 OLS 估计固定效应模型得到的参数是无偏、一致但非有效的，采用 GLS 估计随机效应模型得到的参数是无偏、一致的。如果原假设不成立，则选择固定效应模型；如果原假设成立，则选择随机效应模型。Hausman 检验结果显示，P 值为 0.0000，拒绝原假设，固定效应模型比随机效应模型更有效，因此选择固定效应模型估计长江经济带工业承接影响因素的影响程度。

3. 数据来源

选择长江经济带 108 个地级及以上城市 2005～2015 年的面板数据进行研究，面板数据整理自 2006～2016 年《中国城市统计年鉴》和 2016 年的《中国价格统计年鉴》。涉及市场价值的指标数值均为消除物价变动的实际值：以 2005 年为基期，分别采用各省市的居民消费价格指数、固定资产投资价格指数、工业生产者出厂价格指数进行价格调整。

(二) 实证结果分析

1. 固定效应模型回归结果

如表 5 - 11 所示，采用固定效应模型进行回归，其中，原模型记为模型一，模型一通过整体显著性检验，解释能力较好。在模型一的基础上，把不显著的变量 lntraf 和 lnwage 逐步去掉，得到模型二与模型三，与模型一相比，模型二与模型三的 R^2 并没有显著下降，F 统计量有所增加，可以认为三个模型没有显著的差别，模型的总体解释能力基本没有变化。以模型一的结果对回归系数作进一步分析。

表 5-11　面板固定效应模型回归结果

变量	被解释变量：lnind		
	模型一	模型二	模型三
lngdp	0.7992 *** (4.19)	0.8460 *** (4.48)	0.7126 *** (4.30)
ln$wage$	-0.2647 (-1.61)	-0.2378 (-1.45)	—
lninv	0.2477 *** (2.64)	0.2527 *** (2.70)	0.2219 *** (2.43)
ln$traf$	0.1304 (1.63)	—	—
ln$freg$	0.2447 *** (4.43)	0.2487 *** (4.51)	0.2483 *** (4.54)
ln$ireg_1$	-0.1657 ** (-2.16)	-0.1536 ** (-2.02)	-0.1628 ** (-2.14)
ln$ireg_2$	-2.3315 *** (-3.73)	-2.1634 *** (-3.51)	-2.2722 *** (-3.73)
$cons$	3.1723 (0.78)	0.6958 (0.19)	1.5775 (0.43)

注：**、*** 分别表示在 5%、1% 的统计水平上显著。

资料来源：根据 Stata14.1 软件结果整理。

2. 非环境规制变量对工业承接力的影响

（1）市场容量。该变量系数为正且较大，在 1% 的水平上显著，说明市场容量提升对工业承接产生显著促进作用。一方面，市场容量的提升有助于迁移企业更加贴近消费者和要素信息，及时了解需求变化，发挥规模效应；另一方面，市场容量提升意味着经济增长，新经济增长点的涌现增强了该地区的经济活力，为企业提供了更多机会，有利于扩大地区的投资规模。

（2）劳动成本。该变量系数为负，说明较高的劳动成本不利于工业承接，与预期一致，但系数并不显著。长江经济带下游地区劳动成本的增加推动了劳动密集型工业向中上游地区转移，同时上文的结论也印证了这一点。但该变量并不显著，原因可能是：第一，影响工业区际转移的成本因素包括劳动成本、运输成本、税收成本、土地成本等，劳动成本随着工业转移会逐步减弱，不再是影响工业转移的决定性因素；第二，转移的工业特别是污染密集型工业中包括较多的资本密集型工业，由于资本和劳动两种要素存在替代关系，从而降低了工业转移对劳动成本的敏感性。

（3）投资规模。该变量系数为正，在1%的水平上显著，说明扩大投资规模对工业承接具有促进效应，与预期一致。工业转移受到承接地资本存量的影响，因为企业能够获得集聚效应的优势，并减少信息搜寻成本。工业由下游地区向中上游地区转移的过程中，倾向转移到省会城市及其周边地区，因为这些地区投资规模较大，前期已经承接了大规模的工业转移，工业集聚促进了生产要素、基础设施和信息的共享机制，能够降低企业的交易成本，促进转移工业的后续发展。工业向省会城市转移节约了寻租成本，降低了因信息不对称产生的市场风险、政策风险和文化风险等。也有研究认为投资具有挤出效应，由于经济发达地区寻求工业的转型升级，因此工业转出与该地区的投资规模呈负向关系。

（4）交通状况。该变量系数为正，与预测一致，即交通状况的改善有利于工业的承接，但该变量影响并不显著。交通成本仅仅是众多构成企业经营成本的要素之一，在信息化社会，交通的影响逐步被信息所取代，信息成本日益成为影响工业转移与承接的重要因素之一。

3. 环境规制对工业承接能力的影响

（1）正式环境规制。该项指标越大，每万元GDP污染物排放量越高，正式环境规制越严格。该变量系数为正且在1%的水平上显著，说明正式环境规制与地区工业承接之间存在负向关联，更加严格的正式环境规制会抑制工业的承接。正式环境规制的增强提高企业需支付的排污费，即治污成本，这增加了企业的生产成本；正式环境规制的减弱则意味着成本的下降与单位资产产出的提高，带来资本的流入。治污成本与迁移成本的相对大小决定了工业企业的区域转移路径。当前者大于后者时，工业转移将发生。根据上文的测算结果，我国的能源密集型工业主要从沿海地区向中西部地区转移，长江经济带内部主要从下游地区向中上游地区转移。能源密集型工业为高污染工业，其转移受正式环境规制影响明显。下游地区经济发达，政府更注重工业发展质量，对企业排污的外部性具有更严厉的惩罚机制；中上游地区经济发展落后，尽管大规模的工业承接会带来负面的资源环境效应，但出于经济增长、增加就业与提高居民收入的需要，政府仍然倾向宽松的正式环境规制，即"污染避难所"假说。

（2）非正式环境规制。非正式环境规制对工业承接起到抑制作用，两个指标分别在5%和1%的水平上显著，符号与预测一致。非正式环境规制主要通过间接方式影响企业的选址决策，公众的诉求通过政府、媒体或者非政府组织其中的一方或多方给企业施加压力，增加企业转移的成本。一是受教育水平。长江经济带下游地区以及各省会城市居民受教育水平较高，环境意识较强，更关注生活质量，容易自发抵制企业污染行为。二是人口密度。相比受教育水平，人口密度的系数较大且显著性更高。因为在人口密度较高的地区，居民对污染企业迁入的抵制更容易通过政府、舆论或环保组织形成正式的诉求，对企业选址产生影响。在中上游地区，相比对环境质量的要求，人民更注重工业承接带来的就业与收入水平的提高；特别是上游地区，人口密度相对较低，环境污染难以察觉，非正式环境规制难以形成正式的诉求，不能有效地阻止污染工业的转入。

五 研究结论与政策建议

（一）研究结论

采用区域间投入产出模型、产业梯度系数测算2005～2015长江经济带11省市的工业转移态势，并运用基于FAHP和CRITIC法组合赋权的灰色关联投影模型，结合GIS空间分析方法，并引入环境约束条件，定量评价长江经济带各城市的工业绿色承接能力。得出以下研究结论。

1. 长江经济带工业转移态势

从全国层面看，东南沿海地区是主要的工业转出地，中部、西北和东北地区是主要的工业转入地，工业向中部、北部转移的趋势比向西部转移的趋势更显著；能源密集型工业和劳动密集型工业大规模由沿海地区向其他地区转移，资本密集型工业主要从京津以及沿海地区向北部沿海和中部地区转移，技术密集型工业表现为东南沿海地区内部的转移。从长江经济带内部看，下游地区是主要的转出地，中上游地区是主要的转入地；能源密集型工业主要从下游地区向中上游地区转移，劳动密集型工业主要从上、下游地区向中游地区转移，资本密集型工业主要从下游地区向中游地区转移，技术密集型工业则主要表现为下游地区内部的转移。

2. 长江经济带工业绿色承接能力

从全国层面看，长江经济带下游地区工业绿色承接能力排名处于全国前列，中游地区排名处于中等水平，上游地区排名则不容乐观。2005～2015年，长江经济带整体排名有所提升。从长江经济带工业绿色承接能力的空间格局看，各城市承接工业转移的综合能力和分模块能力差异显著，工业生态能力的空间分异格局与其他能力差别较大；省会城市、沿江城市在工业绿色承接能力上表现更为突出；下游城市的表现优于中上游城市；云南、贵州各地级市的表现不容乐观。虽然2005～2015年长江经济带城市工业绿色承接能力普遍增强，但不均衡状况并未得到明显改善。

3. 长江经济带工业绿色承接的影响因素

市场容量和投资规模是影响工业绿色承接的重要因素，对工业绿色承接有促进作用。劳动成本和交通状况的作用则并不显著。此外，正式环境规制和非正式环境规制对工业绿色承接有负向作用，其中，非正式环境规制中人口密度的阻碍作用最为明显。

（二）政策建议

1. 因地制宜制定工业转移承接规划

规划的制定应结合主体功能区定位与当地资源环境承载力，部分生态能力较强的地区属于生态功能保护区，不适合进行大规模的工业化和连成片的城镇化，应考虑发展旅游业、高原生物资源业、高原医药业等特色工业。

2. 突出工业转移重点，重视工业分梯度、有序转移

工业转移的布局与规模应立足当地工业承接能力，承接能力较强的地级市应注重提升选择能力，为工业转移设立更严格的准入门槛，实现城市内部"腾笼换鸟"式工业转型，使附加值低的工业向梯度更低的城市转移，改善中上游地区工业承接能力不均衡的问题。

3. 促进基础设施共享建设

利用黄金水道航运能力，构筑长江经济带综合立体交通走廊，切实加强中上游各地级市的工业支撑能力，促进长江经济带一体化进程；排污口、污水处理厂等排污设施的共享，能降低污染治理成本与重复建设率，提高污染整治效率，提升工业生态能力。

4. 培育工业集群，推动承接工业转移平台建设

充分利用中上游地区国家级承接产业转移示范区的政策优势，促进工业的集中布局与集聚发展，提高工业配套能力；鼓励社会资本参与工业转移园区运营，增强承接地的工业发展能力，吸引更高层次的工业转移。

5. 创新工业转移方式，形成长江经济带创新驱动发展合力

发挥武汉东湖国家自主创新示范区、合芜蚌国家自主创新示范区和长株潭国家自主创新示范区的引领作用，沿江布局一批战略性新兴工业集聚区、国家高技术工业基地；发展多种工业转移合作模式，打破行政分割，鼓励下游与中上游地区共建工业园区，探索"飞地经济"的工业转移新模式。

参考文献

陈斐、张新芝：《中西部承接区域产业转移的竞争力研究》，《统计与决策》2012 年第 2 期，第 124～128 页。

陈茹云、蔡炳水：《产业梯度视角下闽台产业转移分析》，《重庆科技学院学报》（社会科学版）2018 年第 1 期，第 64～67 页。

段敏芳、田秉鑫：《差距与发展：西部地区制造业如何在承接中升级》，《湖北大学学报》（社会科学版）2018 年第 2 期，第 118～125 页。

段小薇、李璐璐、苗长虹等：《中部六大城市群产业转移综合承接能力评价研究》，《地理科学》2016 年第 5 期，第 681～690 页。

傅帅雄、张文彬、张可云：《污染型行业区域布局的转移趋势——基于全要素生产率视角》，《财经科学》2011 年第 11 期，第 53～60 页。

华克思：《区域产业转移作用机理与发展路径研究》，硕士学位论文，中国科学技术大学，2017，第 32～40 页。

江霈：《中国区域产业转移动力机制及影响因素分析》，博士学位论文，南开大学，2009，第 126～149 页。

蒋永雷、杨忠振、邬珊华：《泛珠三角地区产业转移趋势与动向识别研究》，《工业技术经济》2012 年第 12 期，第 93～99 页。

兰继斌、徐扬、霍良安等：《模糊层次分析法权重研究》，《系统工程理论与实践》2006 年第 9 期，第 107～112 页。

廖双红：《区域就业人口变动趋势视角下的沿海产业转移趋势及障碍因素研究》，《西北人口》2013 年第 5 期，第 69～72 页。

刘秉镰、胡玉莹：《我国区际产业转移的识别与检验》，《统计与决策》2010 年第 15 期，第 82～85 页。

刘红光、刘卫东、刘志高：《区域间产业转移定量测度研究——基于区域间投入产出表分析》，《中国工业经济》2011 年第 6 期，第 79～88 页。

吕锋、崔晓辉：《多目标决策灰色关联投影法及其应用》，《系统工程理论与实践》2002 年第 1 期，第 103～107 页。

梅林、张杰、杨先花：《我国区际产业转移与对接机制研究》，《科技进步与对策》2018 年第 1 期，第 29～34 页。

苏华、胡田田、黄麟堡：《中国各区域产业承接能力的评价》，《统计与决策》2011 年第 5 期，第 41～43 页。

孙世民、展宝卫：《产业转移承接力的形成机理与动力机制》，《改革》2007 年第 10 期，第 121～125 页。

孙威、李文会、林晓娜等：《长江经济带分地市承接产业转移能力研究》，《地理科学进展》2015 年第 11 期，第 1470～1478 页。

肖雁飞、万子捷、廖双红：《中部地区承接沿海产业转移现状及综合能力测度》，《经济问题探索》2014 年第 1 期，第 46～51 页。

张杰、唐根年：《中国制造业产业空间演化格局及其动力机制》，《科技与经济》2018 年第 1 期，第 36～40 页。

张文武：《中国产业转移与扩散的测度与趋势研究》，《统计与决策》2013 年第 13 期，第 108～111 页。

Diakoulaki, D. , Mavrotas, G. , Papayannakis, L. , "Determining objective weights in multiple criteria problems: the critic method," *Computers & Operations Research* 22 (1995): 763 – 770.

Isard, W. , "Interregional and regional input-output analysis: a model of a space-economy," *Review of Economics & Statistics* 33 (1951): 318 – 328.

第六章 长江经济带环境规制对工业绿色
转型效率的空间溢出效应研究

一 文献综述与理论分析

（一）文献综述

根据"污染避难所假说"的理论逻辑，环境规制影响经济绿色发展的空间效应来源于地区间的"环境标准比较优势"。Copeland 和 Taylor（1994）最早提出"污染避难所假说"，他们在研究南北贸易与环境的关系时发现，在开放经济条件下，自由贸易将导致污染密集型产业不断从发达国家向发展中国家转移。其逻辑关系是，收入水平较高的发达国家一般污染水平较低，而收入水平较低的发展中国家一般污染水平较高。反映的规律是发达国家具有较强的环保意识，通常设定较高的环保标准，而发展中国家则与之相反，往往实行较为宽松的环境标准，从而导致发展中国家污染型企业在国际贸易中具备比较优势，这种比较优势将导致污染型企业从发达国家不断转移至发展中国家。

国际上许多研究都表明地区间环境规制差异导致污染产业跨界转移，具体表现为：随着经济全球化进程加速，国际环境标准差异将导致环境敏感型外商直接投资不断流入发展中国家，以跨地区转移的形式规避环境治理（Becker and Henderson，2000；Keller Levinson，2002；List et al.，2003），使后者沦为污染的"避难所"，这种效应也称为"污染避难所效应"。由于"污染避难所假说"能有效刻画外商直接投资与环境污染的关系，且有力解释了污染密集型产业在国际转移的规律，因而广受关注。

国内学者针对中国不同地区环境规制空间效应的研究，也得出类似结论，认为环境规制可以通过筛选效应、内部技术溢出和外部技术溢出，促使绿色经济效率形成"扩散效应"和"极化效应"，进而带动本地区以及周围地区绿色经济效率的提升。在对中国省域大尺度空间研究方面，中国的环境规制具有显著的产业结构空间替代效应，导致污染型产业从东部地区转移到中西部地区（范玉波，2016；范玉波和刘小鸽，2017；Wu et al.，2017）。还有实证研究表明，中国的环境规制会引起污染就近转移，既不能提高环境治理效率，又不能降低社会污染水平（沈坤荣等，2017）。对此，董直庆和王辉（2019）进一步研究表明，短期邻地产业承接会提高该地区绿色技术水平，但长期来看，环境规制对邻地绿色技术进步的影响呈"倒 U"形关系，且峰值在城市经济圈 300 千米地域内。此外，环境规制的空间效应还体现在对就业转移的影响方面，环境规制趋严引发污染密集型行业的就业向环境规制宽松地区转移（施美程和王勇，2016）。

在实践层面，随着"污染避难所假说"不断得到验证，许多国家或地区为吸引或留住资本，竞相降低环境标准，出现"环境标准竞次"现象。"环境标准竞次"现象在国际竞争中体现为发展中国家为提高产业竞争力、抢占国际市场而竞相降低环境标准，在一国不同地区竞争中体现为欠发达地区为吸引或留住投资而直接降低环境规制标准，或借由地方政府在环境规制执行中特有的"自由裁量权"而采取隐形措施间接降低环境规制标准（Oates and Schwab，1988）。参与"环境标准竞次"的国家或地区都是为谋求经济效益而适当地放弃环境质量，虽然在一定程度上有利于全球产业结构调整，但由于欠发达地区没有能力和动机去治理污染，所以污染产业转移实际上是以降低欠发达地区的环境质量为代价来提升发达地区的环境质量，即污染型产业的转移并没有降低全社会污染水平。与之相反，污染型产业在欠发达地区过度集聚将引发局部生态危机，其负外部性又将反过来危及发达地区的生态安全，因而陷入

"囚徒困境"。而污染型产业在欠发达地区的分散布局又很难发挥环境治理的规模效应,导致企业成本上升,降低企业的市场竞争力和地区环境治理效率(陆铭和冯皓,2014)。

当前,中国正处于污染型企业"世界—中国"和"东部—西部"双重转移阶段,且随着中国经济水平不断提升,"东部—西部"的污染转移规模呈超越"世界—中国"之势(林伯强和邹楚沅,2014)。因此,研究中国地区间环境规制的空间效应成为近年来学术界研究的热点。自"污染避难所假说"提出以来,理论界关于环境规制、产业集聚、产业结构调整、资本流动的研究日渐丰富(Xing and Kolstad,2002;Eskeland and Harrison,2003),虽然也有研究不支持"污染避难所假说",但多与样本选择较特殊、测算方法存在内生性偏误等相关(Keller and Levinson,2002;List et al.,2003)。整体而言,"污染避难所假说"得到大多数研究的证实,对完善演化经济学和环境经济地理学产生重大影响。针对不同地区的实证检验也为各地区制定最优环境规制政策提供科学支持,因而也具有较强的实践指导价值。

(二)理论分析

环境规制作为一种外生变量,其主要目的是约束企业的排污行为,一般通过提高环境规制成本(如征收环境税等)实现。对不同排污水平的企业而言,其治污成本曲线不相同,受环境规制的影响也不相同。一般而言,污染水平较高的企业受环境规制的影响大于污染水平较低的企业。

环境规制政策的制定主体是地方政府,地方政府实施环境规制政策的目标是促进地区工业绿色转型;工业绿色转型的市场主体是企业,企业绿色转型的目标是在环境规制政策约束条件下实现企业利润的最大化。这就决定了企业主体必然会采取一定的措施来应对环境规制政策。假设不同地区制定的环境规制政策存在差异,且允许企业通过产业转移来逃避当地的环境规制政策。在不考虑市场进出壁垒的假设前提下,规模较小且绿色技术水平较低的私营企业可能"另辟蹊径",寻求环境规制的"跨地区避难",即通过产业转移将企业从环境规制强度相对较高地区搬迁至环境规制强度相对较低地区。在企业受环境规制成本影响下，劳动力、资本等生产要素也将流向环境规制强度较低地区以追求更高的利润，进一步推动产业空间溢出，从而在行业层面造成地区产业结构调整，影响地区工业绿色转型成效。

在资本全球化背景下，外资企业还可能通过跨国转移的方式寻求环境规制的"跨国避难"，即发生"污染避难所效应"。与本国产业转移不同的是，由于劳动力跨国流动较弱，外资企业的跨国转移主要表现为资本和技术的跨国流动，因此在行业层面造成地区绿色技术创新水平改变和产业结构调整，影响地区工业绿色转型成效，因此本地区环境规制政策对工业绿色转型存在空间溢出效应。

二　长江经济带环境规制强度与工业绿色转型效率的测算

（一）测算方法

1. 环境规制强度测算方法

地级市尺度环境规制强度的测度借鉴国内学术界近年来的主流做法，构建包含各类污染物去除率的环境规制强度指数，以此测算长江经济带110个地级及以上城市环境规制强度。具体做法如下。

第一步：分别计算各污染物去除率。借鉴王文普和陈斌（2013）的做法，分别利用公式计算工业 SO_2 去除率、工业烟（粉）尘去除率。公式为：

$$工业 SO_2 去除率 = 工业 SO_2 去除量/工业 SO_2 产生量$$
$$= （工业 SO_2 产生量 - 工业 SO_2 排放量）/工业 SO_2 产生量$$

$$(6-1)$$

$$工业烟（粉）尘去除率 = 工业烟（粉）尘去除量/工业烟（粉）尘产生量$$
$$= 工业烟（粉）尘去除量/[工业烟（粉）尘去除量$$
$$+ 工业烟（粉）尘排放量]$$

$$(6-2)$$

第二步：计算环境规制强度。由于不同城市污染物排放比重存在差别，若直接采用各污染物去除率标准化结果的算术平均值，将难以准确反映城市污染治理力度。利用熵权法 – Topsis 评价模型计算环境规制强度，能有效规避主观赋权带来的结果失真，使环境规制强度的测算结果更具客观性。

熵权法 – Topsis 评价模型是在 Topsis 模型基础上引入熵权法，属于客观赋权法评价模型。根据熵权法 – Topsis 评价模型原理，评估过程包括指标赋权和综合评价两个步骤。其中，熵权法用于确定基础指标权重，Topsis 法用于综合评价研究对象。第一步，根据各指标信息熵高低确定待评价指标体系中各基础指标的权重，信息熵越低表示该指标提供的信息量越大，对综合评价结果影响越大，权重越高，反之则权重越低；第二步，基于无量纲化的原始数据矩阵，找出有限方案中的最优方案和最劣方案，然后根据研究对象与最优方案或最劣方案的相对距离进行相对优劣评价，越接近最优方案的研究对象得分越高，越靠近最劣方案的研究对象得分越低。步骤如下。

步骤一：基于熵权法确定基础指标权重。

①对工业 SO_2 去除率和工业烟（粉）尘去除率两个单项指标做标准化处理，公式为：

$$P_{ijt}^s = \frac{P_{ijt} - \min\{P_{jt}\}}{\max\{P_{jt}\} - \min\{P_{jt}\}} \tag{6-3}$$

式中，P_{ijt}^s 表示第 i 个城市第 j 个指标在第 t 个时期的标准化值，P_{ijt} 表示第 i 个城市第 j 个指标在第 t 个时期的原值，$\max\{P_{jt}\}$ 和 $\min\{P_{jt}\}$ 分别表示全部城市第 j 个指标在第 t 个时期的最大值和最小值。

②计算第 i 个城市第 j 项指标在第 t 个时期的比重，得到比重矩阵 $Q = (q_{ijt})_{n \times m}$。其中，$q_{ijt} = \dfrac{P_{ijt}}{\sum\limits_{t=1}^{k} \sum\limits_{i=1}^{n} P_{ijt}}$ \tag{6-4}

③计算第 j 项指标的信息熵值和信息熵权。

$$e_j = -\frac{1}{\ln n} \sum_{i=1}^{n} (q_{ij} \ln q_{ij}) \qquad (6-5)$$

$$u_j = \frac{1-e_j}{n - \sum_{j=1}^{n} e_j} \qquad (6-6)$$

式中，$e_j (0 \leqslant e_j \leqslant 1)$ 是第 j 项指标的信息熵值，$\frac{1}{\ln n}$ 是信息熵系数，u_j 是信息熵权。

步骤二：基于 Topsis 法计算环境规制强度。

①计算权重规范化矩阵 $\boldsymbol{S} = (S_{ij})_{m \times n}$，选择 $\boldsymbol{S} = (S_{ij})_{m \times n}$ 各列的最大值、最小值构成最优向量、最劣向量。

$$S_{ijt} = u_j \cdot P_{ijt} \qquad (6-7)$$

$$\boldsymbol{S}^+ = (S_{\max 1}, S_{\max 2}, \cdots, S_{\max m}), \boldsymbol{S}^- = (S_{\min 1}, S_{\min 2}, \cdots, S_{\min m}) \qquad (6-8)$$

式中，权重规范化矩阵的元素为第 i 个城市第 j 项指标在第 t 个时期的环境规制强度。

②计算第 i 个地区与最优方案、最劣方案的欧式距离。

$$D_i^+ = \sqrt{\sum_{j=1}^{m} (S_{\max j} - S_{ijt})^2}, D_i^- = \sqrt{\sum_{j=1}^{m} (S_{\min j} - S_{ijt})^2} \qquad (6-9)$$

③计算第 i 个地区与最优方案的接近程度 C_i^+（C_i^+ 越大，评价结果越好）或与最劣方案的远离程度 C_i^-（C_i^- 越小，评价结果越好）。

$$C_i^+ = D_i^- / (D_i^+ + D_i^-), C_i^- = D_i^+ / (D_i^+ + D_i^-) \qquad (6-10)$$

2. 工业绿色转型效率测算方法

构造包括"期望产出"和"非期望产出"的投入产出技术结构，以此来反映工业绿色转型效率。为便于比较，假设每个生产决策单元（DMU）有 m 种投入 $x = (x_1, x_2, \cdots, x_m) \in R_m^+$，产生 n 种期望产出 $y = (y_1, y_2, \cdots, y_n) \in R_n^+$ 和 k 种非期望产出 $b = (b_1, b_2, \cdots, b_k) \in R_k^+$，则第 j 个 DMU 第 t 期的投入和产出值可以表示为 (x_j, t, y_j, t, b_j, t)，其生产可能性集可表示为：

$$P^t(x^t) = \left\{ (y^t, b^t) \mid \bar{x}_{jm}^t \geq \sum_{j=1}^{J} \lambda_j^t x_{jm}^t, \bar{y}_{jn}^t \leq \sum_{j=1}^{J} \lambda_j^t y_{jn}^t, \bar{b}_{jk}^t \geq \sum_{j=1}^{J} \lambda_j^t b_{jk}^t, \lambda_j^t \geq 0, \forall m, n, k \right\}$$

$$(6-11)$$

构建 SBM 超效率模型如下：

$$\rho^* = \min \frac{\dfrac{1}{m} \sum\limits_{i=1}^{m} \dfrac{\bar{x}_i}{x_{i0}}}{\dfrac{1}{n+k} \left(\sum\limits_{r=1}^{n} \dfrac{\bar{y}_r}{y_{r0}} + \sum\limits_{l=1}^{k} \dfrac{\bar{b}_l}{b_{l0}} \right)} \qquad (6-12)$$

$$\text{s. t.} \begin{cases} \bar{x} \geq \sum\limits_{j=1, \neq 0}^{J} \lambda_j x_j \\[2mm] \bar{y} \leq \sum\limits_{j=1, \neq 0}^{J} \lambda_j y_j \\[2mm] \bar{b} = \sum\limits_{j=1, \neq 0}^{J} \lambda_j b_j \\[2mm] \bar{x} \geq x_0, \bar{b} \geq 0, \bar{y} \geq 0, \lambda_j \geq 0 \end{cases} \qquad (6-13)$$

式中，x，y，b 分别表示投入、期望产出和非期望产出的松弛量；λ_j 是权重向量，若其和为 1 则表示规模报酬可变（VRS），否则表示规模报酬不变（CRS）。模型的最优解是由其他 DMU 构建的生产可能性集内距离前沿最近的点，即目标函数 ρ^* 越小表明越有效率。

参考学术界和政府部门关于工业绿色转型效率评价的相关成果，从工业生产的要素投入、期望产出、非期望产出三个维度，选取相关指标来测算工业绿色转型效率。第一，要素投入。考虑劳动力、资本、能源资源三类核心工业生产投入变量。由于工业部门包含采矿业，制造业，电力、热力、燃气及水生产和供应业，我们利用三类产业从业人员数之和来衡量工业劳动力投入。工业固定资本通过永续盘存法推算获得，折旧率参考单豪杰（2008）的方法处理，当年投资额采用规模以上工业企业固定资本投资作为度量指标。由于缺乏地级市层面价格指数，故采用各地级市所在省市的固定资本价格指数代替。鉴于能源消耗数据难以获得，且电力和水资源是工业消耗的主要来源，分别选用工业用电量和工业用水量来衡量能源资源投入。囿于数据来源，2009～2016 年工业用电量采用市辖区数据，2017～2018 年工业用电量以地级市全市数据为基础，按 2015 年市辖区工业产值占全市工业总产值的比重换算。第二，期望产出。利用规模以上工业企业总产值衡量，且均通过各地级市所在省市工业生产者出厂价格指数调整为以 2009 年为基期的数据。第三，非期望产出。选取工业废水、工业 SO_2、工业烟（粉）尘为工业污染物。

（二）数据来源

由于 2008 年中国工业行业分类口径仅有"大中型工业企业"，2009～2010 年中国工业行业分类口径既有"大中型工业企业"又有"规模以上工业企业"，2011 年后统计口径统一改为"规模以上工业企业"。为保证数据可比性、连续性，以及测度的准确性，研究时段设定为 2009～2016 年，工业企业数据均采用"规模以上工业企业"口径。

上述指标所用数据来源于《中国统计年鉴》（2010～2019 年）、《中国工业经济统计年鉴》（2010～2012 年）、《中国工业统计年鉴》（2013～2017 年）、《中国城市统计年鉴》（2010～2019 年）、《中国环境统计年鉴》（2010～2019 年）、《中国价格统计年鉴》（2010～2019 年），以及 EPS 全球统计数据平台、中经网统计数据库等，缺省年份数据采用插值法补齐。涉及市场价值的指标均以 2009 年为价格基期调整。样本描述性统计见表 6-1。

表 6-1 样本描述性统计

变量	样本量	极小值	极大值	均值	标准差
劳动力投入（万人）	880	0.71	241.11	19.80	30.92
规模以上工业企业固定资本投资（亿元）	880	91.80	74542.91	5460.40	0.93
工业用水量（亿立方米）	880	0.01	61.24	1.13	3.15
市辖区工业用电量（亿千瓦时）	880	0.10	805.76	56.17	99.95
规模以上工业企业总产值（亿元）	880	51.79	32603.35	3249.24	0.47
工业废水排放量（万吨）	880	88.00	80468.00	8147.57	1.01
工业 SO_2 排放量（万吨）	880	0.08	58.61	5.09	5.77
工业烟（粉）尘排放量（万吨）	880	0.09	21.48	2.43	2.27

变量	样本量	极小值	极大值	均值	标准差
工业 SO$_2$ 去除率	880	-0.33	0.99	0.54	0.26
工业烟（粉）尘去除率	880	0.04	1.00	0.95	0.12

资料来源：根据 SPSS20.0 软件计算结果整理。

三　长江经济带环境规制对工业绿色转型效率的空间溢出效应

（一）模型设定

1. 空间计量模型

根据理论分析，环境规制对长江经济带工业绿色转型存在空间溢出效应。借鉴 Anselin 等（1996）、Lsage and Pace（2009）、Elhorst（2014）的研究成果，将空间因素纳入模型，构建环境规制影响长江经济带工业绿色转型的空间计量模型。学术界常用的空间计量模型有空间滞后模型（SAR）、空间误差模型（SEM）、空间杜宾模型（SDM）、广义空间模型（SAC）等。根据 Halleck Vega and Elhorst（2012）的理论，SAC 模型与 SAR 模型之间具有嵌套关系，SAR 模型是 SAC 模型 $\lambda = 0$ 时的特殊形式；SDM 模型与 SAR 模型、SEM 模型都具有嵌套关系，SAR 模型是 SDM 模型 $\theta = 0$ 时的特殊形式，SEM 模型是 SDM 模型 $\theta = \delta \times \beta$ 时的特殊形式。

空间计量模型的构建包括空间自相关检验、空间效应类型选择、空间面板模型选择三方面。关于空间自相关检验，学术界常用的指标有 Moran's I、Gear's C、Getis、Jion 指数等，既有研究中采用 Moran's I 统计量最为普遍，本章采用 Moran's I 统计量检验长江经济带工业绿色转型是否存在空间自相关。关于空间效应类型选择，依照学术界常规方法，按 LogL 值大小判定。关于空间面板模型选择，按照从一般到特殊的思路选择模型，首先构建 SAR、SEM、SDM 三种空间计量模型，然后根据 LM-Lag 和 LMErr 检验及其稳健的形式选择适宜的面板空间模型。基于数据可获得性，结合既有研究实证结果的显著性比对分析，控制变量主要考虑经济发展水平、对外开放水平、要素禀赋、企业性质，得到标准面板回归模型和三种空间计量模型。

标准面板回归模型（OLS）：

$$IGT_{it} = \alpha_i + \beta_1 \times ER_{it} + \beta_2 \times ER_{it}^2 + \beta_3 \times PGDP_{it} + \beta_4 \times FID_{it}$$
$$+ \beta_5 \times IFA_{it} + \beta_6 \times EP_{it} + \mu_{it} + \gamma_{it} + \varepsilon_{it} \tag{6-14}$$

空间滞后模型（SAR）：

$$IGT_{it} = \alpha_i + \beta_1 \times ER_{it} + \beta_2 \times ER_{it}^2 + \beta_3 \times PGDP_{it} + \beta_4 \times FDI_{it}$$
$$+ \beta_5 \times IFA_{it} + \beta_6 \times EP_{it} + \delta \times W \times IGT_{it-1} + \mu_{it} + \gamma_{it} + \varepsilon_{it} \tag{6-15}$$

空间误差模型（SEM）：

$$IGT_{it} = \alpha_i + \beta_1 \times ER_{it} + \beta_2 \times ER_{it}^2 + \beta_3 \times PGDP_{it} + \beta_4 \times FDI_{it}$$
$$+ \beta_5 \times IFA_{it} + \beta_6 \times EP_{it} + \mu_{it} + \gamma_{it} + \varepsilon_{it}, \varepsilon_{it} = \lambda \times W \times \varepsilon_t + \upsilon_{it} \tag{6-16}$$

空间杜宾模型（SDM）：

$$IGT_{it} = \alpha_i + \beta_1 \times ER_{it} + \beta_2 \times ER_{it}^2 + \beta_3 \times PGDP_{it} + \beta_4 \times FDI_{it}$$
$$+ \beta_5 \times IFA_{it} + \beta_6 \times EP_{it} + \delta \times W \times IGT_{it-1}$$
$$+ \theta_1 \times W \times ER_{it} + \theta_2 \times W \times ER_{it}^2 + \theta_3 \times W \times PGDP_{it} + \theta_4 \times W \times FDI_{it}$$
$$+ \theta_5 \times W \times IFA_{it} + \theta_6 \times W \times EP_{it} + \mu_{it} + \gamma_{it} + \varepsilon_{it} \tag{6-17}$$

式中，IGT_{it} 表示工业绿色转型；ER_{it} 表示环境规制；i 表示城市（$i = 1$，2，$\cdots$，110），t 表示时间（$t = 1$，2，$\cdots$，8）；W 表示空间权重矩阵，采用 Arcgis10.5 和 Matlab2019 生成；$PGDP_{it}$ 表示经济发展水平，FDI_{it} 表示对外开放水平，IFA_{it} 表示要素禀赋水平，EP_{it} 表示企业性质；μ_{it}、γ_{it}、ε_{it} 分别表示地区固定效应、时间固定效应、随机误差项。式中，工业绿色转型采用工业绿色转型效率衡量，工业绿色转型效率越高，表明工业绿色转型成效越明显，反之越缓慢；环境规制强度采用污染综合指数的倒数衡量，越高表示地方政府治理环境污染的努力程度越高，反之则越低；经济发展水平采用人均地区生产总值衡量；要素禀赋水平采用劳均工业固定资产衡量；对外开放水平利用当年实际使用外资金额占工业固定资产比重衡量；企业性质采用内资企业工业总产值占全市规模以上企业工业总产值比重衡量。主要指标样本描述性统计见表6-2。

表6-2 长江经济带110个地级及以上城市主要指标样本描述性统计

变量	说明	样本量	极小值	极大值	均值	标准差
IGT	工业绿色转型	880	0.25	2.57	0.64	0.19
ER	环境规制强度	880	0.19	1.29	1.00	0.18
PGDP	经济发展水平（万元）	880	0.60	19.90	4.084	2.77
FDI	对外开放水平（%）	880	0.01	19.02	2.96	2.86
IFA	要素禀赋水平（万元/人）	880	9.27	1700.35	303.38	205.60
EP	企业性质（%）	880	32.94	99.80	87.58	12.43

资料来源：根据SPSS20.0软件计算结果整理。

2. 空间权重矩阵

学术界常用的地理特征空间权重矩阵主要包括邻接标准和地理距离标准，本章分别选用邻接矩阵和反距离矩阵衡量长江经济带110个地级及以上城市空间关系，后者做稳健性检验。邻接矩阵和反距离矩阵的形式分别为：

$$W_{ij} = \begin{cases} 1, & \text{两地区相邻} \\ 0, & \text{两地区不相邻} \end{cases} \qquad (6-18)$$

$$W_{ij} = \frac{1}{d_{ij}} \qquad (6-19)$$

式中，W_{ij}表示空间权重矩阵，i、j分别表示被研究的两个城市。式（6-18）为邻接矩阵，根据空间观测单元之间的邻近特征，对空间权重矩阵中的元素赋权0或1；式（6-19）为反距离矩阵，d_{ij}表示i、j两个城市之间的距离。

3. 空间自相关检验

为保证检验结果的稳健，分别采用莫兰指数I和吉尔里指数C两个指标检验2009~2016年长江经济带110个地级及以上城市工业绿色转型效率的空间自相关性。

1）莫兰指数 I

莫兰指数 I（Moran's I）分为全局莫兰指数 I（Global Moran's I）和局域莫兰指数 I（Local Moran's I），本章考察的是长江经济带某城市附近工业绿色转型效率的空间集聚情况，故选用 Local Moran's I 分析，公式为：

$$Local\ Moran's\ I = \frac{(X_i - \bar{X})}{S^2} \sum_{j=1}^{n} \left[W_{ij}(X_j - \bar{X}) \right]$$

$$S^2 = \frac{1}{n} \sum_{i=1}^{n} (X_i - \bar{X})^2, \bar{X} = \frac{1}{n} \sum_{i=1}^{n} X_i \qquad (6-20)$$

式中，n 是空间单元数，X_i 和 X_j 是 i 城市和 j 城市（$i \neq j$）工业绿色转型效率的观测值，W_{ij} 是空间权重矩阵。Local Moran's I 值大于 0 表示地区 i 的观测值与邻接地区存在空间正相关性，呈现空间集聚；Local Moran's I 值小于 0 表明地区 i 的观测值与邻接地区存在空间负相关性，呈现空间离散。

2）吉尔里指数 C

吉尔里指数 C（Geary's C）与莫兰指数 I 呈反向变动，也是检验空间自相关的常用指标，公式为：

$$Geary's\ C = \frac{(n-1) \sum_{i=1}^{n} \sum_{j=1}^{n} W_{ij}(X_i - X_j)^2}{2(\sum_{i=1}^{n} \sum_{j=1}^{n} W_{ij})\left[\sum_{i=1}^{n} (X_i - \bar{X})^2 \right]} \qquad (6-21)$$

式中各指标与上文相同。Geary's C 值小于 1 表示地区 i 的观测值与邻接地区存在空间正相关性，呈现空间集聚；Geary's C 值大于 1 表明地区 i 的观测值与邻接地区存在空间负相关性，呈现空间离散。

（二）实证结果分析

1. 空间自相关检验结果与分析

分别采用 Local Moran's I 和 Geary's C 检验 2009～2016 年长江经济带地级及以上城市基于邻接矩阵的工业绿色转型空间自相关性。结果（见表 6-3）显示，2009～2016 年 Local Moran's I 值均大于 0，Geary's C 值均小于 1，且除 2011 年外，其他年份的 Local Moran's I 值和 Geary's C 值均在较高水平上显著，两种检验结果都表明长江经济带地级及以上城市工业绿色转型存在显著的空间正相关性。从演变趋势看，除 2011 年不显著外，其他年份检验结果表明 2009～2016 年长江经济带地级及以上城市工业绿色转型的正相关性呈现波动增强态势。

表 6-3　2009～2016 年长江经济带地级及以上城市基于邻接矩阵的
工业绿色转型空间自相关检验

检验指标	2009 年	2010 年	2011 年	2012 年	2013 年	2014 年	2015 年	2016 年
Local Moran's I	0. 106 **	0. 133 **	0. 053	0. 161 ***	0. 106 **	0. 209 ***	0. 229 ***	0. 368 ***
Geary's C	0. 881 *	0. 860 **	0. 961	0. 832 **	0. 899 *	0. 792 ***	0. 753 ***	0. 638 ***

注：* 、** 、*** 分别表示在 10% 、5% 、1% 的统计水平上显著。
资料来源：根据计算结果整理。

2. 空间面板模型的估计结果与分析

采用 Matlab2019 检验环境规制对长江经济带工业绿色转型影响的空间效应，Hausman 检验结果显示应选择固定效应模型。联合非显著性 LR 检验表明不能拒绝时间固定效应模型或空间固定效应模型。比较三种固定效应的 LogL 值，空间固定效应、时间固定效应、时间和空间双固定效应的 LogL 值分别为 1207. 900、760. 315、1236. 900，空间和时间双固定效应模型的 LogL 值最大，故应选择空间和时间双固定效应模型。

进一步，根据空间和时间双固定效应模型的 LM 检验结果（见表 6-4），LMLag、LMErr、稳健的 LMLag 分别在 1%、1%、5% 的水平上显著，即 LMLag、LMErr、稳健的 LMLag 值均显著拒绝原假设，同时 LMErr 可近似认为在 10% 的水平上也拒绝原假设，根据 Elhorst（2014）确定的空间计量模型选择原理，应选择 SDM 模型。

表 6-4　环境规制对长江经济带工业绿色转型影响的空间效应检验

解释变量	空间固定效应	时间固定效应	空间和时间双固定效应
LogL	1207. 900	760. 315	1236. 900
LMLag	34. 397 *** (0. 000)	0. 679 (0. 410)	8. 976 *** (0. 003)
LMErr	29. 350 *** (0. 000)	0. 924 (0. 336)	7. 683 *** (0. 006)

续表

解释变量	空间固定效应	时间固定效应	空间和时间双固定效应
LM*Lag_ R*	6.830 ***	0.423	3.938 **
	(0.009)	(0.515)	(0.047)
LM*Err_ R*	1.783	0.669	2.646
	(0.182)	(0.414)	(0.104)

注：*、**、*** 分别表示在 10%、5%、1% 的统计水平上显著，括号内为系数检验的 t 值。
资料来源：根据计算结果整理。

采用 SDM 空间和时间双固定效应模型对模型进行回归，得到各解释变量对长江经济带工业绿色转型的直接效应、间接效应、总效应。直接效应指本地区各解释变量对本地区工业绿色转型的影响；间接效应指本地区各解释变量对邻近地区工业绿色转型的影响，即空间溢出效应；总效应为直接效应与间接溢出效应之和。

回归结果（见表 6 - 5）显示，环境规制对工业绿色转型的直接效应系数为 0.173，且在 1% 的水平上显著，即长江经济带地级及以上城市本地区环境规制强度每提高 1%，将导致本地区工业绿色转型提高 0.173%，说明长江经济带环境规制对工业绿色转型的影响为正向促进作用。环境规制对工业绿色转型的间接效应系数为 0.282，且在 1% 的水平上显著，即长江经济带地级及以上城市本地区环境规制强度每提高 1%，将导致邻近地区工业绿色转型提高 0.282%，说明长江经济带环境规制对工业绿色转型的影响存在显著的空间溢出效应。环境规制对工业绿色转型的总效应系数为 0.455，且在 1% 的水平上显著，进一步说明长江经济带环境规制对工业绿色转型的影响为正向促进作用。

表 6 - 5　环境规制对长江经济带工业绿色转型影响的空间计量回归

解释变量	直接效应	间接效应	总效应
ln*ER*	0.173 ***	0.282 ***	0.455 ***
	(0.041)	(0.081)	(0.083)
ln*PGDP*	− 0.028	− 0.004	− 0.032
	(0.028)	(0.037)	(0.028)
ln*IFA*	− 0.017	0.114 ***	0.097 **
	(0.017)	(0.0315)	(0.038)

续表

解释变量	直接效应	间接效应	总效应
ln*FDI*	-0.021 ** (0.010)	0.008 (0.015)	-0.013 (0.017)
ln*EP*	-0.050 (0.123)	-0.135 (0.100)	-0.185 (0.154)

注：*、**、***分别表示在10%、5%、1%的统计水平上显著，括号内为系数检验的 *t* 值。
资料来源：根据计算结果整理。

控制变量回归结果显示，直接效应中仅对外开放水平对本地工业绿色转型的影响显著，表现为本地区对外开放水平对本地区工业绿色转型有负向作用，且在5%的水平上显著，说明提高对外开放水平，吸引外资进入长江经济带工业领域并不能有效推动本地区工业绿色转型，反而存在阻碍工业绿色转型的风险。其他控制变量的直接效应均不显著，且系数较小。间接效应中仅要素禀赋水平对工业绿色转型具有显著影响，表现为本地区要素禀赋水平能促进邻近地区工业绿色转型，且在1%的水平上显著，具有空间溢出效应，具体表现为本地区要素禀赋水平每提高1%，将导致邻近地区工业绿色转型提高0.114%。固定资产较高地区往往更有动机去提高绿色技术，既有研究表明绿色技术具有空间溢出效应（董直庆和王辉，2019），进而能推动邻近地区工业绿色转型。其他控制变量的空间溢出效应均不显著，且系数较小。总效应则与间接效应结果相似。

（三）稳健性检验

将空间权重矩阵替换为反距离函数，仍然采用 Local Moran's I 和 Geary's C 检验2009~2016年长江经济带地级及以上城市工业绿色转型的空间自相关性。结果（见表6-6）显示，2009~2016年 Local Moran's I 值均大于0，Geary's C 值均小于1，且除2011年的 Local Moran's I 值外，其他检验值均在1%及以上水平上显著，说明检验结果稳健，即长江经济带地级及以上城市工业绿色转型存在显著的空间正相关性。演变特征与基于邻接矩阵的结果相同，即2009~2016年长江经济带地级及以上城市工业绿色转型的正相关性呈现波动增强态势。

表 6 − 6　2009 ~ 2016 年长江经济带地级及以上城市基于
反距离矩阵的工业绿色转型空间自相关检验

检验指标	2009 年	2010 年	2011 年	2012 年	2013 年	2014 年	2015 年	2016 年
Local Moran's I	0. 108 **	0. 145 **	0. 066	0. 169 ***	0. 117 **	0. 240 ***	0. 214 ***	0. 361 ***
Geary's C	0. 837 **	0. 814 ***	0. 901 *	0. 782 ***	0. 830 **	0. 770 ***	0. 758 ***	0. 634 ***

注：*、**、*** 分别表示在 10% 、5% 、1% 的统计水平上显著。
资料来源：根据计算结果整理。

　　将空间权重矩阵替换为反距离函数，仍然采用 Matlab2019 检验环境
规制对长江经济带工业绿色转型影响的空间效应，结果见表 6 − 7。由于
LR 检验的对象为标准函数，因此 Hausman 检验结果及三种固定效应
LogL 值均不变，仍然选择空间和时间双固定效应模型。根据空间和时间
双固定效应模型的 LM 检验结果，LMLag、LMErr 及二者的稳健值均显著
拒绝原假设，所以应选择 SDM 模型。

表 6 − 7　基于反距离矩阵环境规制对长江经济带工业绿色转型影响的空间效应检验

解释变量	空间固定效应	时间固定效应	空间和时间双固定效应
LogL	1207. 900	760. 315	1236. 900
LMLag	47. 447 ***	1. 062	19. 033 ***
	(0. 000)	(0. 303)	(0. 000)
LMErr	43. 912 ***	1. 110	18. 227 ***
	(0. 000)	(0. 292)	(0. 000)
LMLag_R	3. 784 ***	0. 002	1. 116 **
	(0. 052)	(0. 969)	(0. 091)
LMErr_R	0. 249	0. 050	0. 309 **
	(0. 618)	(0. 823)	(0. 078)

注：*、**、*** 分别表示在 10% 、5% 、1% 的统计水平上显著，括号内为系数检验的 t 值。
资料来源：根据计算结果整理。

　　采用 SDM 空间和时间双固定效应模型对模型进行回归，得到各解释
变量对长江经济带工业绿色转型的直接效应、间接效应、总效应（见表
6 − 8）。回归结果仍然显示环境规制强度对工业绿色转型的影响存在显
著的空间溢出效应，且系数为 0. 283，与邻接矩阵回归结果几乎相同。
同时，环境规制对工业绿色转型影响的直接效应和总效应系数及显著性

水平也与采用邻接矩阵回归的结果相似，说明结果稳健。控制变量回归结果也与采用邻接矩阵回归的结果相似，进一步说明回归结果稳健，此处不再赘述。

表6-8　基于反距离矩阵环境规制对长江经济带工业绿色转型影响的空间计量回归

解释变量	直接效应	间接效应	总效应
$\ln ER$	0.174 ***	0.283 ***	0.458 ***
	(0.042)	(0.083)	(0.089)
$\ln PGDP$	-0.032	-0.007	-0.039
	(0.028)	(0.037)	(0.029)
$\ln IFA$	-0.023	0.118 ***	0.095 **
	(0.018)	(0.033)	(0.040)
$\ln FDI$	-0.023 **	0.012	-0.011
	(0.010)	(0.015)	(0.018)
$\ln EP$	-0.062	-0.143	-0.205
	(0.124)	(0.103)	(0.160)

注：* 、** 、*** 分别表示在 10% 、5% 、1% 的统计水平上显著，括号内为系数检验的 t 值。
资料来源：根据计算结果整理。

四　研究结论与政策建议

（一）研究结论

以 2009～2016 年长江经济带 110 个地级及以上城市为研究样本，实证研究长江经济带环境规制对工业绿色转型的空间溢出效应。经空间自相关检验和空间效应检验，选择 SDM 时间和空间双固定模型展开研究。研究结论归纳如下。

（1）环境规制对长江经济带工业绿色转型的影响存在空间溢出效应。长江经济带地级及以上城市本地区环境规制强度每提高 1%，邻近地区工业绿色转型提高 0.282%，存在显著的空间溢出效应。

（2）环境规制对长江经济带工业绿色转型存在显著的正向促进作用。长江经济带环境规制对工业绿色转型的直接效应表现为显著的正向促进作用，具体为本地区环境规制强度每提高 1%，将导致本地区工业绿色转型提高 0.173%。长江经济带环境规制对工业绿色转型的总效应也表现为正向促进作用，具体为本地区环境规制强度每提高 1%，将导致本地区和邻近地区工业绿色转型提高 0.455%。

（3）要素禀赋对长江经济带工业绿色转型具有显著的空间溢出效应。长江经济带地级及以上城市本地区要素禀赋水平每提高 1%，将导致邻近地区工业绿色转型提高 0.114%，具有显著的空间溢出效应。

（二）政策建议

（1）坚持以环境规制政策推动长江经济带工业绿色转型。长江经济带环境规制政策对本地区和相邻地区工业绿色转型均具有显著的促进作用，应坚持实施环境规制政策不动摇，更好地发挥政府在推动工业绿色转型中的"指挥棒"作用。

（2）构建长江经济带环境规制政策制定协商机制。由于长江经济带环境规制具有显著的空间溢出效应，本地区环境规制政策将对其他地区工业绿色发展产生重要影响，因此长江经济带各地区政府在制定环境规制政策时不能仅考虑本地区工业绿色发展，还应通过协商机制与其他地区合作，共同制定符合整体工业绿色转型发展的政策。各协商主体可首先制定一个适宜的环境规制强度范围，再根据管辖范围内各地区排污异质性特征制定符合整体工业绿色发展的环境规制政策。

（3）规划引导长江经济带节能减排政策在市县层面精准落地。长江经济带省级和市县级政府应把握"十四五"规划契机，在制定工业发展目标时要强调工业结构绿色化，重点培育一批清洁型工业企业，淘汰一批高耗能、高污染、高排放工业企业，推动产业结构优化升级。在分配节能减排任务时要重点降低水资源的投入冗余度，以及工业 SO_2、工业烟（粉）尘的产出冗余度，多角度协同推进长江经济带节能减排政策在市县层面精准落地。

参考文献

单豪杰：《中国资本存量 K 的再估算：1952～2006 年》，《数量经济技术经济研究》2008 年第 10 期，第 118～136 页。

董直庆、王辉：《环境规制的"本地—邻地"绿色技术进步效应》，《中国工业经济》2019 年第 1 期，第 100～118 页。

范玉波：《环境规制的产业结构效应：历史、逻辑与实证》，博士学位论文，山东大学，2016，第 94～108 页。

范玉波、刘小鸽：《基于空间替代的环境规制产业结构效应研究》，《中国人口·资源与环境》2017 年第 10 期，第 30～38 页。

林伯强、邹楚沅：《发展阶段变迁与中国环境政策选择》，《中国社会科学》2014 年第 5 期，第 81～95 页。

陆铭、冯皓：《集聚与减排：城市规模差距影响工业污染强度的经验研究》，《世界经济》2014 年第 7 期，第 86～114 页。

沈坤荣、金刚、方娴：《环境规制引起了污染就近转移吗?》，《经济研究》2017 年第 5 期，第 44～59 页。

施美程、王勇：《环境规制差异、行业特征与就业动态》，《南方经济》2016 年第 7 期，第 48～62 页。

王文普、陈斌：《环境政策对绿色技术创新的影响研究——来自省级环境专利的证据》，《经济经纬》2013 年第 5 期，第 13～18 页。

Anselin, L. , Bear, A. K. , Florax, R. , et al. , "Simple diagnostic test for spatial dependence," *Regional Science and Urban Economics* 26 (1996): 77 – 104.

Becker, R. , Henderson, V. , "Effects of air quality regulations on polluting industries," *Journal of Political Economy* 108 (2000): 379 – 421.

Copeland, B. R. , Taylor, M. S. , "North-south trade and the environment," *Quarterly Journal of Economics* 109 (1994): 755 – 787.

Copeland, B. R. , Taylor, M. S. , " Trade, growth and the environment," *Journal of Economic Literature* 42 (2004): 7 – 71.

Elhorst, J. P. , *Spatial econometrics: from cross-sectional data to spatial panels*, Heidelberg: Springer (2014): 37 – 67.

Eskeland, G. S. , Harrison, A. E. , "Moving to greener pastures? multinationals and the pollution haven hypothesis," *Journal of Development Economics* 70 (2003): 1 – 23.

Keller, W., Levinson, A., " Pollution abatement costs and foreign direct investment in-flows to U. S. States," *Review of Economics and Statistics* 84 (2002): 691 – 703.

List, J. A., Mc Hone, W. W., Millimet, D. L., "Effects of air quality regulation on the destination choice of relocating plants," *Oxford Economic Papers* 55 (2003): 657 – 678.

Oates, W. E., Schwab, R. M., "Economic competition among jurisdictions," *Journal of Public Economics* 35 (1988): 333 – 354.

Wang, Y. A., Sullivan, E. A., Black, D., et al., "Preterm birth and low birth weight af-ter assisted reproductive technology related pregnancy in Australia between 1996 and 2000," *Fertility and Sterility* 6 (2005): 1650 – 1658.

Wu, H., Guo, H., Zhang B., et al., " Westward movement of new polluting firms in China: Pollution reduction mandates and location choice," *Journal of Comparative Economics* 45 (2017): 119 – 138.

Xing, Y., Kolstad, C. D., "Do lax environmental regulations attract foreign investment?," *Environmental and Resource Economics* 21 (2002): 1 – 22.

第七章 长江经济带产业集聚对全要素能源效率的门槛效应与空间效应研究

一 长江经济带全要素能源效率的时空演化特征

（一）样本选择与指标说明

1. 样本选择

采用非径向规模报酬不变的、考虑非期望产出的 Meta-Frontier SBM（MSBM）和 Meta-Frontier Super-SBM（Super-MSBM）两个模型测算长江经济带产业全要素能源效率，基于 Bootstrap 修正法消除单样本误差，最后根据 ML 和 GML 指数对全要素能源效率进行分解，在此基础上考察长江经济带全要素能源效率的时间演变趋势、空间差异及时空收敛性。

考虑到数据可得性，将研究时间尺度界定为 1997～2016 年，以 1996 年作为数据平减的基期。考虑到动态模型对平衡数据的要求，在剔除缺失值后，选取长江经济带沿线 11 省市和 100 个地级及以上城市作为研究对象。其中，城市以市辖区作为城市考查范围，重点考察长江经济带地级及以上城市全要素能源效率。

2. 指标说明

（1）期望产出指标。学术界通常选择地区生产总值或增加值加以考察，本章节选取地区生产总值作为省域期望产出指标，数据来自《新中国六十年统计资料汇编》和《中国统计年鉴》（2010～2017 年）；选取市辖区生产总值作为市域期望产出指标，数据来自《中国城市统计年鉴》（1997～2017年）。将现价地区生产总值平减到以2006年为基年的不变价地区 GDP。若某城市某年存在异常值，则参照陈龙等（2016）的做法进行相应处理。

（2）非期望产出指标。一般采用二氧化碳排放量、二氧化硫排放量、工业三废排放量之和、烟（粉）尘排放量等方式加以考察。本章节采用二氧化碳排放量作为省域非期望产出衡量指标，测算方法参照王凯等（2013）的做法，运用 IPCC 温室气体排放清单指南中对能源消费二氧化碳排放量的测算方法，公式如下：

$$C = \sum_i F_i \times \delta_i = \sum_i F_i \times \frac{N_i}{\dfrac{10^9}{K_i}} \qquad (7-1)$$

式中，C 表示各产业能源消耗产生的二氧化碳排放量；i 表示能源消费类型；F_i 表示 i 能源终端消费量；δ_i 表示 i 能源二氧化碳排放系数；N_i 表示 i 能源二氧化碳排放因子；K_i 表示 i 能源平均低位发热量。各类能源平均低位发热量来自《中国能源统计年鉴》附录的各种能源折标准煤参考系数表，二氧化碳排放因子来自《2006年 IPCC 国家温室气体清单指南》第2卷的二氧化碳排放因子表和国家发改委公布的电量排放因子。

一些学者采用废水排放量、烟尘排放量（马晓君等，2017）或工业废气排放量（王保忠和刘阳，2018）测度市域非期望产出，本文分别采取工业二氧化硫排放量或城市二氧化碳排放量测度城市的非期望产出。由于城市二氧化碳排放量无法直接获取，参考陈龙等（2016）的做法，假定 i 城市二氧化碳强度与城市所属省市的二氧化碳强度保持一致，然后通过 i 城市第 t 年地区生产总值与 i 城市第 t 年二氧化碳强度相乘的方式估算出 i 城市第 t 年二氧化碳排放量。数据来自《中国城市统计年鉴》（1997～2017年）。

（3）投入指标，包括资本投入、劳动力投入、能源投入三类要素。

资本投入指标。由于中国现有统计体系中缺少对固定资本存量的直接统计值，因此学术界普遍采用永续盘存法估算出固定资本存量。估计公式如下：

$$K_{i,t} = I_{i,t} + (1 - \delta) K_{i,t-1} \tag{7-2}$$

式中，$K_{i,t}$ 是 i 地区 t 年的固定资本存量；$I_{i,t}$ 是 i 地区 t 年的现价固定资产投资额；$K_{i,t-1}$ 是 i 地区 $t-1$ 年的固定资本存量。在基年固定资本存量方面，参考陈龙等（2016）的做法，估算基年资本存量。估算公式如下：

$$K_{t0} = I_{t0} \frac{(1 + \lambda)}{(\lambda + \delta)} \tag{7-3}$$

式中，K_{t0} 是初始基本存量；I_{t0} 是基年不变价的固定资产投资额；λ 是不变价固定资产投资的平均增长率；δ 是资本平均折旧率。以 2006 年不变价计算各省市固定资产投资额。资产折旧率参考吴延瑞（2008）的研究，采用外生赋值法取 $\delta = 9.6\%$。固定资产投资价格指数、全社会固定资产投资数据均来自《中国统计年鉴》（1997~2017 年）；市辖区固定资产投资数据来自《中国城市统计年鉴》（1997~2017 年）。

劳动力投入指标。学术界通常采用年末从业人数或职工年平均人数加以考察。本章节采用第一、第二和第三产业从业人员数的加总衡量省域劳动力投入，数据来源于 Wind 数据库。采用市辖区年末单位从业人员数衡量市域劳动力投入，数据来自《中国城市统计年鉴》（1997~2017 年）。

能源投入指标。参考 Dhakal（2009）和陈龙等（2016）的方法，假定 i 城市能源强度与该城市所属省市的能源强度保持一致，然后通过 i 城市第 t 年地区生产总值与 i 城市第 t 年能源强度相乘的方式估算出 i 城市第 t 年能源投入量。

非期望产出的 SBM 模型存在一个较大的缺陷，即未考虑不同行业群体的异质性问题，即不同 DMU 受资源禀赋、经济环境、社会因素等的影响具有差异性技术集合。Li 和 Lin（2017）指出，解决这个问题最好的办法就是将 Meta-Frontier DEA 方法与考虑非期望产出的 SBM 模型结合起来构建 Meta-Frontier SBM 模型。Meta-Frontier 模型能够通过构建不同组群边界，让不同组群对应相应的技术前沿边界，找到群组边界（Group-

Frontier）之后，利用所有群组样本构建一条包含各群组边界的包络曲线作为共同边界（Meta-Frontier），从而在相同技术边界下比较不同群组的效率，评估群组的实际技术水平与共同前沿面的潜在生产水平的技术落差（肖亚朋和周申蓓，2016）。参考 Tone（2003）、Guo 等（2017）、赵吉欢（2018）等的理论，对 MSBM 模型（考虑非期望产出的 SBM 模型 + Meta-Frontier 模型）以及 Super-MSBM 模型（考虑非期望产出的 Super-SBM 模型 + Meta-Frontier 模型）进行构建。

3. 模型选择

（1）MSBM 模型。结合考虑非期望产出的 SBM 模型和 Meta-Frontier 模型，构成 MSBM 模型，可表示为：

$$\theta^* = \mathrm{Min}\left\{ \frac{1 - \dfrac{1}{m}\displaystyle\sum_{i=1}^{m}\dfrac{s_i^x}{x_{i0}}}{1 + \dfrac{1}{s+k}\left(\displaystyle\sum_{r=1}^{s}\dfrac{s_r^y}{y_{r0}} + \displaystyle\sum_{p=1}^{k}\dfrac{s_p^b}{b_{p0}}\right)} \right\} \tag{7-4}$$

对于任意 i, j, r, p，有：

$$\text{s. t.}\begin{cases} \displaystyle\sum_{t=1}^{T}\sum_{g=1}^{G}\sum_{j=1}^{N_t} x_{ij}\lambda_j^g = x_{i0} - s_i^x, i = 1,2,\cdots,m \\[2mm] \displaystyle\sum_{t=1}^{T}\sum_{g=1}^{G}\sum_{j=1}^{N_t} y_{rj}\lambda_j^g = y_{r0} + s_r^y, r = 1,2,\cdots,s \\[2mm] \displaystyle\sum_{t=1}^{T}\sum_{g=1}^{G}\sum_{j=1}^{N_t} b_{pj}\lambda_j^g = b_{p0} - s_p^b, p = 1,2,\cdots,k \\[2mm] \displaystyle\sum_{g=1}^{G}\sum_{j=1}^{N_t} \lambda_j^g = 1 \\[2mm] s_i^x \geqslant 0, s_r^y \geqslant 0, s_p^b \geqslant 0, \lambda_j^g \geqslant 0 \end{cases}$$

（2）Super-MSBM 模型。SBM 模型存在效率超过 1 之后不可比的问题，为了解决该问题，Tone（2002）将非期望产出纳入模型，提出 Super-SBM 模型，表示为：

$$\theta^* = \mathrm{Min}\left\{ \frac{1 + \dfrac{1}{m}\displaystyle\sum_{i=1}^{m}\dfrac{s_i^x}{x_{i0}}}{1 - \dfrac{1}{s+k}\left(\displaystyle\sum_{r=1}^{s}\dfrac{s_r^y}{y_{r0}} + \displaystyle\sum_{p=1}^{k}\dfrac{s_p^b}{b_{p0}}\right)} \right\} \tag{7-5}$$

对于任意 i, j, r, p, 有：

$$\text{s. t.}\begin{cases} \sum_{j=1,j\neq0}^{n} x_{ij}\lambda_j \leqslant x_{i0} - s_i^x, i = 1,2,\cdots,m \\ \sum_{j=1,j\neq0}^{n} y_{rj}\lambda_j \geqslant y_{r0} + s_r^y, r = 1,2,\cdots,s \\ \sum_{j=1,j\neq0}^{n} b_{pj}\lambda_j \leqslant b_{p0} - s_p^b, p = 1,2,\cdots,k \\ s_i^x \geqslant 0, s_r^y \geqslant 0, s_p^b \geqslant 0, \lambda_j \geqslant 0, j \neq 0 \end{cases}$$

结合考虑非期望产出的 Super-SBM 模型和 Meta-Frontier 模型，构造 Super-MSBM 模型，可表示为：

$$\theta^* = \text{Min}\left\{ \frac{1 + \frac{1}{m}\sum_{i=1}^{m}\frac{s_i^x}{x_{i0}}}{1 - \frac{1}{s+k}\left(\sum_{r=1}^{s}\frac{s_r^y}{y_{r0}} + \sum_{p=1}^{k}\frac{s_p^b}{b_{p0}}\right)} \right\} \tag{7-6}$$

对于任意 i, j, r, p, 有：

$$\text{s. t.}\begin{cases} \sum_{t=1}^{T}\sum_{g=1}^{G}\sum_{j=1,j\neq0}^{N_r} x_{ij}\lambda_j^g \leqslant x_{i0} - s_i^x, i = 1,2,\cdots,m \\ \sum_{t=1}^{T}\sum_{g=1}^{G}\sum_{j=1,j\neq0}^{N_r} y_{rj}\lambda_j^g \geqslant y_{r0} + s_r^y, r = 1,2,\cdots,s \\ \sum_{t=1}^{T}\sum_{g=1}^{G}\sum_{j=1,j\neq0}^{N_r} b_{pj}\lambda_j^g \leqslant b_{p0} - s_p^b, p = 1,2,\cdots,k \\ s_i^x \geqslant 0, s_r^y \geqslant 0, s_p^b \geqslant 0, \lambda_j^g \geqslant 0, j \neq 0 \end{cases}$$

（二）实证结果分析

1. 全要素能源效率的空间差异

（1）基于 Bootstrap 修正的长江经济带全要素能源效率比较。如表 7 - 1 所示，使用不同模型和测度方法，得到的结果具有明显差异。对比 MSBM 和 Super-MSBM 模型，可以看出 MSBM 模型存在着一个明显的缺点，即测度结果会出现多个决策单元效率值均为 1 的情况；相应地，Super-MSBM 模型能有效解决决策单元同时存在完全效率的问题，使长江经济带沿线 11 省市全要素能源效率更具有可比性。对比 Bootstrap 修正前后数据可以看出，基于 Bootstrap 修正的效率，我们能够更加精确对总体样本特征进行统计分析，并减少随机因素或单一样本对效率的影响，提高结果精确性。具体来看，使用 Super-MSBM 模型的全要素能源效率（1.020）明显高于使用 MSBM 模型的效率值（0.896）；修正后的全要素能源效率（1.020）明显高于修正前的结果（0.980）。无论使用哪种模型，下游地区全要素能源效率均高于上游地区，上游地区全要素能源效率均高于中游地区。

表 7 - 1　基于 Bootstrap 修正的长江经济带全要素能源效率比较

地区	MSBM		Super-MSBM	
	修正前	修正后	修正前	修正后
上海	1.000	1.000	1.576	1.359
江苏	1.000	1.000	1.183	1.183
浙江	1.000	1.000	1.089	1.114
安徽	0.645	0.799	0.645	0.799
江西	1.000	1.000	1.247	1.186
湖北	0.571	0.680	0.571	0.680
湖南	0.834	0.798	0.834	0.798
重庆	1.000	1.000	1.146	1.149
四川	0.545	0.602	0.545	0.602
贵州	1.000	1.000	1.211	1.375
云南	0.734	0.977	0.734	0.977
上游地区	0.820	0.895	0.909	1.026
中游地区	0.762	0.819	0.824	0.866
下游地区	1.000	1.000	1.283	1.219
长江经济带	0.848	0.896	0.980	1.020

（2）基于 Bootstrap 修正的全要素能源效率指数比较。GML 指数测度长江经济带全要素能源效率，EFFCH 指数、TECH 指数分别测度技术效率与技术进步。就长江经济带整体而言，1998～2016 年长江经济带 GML 指数、EFFCH 指数、TECH 指数均大于 1（见表 7 - 2）。在环境的约束下，长江经济带整体产业全要素能源效率均获得了提高，全域技术效率

获得了改善，技术水平取得了显著进步。就长江经济带上中下游地区而言，技术效率是推动长江经济带上游地区和下游地区全要素能源效率增长的主要动力，技术进步是推动长江经济带中游地区全要素能源效率增长的主要原因。就长江经济带沿线 11 省市而言，技术进步是推动除上海、贵州以外所有省市全要素能源效率增长的主要原因；而技术效率对促进上海、贵州全要素能源效率提高的影响力相对较强。

表 7-2　基于 Bootstrap 修正的长江经济带全要素能源效率 GML 指数及其分解

地区	GML		EFFCH		TECH	
	修正前	修正后	修正前	修正后	修正前	修正后
上海	1.201	1.043	1.133	1.130	1.063	0.957
江苏	1.021	1.019	1.000	1.000	1.021	1.019
浙江	1.011	1.048	1.001	1.001	1.012	1.049
安徽	0.984	0.996	0.985	0.990	1.001	1.008
江西	0.981	0.994	1.011	0.999	0.987	1.014
湖北	0.993	0.999	0.992	0.994	1.002	1.006
湖南	0.984	0.991	0.988	0.991	1.006	1.003
重庆	0.995	1.008	0.996	0.995	1.009	1.024
四川	0.998	1.001	0.997	0.997	1.001	1.005
贵州	0.982	0.999	1.048	1.085	0.953	0.928
云南	0.984	1.008	0.974	0.995	1.022	1.027
上游地区	0.990	1.004	1.004	1.018	0.996	0.996
中游地区	0.986	0.995	0.994	0.993	0.999	1.008
下游地区	1.078	1.037	1.044	1.044	1.032	1.009
长江经济带	1.012	1.010	1.011	1.016	1.007	1.004

2. 全要素能源效率的时间演化特征

就长江经济带整体而言，1997～2016 年长江经济带全要素能源效率整体呈下降趋势（见表 7-3）。分阶段来看，2008 年以前长江经济带全要素能源效率均高于 1，"十二五"之后长江经济带能源消费结构调整、外部冲击等因素均对长江经济带全要素能源效率缓慢下降造成不同程度的影响。就长江经济带上中下游地区而言，1997～2016 年长江经济带上中下游地区的效率差异较大。下游地区效率不仅高于中上游地区，也高于长江经济带的整体效率水平。从变动趋势来看，上游地区呈波动上升趋势，并在 2013 年达到峰值；中游地区呈波动下降趋势，在 2004 年达到峰值；下游地区呈波动下降趋势，在 2001 年达到峰值。相对于中上游地区，下游地区各省市较早进入后工业化阶段，产业结构逐渐向低能耗、低污染行业倾斜。同时，下游地区煤品消费占能耗总量的比例相对较低，促使其全要素能源效率始终保持在 1 以上。就长江经济带沿线 11 省市而言，1997 ~ 2016 年长江经济带全要素能源效率整体水平呈波动下降趋势。除安徽、湖北、湖南、四川、云南以外，其他省市全要素能源效率均高于 1，其原因在于安徽、湖北、湖南、云南的煤炭消费占比均在 40% 以上，使其全要素能源效率迟迟无法提高，同时也间接说明了以上海为首的下游地区和中游地区部分省市的产业结构逐渐或已经发生转型，国有大中型重工业企业生产方式的转变（放弃部分高能耗、高污染的生产方式）以及社会能源消费方式的转变（减少对煤炭等高能耗、高污染能源的消费），促进了全要素能源效率的提高。

表 7 - 3　长江经济带不同时期全要素能源效率分布：修正后（Super-MSBM）

地区	"十五"前	"十五"期间	"十一五"期间	"十二五"期间	"十二五"后	均值
上海	1.431	1.527	1.367	1.155	1.150	1.356
江苏	1.179	1.140	1.180	1.226	1.242	1.184
浙江	1.144	1.095	1.122	1.109	1.088	1.115
安徽	0.976	0.958	0.655	0.696	0.653	0.805
江西	1.192	1.159	1.278	1.163	1.040	1.191
湖北	0.723	0.789	0.616	0.623	0.638	0.684
湖南	1.000	0.910	0.777	0.621	0.621	0.808
重庆	1.113	1.213	1.161	1.099	1.160	1.149
四川	0.647	0.606	0.559	0.603	0.624	0.602
贵州	1.335	1.274	1.372	1.486	1.507	1.375
云南	1.000	1.000	1.000	0.930	0.894	0.977
上游地区	1.024	1.023	1.023	1.029	1.046	1.026
中游地区	0.973	0.954	0.832	0.776	0.738	0.872
下游地区	1.251	1.254	1.223	1.163	1.160	1.218
长江经济带	1.067	1.061	1.008	0.974	0.965	1.022

3. 基于 Bootstrap 修正法的全要素能源效率指数及其分解

如表 7-4 所示，就长江经济带整体而言，"十五"期间长江经济带 EFFCH 指数大于 1，GML 指数和 TECH 指数均小于 1，说明在"十五"期间，长江经济带整体产业全域技术效率获得了改善。"十一五"期间长江经济带 GML 指数和 TECH 指数均大于 1，说明在"十一五"期间长江经济带整体全要素能源效率均获得了提高，技术水平获得了显著进步，但全域技术效率有所下降。"十二五"期间长江经济带 GML 指数、EFF-CH 指数、TECH 指数均大于 1，说明在"十二五"期间长江经济带整体全要素能源效率均获得了提高，全域技术效率获得了改善，技术水平也获得显著进步。就长江经济带上中下游地区而言，"十五"期间技术效率是推动长江经济带上中下游地区全要素能源效率增长的主要动力；"十一五"期间技术效率是推动长江经济带上游地区全要素能源效率增长的主要动力，而技术进步是推动中下游地区全要素能源效率增长的主要原因；"十二五"期间技术效率是推动长江经济带上中下游地区全要素能源效率增长的主要动力。就长江经济带沿线 11 省市而言，"十五"期间技术进步是推动上海和江苏全要素能源效率增长的主要动力，技术效率是推动其他省市全要素能源效率增长的主要原因；"十一五"期间技术效率是推动贵州和云南全要素能源效率增长的主要动力，而技术进步是推动其他所有省市全要素能源效率增长的主要原因；"十二五"期间技术效率是推动上海、江西、湖北、湖南、四川和贵州全要素能源效率增长的主要动力，技术进步是推动其他省市全要素能源效率增长的主要原因。

表 7-4　长江经济带全要素能源效率 GML 指数及其分解

地区	"十五"期间			"十一五"期间			"十二五"期间		
	GML	EFFCH	TECH	GML	EFFCH	TECH	GML	EFFCH	TECH
上海	1.003	1.001	1.002	0.998	0.960	1.041	0.999	1.384	0.815
江苏	1.001	1.000	1.001	1.025	1.000	1.025	1.082	1.000	1.082
浙江	0.986	1.005	0.992	1.035	1.000	1.035	1.116	1.000	1.116

续表

地区	"十五"期间			"十一五"期间			"十二五"期间		
	GML	EFFCH	TECH	GML	EFFCH	TECH	GML	EFFCH	TECH
安徽	0.943	0.981	0.961	1.011	0.968	1.050	1.025	1.008	1.018
江西	0.962	1.009	0.971	1.016	1.000	1.016	1.014	1.113	0.954
湖北	0.982	0.998	0.984	1.000	0.959	1.046	1.023	1.018	1.006
湖南	0.975	1.004	0.972	0.985	0.919	1.075	1.027	1.027	1.000
重庆	0.992	1.026	0.997	0.986	0.980	1.024	1.014	0.976	1.042
四川	0.972	0.980	0.994	1.024	0.980	1.046	1.029	1.035	0.994
贵州	0.989	1.051	0.943	1.014	1.160	0.879	1.016	1.143	0.908
云南	0.962	1.005	0.958	0.999	1.022	0.978	1.006	0.951	1.078
上游地区	0.979	1.016	0.973	1.006	1.036	0.982	1.016	1.026	1.006
中游地区	0.966	0.998	0.972	1.003	0.961	1.047	1.022	1.041	0.995
下游地区	0.997	1.002	0.998	1.019	0.987	1.034	1.066	1.128	1.005
长江经济带	0.979	1.005	0.980	1.009	0.995	1.020	1.032	1.059	1.001

二 长江经济带产业集聚对全要素能源效率的门槛效应

(一) 门槛模型设定

1. 面板单位根检验

通过面板单位根检验考察数据的平稳性，以确定面板门槛数据回归前各变量序列为单整序列。一般情况下，单位根检验可分为以 LLC 检验、Breitung 检验为代表的同质面板单位根检验和以 IPS 检验、Fisher-ADF 检验为代表的异质面板单位根检验。省域面板数据属于长面板数据（$N = 11$，$T = 20$，$N < T$），将采用 LLC 检验和 Fisher-ADF 检验对面板数据零阶差分和一阶差分单位根进行估计（见表 7-5）。

表 7-5 省域面板单位根估计结果

变量	零阶差分统计量		一阶差分统计量	
	LLC	Fisher-ADF	LLC	Fisher-ADF
TFE	−3.548	5.0365 ***	−10.834 ***	15.1608 ***

续表

变量	零阶差分统计量		一阶差分统计量	
	LLC	Fisher-ADF	LLC	Fisher-ADF
AG	-3.509	4.2959 ***	-7.446 **	9.4673 ***
CAG	-4.798 *	7.8352 ***	-9.983 ***	13.9414 ***
INS	-3.548	3.8838 ***	-7.285 **	8.1697 ***
EDU	-4.686 *	2.5458 ***	-10.952 ***	13.7810 ***
ENER	-6.300	6.3327 ***	-11.833 ***	16.2960 ***
SRI	-5.386 *	5.5788 ***	-6.478 **	9.2374 ***
FDI	-3.337	2.5700 ***	-7.719 ***	7.2277 ***
GOVIN	-5.685 **	5.4426 ***	-12.344 ***	24.8984 ***
ECO	-3.392	0.5766	-8.355 ***	10.6369 ***
ES	-0.420	-1.1957	-7.380 **	10.8283 ***
URB	-0.116	5.8668 ***	-9.064 ***	10.0156 ***
TI	0.578	0.0076	-7.955 *	12.0978 ***
RAD	-4.148	5.3811 ***	-10.938 ***	13.3885 ***
MC	-3.823	5.0661 ***	-9.581 ***	14.2152 ***

注: *、**、*** 分别表示在10%、5%、1%的统计水平上显著。变量原始序列（零阶差分序列）在1%的显著水平上接受原假设，变量一阶差分序列在1%的显著性水平上拒绝原假设，所有变量序列均为一阶单整序列。

市域面板数据属于短面板数据（$N = 100$，$T = 20$，$N > T$），采用 Harris-Tzavalis 检验（HT 检验）和 IPS 检验对面板数据零阶差分和一阶差分的单位根进行估计。IPS 检验（Im et al. , 2003）无须满足每个个体自回归系数均相等的要求，可通过以下方式对统计量进行构造：

$$P_i \equiv \frac{\bar{t} - E(\bar{t})}{\sqrt{\mathrm{var}(\bar{t})/n}} \xrightarrow{d} \mathrm{N}(0,1) \tag{7-7}$$

式中，n 是相互独立的个体个数，$\bar{t}$ 是第 i 个省市的 ADF 统计量的样本均值，$\bar{t} \equiv \frac{1}{N}\sum_{i=1}^{n} t_i$；$\mathrm{E}(\bar{t})$ 是 $\bar{t}$ 的理论均值，$\mathrm{var}(\bar{t})$ 是 $\bar{t}$ 的理论方差。基于样本分布可进行单侧检验。由于 LLC 检验只适用于长面板，Harris 和 Tzavalis（1999）提出基于 T 固定，n 趋向无穷大的 HT 检验。构造面板自回归模型：

$$y_{i,t} = \beta_i y_{i,t-1} + \zeta_{i,t}' \gamma_i + \varepsilon_{i,t} \tag{7-8}$$

式中，i 是横截面单位，t 是时期，$\zeta_{i,t}'\gamma_i$ 是个体固定效应。令方程中自回归系数相等，则有：$y_{i,t} = \beta y_{i,t-1} + \zeta_{i,t}'\gamma_i + \varepsilon_{i,t}$。其中，$\beta$ 是共同根，$\varepsilon_{i,t}$ 是同方差，且服从正态分布。在原假设 $H_0 : \beta = 1$，T 固定，$n \to \infty$ 时，可构造统计量：

$$Z = \frac{\bar{\beta} - \mu}{\sqrt{\dfrac{\sigma^2}{n}}} \xrightarrow{d} N(0,1) \tag{7-9}$$

基于此样本分布可进行左边单侧检验。HT 检验和 IPS 检验对面板数据零阶差分和一阶差分单位根的估计结果如表 7-6 所示。

表 7-6　市域面板单位根估计结果

变量	零阶差分统计量		一阶差分统计量	
	HT	IPS	HT	IPS
TFEE	0.5155 ***	3.8294 ***	-0.2405 ***	-10.3872 ***
AG	0.9157	4.1976	-0.0702 ***	-15.3141 ***
CAG	0.8365 *	-0.6264	-0.0823 ***	-16.8830 ***
INS	0.8677	2.6496	-0.0208 ***	-12.9728 ***
EDU	1.0747	27.2110	0.1506 ***	-9.2632 ***
ENER	0.7633 ***	-1.8556 **	-0.1925 ***	-20.3251 ***
SRI	0.7481 ***	-5.3190 ***	-0.3013 ***	-18.7980 ***
FG	0.7243 ***	-8.3103 ***	-0.0909 ***	-26.0777 ***
GOVIN	1.0612	28.5456	-0.0028 ***	-4.9170 ***
ECO	1.0517	25.5435	0.1506 ***	-2.8466 ***
ES	0.5940 ***	11.0588	-0.4572 ***	-18.5740 ***
URB	0.6806 ***	1.5260	-0.3633 ***	-16.3464 ***
MC	0.4790 ***	-14.6630 ***	-0.4234 ***	-24.3837 ***

注：*、**、*** 分别表示在 10%、5%、1% 的统计水平上显著。

ENER、SRI、FG、MC 原始序列在 1% 的显著性水平上拒绝原假设，表明上述变量均为平稳序列；上述变量一阶差分序列均在 1% 的显著性水平上拒绝原假设，由此可见，AG、CAG、INS、EDU、GOVIN、ECO、

ES、*URB* 均为一阶单整序列。

2. 门槛模型设定

根据 Hansen（2000）提出的门槛变量选取原则，门槛变量可以从解释变量或其他独立变量两个方向加以选择。根据考察对象与模型实际情况，单一门槛面板模型可以拓展为多重门槛回归模型。分别从两个角度选取门槛变量。一方面，选取单一产业集聚、产业协同集聚作为门槛变量，重点考察产业集聚与全要素能源效率之间的非线性关系，确定单一产业集聚和产业协同集聚的合理区间。另一方面，从产业结构调整、要素结构调整、市场化改革、政府干预程度、经济发展水平五个方面全面分析产业集聚与全要素能源效率的关系是否受五大因素的影响，同时确定其合理区间分布。

Hansen（1999，2000）提出的静态面板单一门槛回归模型如下所示：

$$y_{it} = \lambda_i + \beta_1' x_{it} I(h_{it} \leq \gamma) + \beta_2' x_{it} I(h_{it} > \gamma) + \varepsilon_{it} \tag{7-10}$$

基于 Hansen（1999，2000）的基本门槛模型和研究假设，设定具体的门槛回归模型如下所示。

（1）为了考察单一产业集聚、产业协同集聚对全要素能源效率的提高是否会受到产业集聚度的影响，将单一产业集聚、产业协同集聚作为门槛变量，研究不同集聚区间内产业集聚对全要素能源效率的影响，单一门槛回归模型和二重门槛回归模型可表示为：

$$TFEE_{it} = \alpha_0 + \alpha_1 AG_{it} I(AG_{it} \leq \eta) + \alpha_2 AG_{it} I(AG_{it} > \eta) + \sum \alpha_j X_{it}^j + \varepsilon_{it} \tag{7-11}$$

$$TFEE_{it} = \beta_0 + \beta_1 AG_{it} I(AG_{it} \leq \gamma_1) + \beta_2 AG_{it} I(\gamma_1 < AG_{it} \leq \gamma_2) \\ + \beta_3 AG_{it} I(AG_{it} > \gamma) + \sum \beta_j X_{it}^j + \varepsilon_{it} \tag{7-12}$$

式中，i 表示地区，t 表示年份，j 表示非核心解释变量种类，X 表示非核心解释变量，ε 表示随机误差项，η、γ 表示待估算的门槛值，$TFEE$ 是被解释变量全要素能源效率，AG 是核心解释变量单一产业集聚。

同样，产业协同集聚的单一门槛回归模型，可表示为：

$$TFEE_{it} = \delta_0 + \delta_1 CAG_{it} I(CAG_{it} \leq \tau) + \delta_2 CAG_{it} I(CAG_{it} > \tau)$$
$$+ \sum \delta_j X_{it}^j + \varepsilon_{it} \qquad (7-13)$$

（2）为了考察单一产业集聚、产业协同集聚对全要素能源效率的提高是否会受到产业结构调整、要素结构调整、市场化改革、政府干预、经济发展水平等因素的影响，将产业结构调整、要素结构调整、市场化改革、政府干预、经济发展水平作为门槛变量，单一产业集聚、产业协同集聚作为核心解释变量，研究不同产业结构、要素结构、经济发展水平、政府干预程度、行业开放度对全要素能源效率的影响，分别构建以单一产业集聚、产业协同集聚作为核心解释变量的单一门槛回归模型，如下：

$$TFEE_{it} = \lambda_0 + \lambda_1 AG_{it} I(Th_{it} \leq \theta) + \lambda_2 AG_{it} I(Th_{it} > \theta) + \sum \lambda_j X_{it}^j + \varepsilon_{it} \qquad (7-14)$$

$$TFEE_{it} = \sigma_0 + \sigma_1 CAG_{it} I(Th_{it} \leq \upsilon) + \sigma_2 CAG_{it} I(Th_{it} > \upsilon) + \sum \sigma_j X_{it}^j + \varepsilon_{it}$$
$$\qquad (7-15)$$

式中，AG 表示单一产业集聚，CAG 表示产业协同集聚；Th 是门槛变量，包括产业结构调整（INS）、要素结构调整（EDU、$ENER$、SRI）、市场化改革（FG）、政府干预（$GOVIN$）、经济发展水平（ECO）。

3. 变量选取与数据来源

在进行门槛回归之前，从省域和市域两个层面，运用静态面板模型和动态面板模型对计量模型面板数据进行初步考察。之后，采用静态面板单一门槛回归模型或静态面板多重门槛回归模型，考察长江经济带产业集聚对全要素能源效率的门槛效应。

（1）被解释变量。被解释变量为全要素能源效率（TFE 或 $TFEE$）。为解决不同行业群体的异质性和多个决策单元完全效率问题，参考 Tone（2003）、Guo 等（2017）、赵吉欢（2018）的研究方法对 SBM 模型进行完善，采用非径向规模报酬不变的、考虑非期望产出的 Super-MSBM 模型测度长江经济带产业全要素能源效率。

（2）核心解释变量。核心解释变量分别为单一产业集聚（AG、AG_2）

和产业协同集聚（CAG）。采用区位熵测度单一产业集聚，分别对第二产业集聚和第三产业集聚加以估算，对比考察第二、第三产业集聚对全要素能源效率的门槛效应。采用产业协同集聚指数测度产业协同集聚，表示第二、第三产业协同集聚。产业协同集聚指数是对区位熵的一种扩展与延伸，产业协同集聚指数越大，说明长江经济带第二、第三产业协调集聚水平越高，越能促进第二、第三产业协同发展。

（3）门槛变量。分别从产业结构、要素结构、市场化改革、政府干预、经济发展水平五个方面加以考察。在产业结构方面，参考郑畅（2009）、陈平和罗艳（2017）衡量产业结构的方法，选择第二产业增加值与国内生产总值之比作为第二产业的产业结构（INS）、第三产业增加值与国内生产总值之比作为第三产业的产业结构（SS）。在要素结构方面，参考江静和马莹（2018）的方法，分别从人力资本投入（EDU）、能源消费结构（ENER）、科研投入（SRI）三个方面加以衡量。其中，人力资本投入采用人均教育支出取对数的方式加以衡量；能源消费结构采用煤炭消费量占能源消费总量的比重加以测算；科研投入采用地区专利申请量占长江经济带专利申请量的比重加以估算。在市场化改革方面，参考丁黄艳等（2016）、马晓君等（2017）的方法，将对外开放水平（FDI、FG）作为市场化改革的代理变量，采用实际外商投资额与国内生产总值之比加以衡量。在政府干预代理变量选取中，国内学者（樊纲等，2011；白俊和连立帅，2014）一般采用市场化指数、失业率、财政赤字、政策性负担作为政府干预的代理变量。参照杨莉莉等（2014）的做法，采用地方财政一般预算支出作为代理变量考察政府干预（GOVIN）。在经济发展水平（ECO）方面，采用人均地区生产总值取对数的方法加以测度。

（4）控制变量。市域控制变量包括行业规模（ES）、城市化水平（URB）、市场竞争力（MC）。其中，行业规模可以通过工业总产值与行业内全部企业数量之比加以衡量；城市化水平采用非农业人口占地区总人口的比重加以衡量；市场竞争力采用（城市工业企业数量/城市工业生产总值）/（工业企业总数/工业生产总值）加以计算。省域控制变量包括：市场竞争力、城市化水平、行业规模、技术创新等变量。技术创新水平从技术创新（TI）和研发产值贡献率（RAD）两个方面加以考察，其中，技术创新通过 R&D 经费支出占国内生产总值的比重加以衡量；研发产值贡献率通过工业总产值与 R&D 经费支出之比加以衡量。省域数据变量描述性统计见表 7-7，市域数据变量描述性统计见表 7-8。

表 7-7 省域数据变量描述性统计

变量	Var	平均数	中位数	最大值	最小值	标准差
全要素能源效率	TFE	0.982	1.069	1.782	0.447	0.334
第二产业集聚	AG	0.964	0.957	1.177	0.696	0.107
第三产业集聚	AG_2	0.993	0.963	1.456	0.764	0.142
产业协同集聚	CAG	0.922	0.936	1.000	0.657	0.065
第二产业结构	INS	0.459	0.453	0.566	0.298	0.053
第三产业结构	SS	0.401	0.391	0.698	0.253	0.068
人力资本投入	EDU	1.655	1.616	2.469	0.689	0.444
能源消费结构	$ENER$	0.500	0.500	0.852	0.080	0.163
科研投入	SRI	9.091	4.925	39.740	0.670	9.387
市场化改革	FDI	58.560	31.570	357.910	0.160	69.350
政府干预	$GOVIN$	0.125	0.117	0.440	0.013	0.078
经济发展水平	ECO	9.717	9.720	11.670	7.700	0.957
行业规模	ES	12868	9747	47705	1504	10028
城市化水平	URB	31	25	91	14	19
技术创新	TI	0.253	0.185	1.430	0.020	0.257
研发产值贡献率	RAD	842	496	3658	114	753
市场竞争力	MC	0.996	0.993	1.990	0.393	0.326

通过比较可以看出，由于省域与市域数据涉及的相关数据来自不同的统计年鉴，因此，省域数据测度的全要素能源效率平均值高于市域数据。尽管省域数据测度的全要素能源效率的最大值和最小值均大于市域数据，但两种数据测度的全要素能源效率的标准差却十分接近，都在0.3 左右，说明两组全要素能源效率数据较为稳定。两组数据的单一产业集聚和产业协同集聚较为相近，标准差均小于 0.3，数据相对稳定。

除此以外，省域数据测度的科研投入、市场化改革等变量的均值均大于市域数据，但市域数据测度的科研投入、市场化改革标准差相对较小，数据更为集中。

表 7 - 8　市域数据变量描述性统计

变量	Var	平均数	中位数	最大值	最小值	标准差
全要素能源效率	TFEE	0.383	0.230	1.000	0.020	0.354
第二产业集聚	AG	1.009	1.030	1.650	0.270	0.228
第三产业集聚	AG_2	0.892	0.886	1.857	0.120	0.202
产业协同集聚	CAG	0.834	0.874	1.000	0.291	0.136
第二产业结构	INS	0.499	0.510	0.810	0.140	0.111
第三产业结构	SS	0.413	0.407	0.810	0.051	0.094
人力资本投入	EDU	5.939	5.905	8.666	2.823	1.161
能源消费结构	ENER	2.545	1.125	43.43	0.050	4.580
科研投入	SRI	0.509	0.100	28.410	0.000	1.633
市场化改革	FG	3.000	1.945	52.700	0.000	3.600
政府干预	GOVIN	12.539	12.484	18.052	9.210	1.499
经济发展水平	ECO	10.082	10.100	12.370	6.420	0.993
行业规模	ES	16929	11472	465491	289	18399
城市化水平	URB	54.703	53.425	189.57	0.000	24.776
市场竞争力	MC	1.349	1.120	17.480	0.070	0.938

资料来源：根据测算结果整理。

（二）门槛效应检验与估计结果

为了研究单一产业集聚和产业协同集聚与全要素能源效率之间存在的"倒 U"形关系受哪些因素影响，使用面板门槛模型，从多个角度对市域层面的长江经济带产业集聚与全要素能源效率的非线性关系加以考察。

1. 产业集聚的门槛效应检验

参考纪玉俊和赵娜（2016）的做法，依次估计单一、二重、三重门槛，对选取的门槛变量进行门槛效应检验，采用 Bootstrap 法反复抽样 2000 次得到门槛估计值、F 统计值、P 值以及在 10%、5%、1% 显著水平上的对应临界值。以 P 值为标准确定门槛个数，再依据门槛值对基础模型进行实证分析。

长江经济带产业集聚门槛效应检验结果见表 7-9。结果表明，以第三产业集聚作为门槛变量时，显著通过了单一门槛检验，而未通过二重门槛和三重门槛检验，说明第三产业集聚对全要素能源效率存在单一门槛值。以第二产业集聚、产业协同集聚作为门槛变量时，均未通过单一门槛检验、二重门槛检验和三重门槛检验，原因可能有两点：其一，单一产业集聚或产业协同集聚对全要素能源效率的影响可能会受到产业异质性、区域差距或其他外部因素影响而发生改变（于斌斌，2018）；其二，单一产业集聚或产业协同集聚对全要素能源效率的影响可能会受到地理和空间因素的影响而发生改变（程中华等，2017）。将长江经济带上中下游地区对单一产业集聚和产业协同集聚的门槛效应进行检验，并进一步详细考察产业集聚对全要素能源效率的空间溢出效应（见表 7-10 至表 7-12）。

表 7-9　长江经济带产业集聚门槛效应检验结果

门槛变量	估计值	门槛设置	F 值	P 值	临界值		
					10%	5%	1%
AG	0.640	单一门槛	8.73	0.6533	21.836	24.542	30.407
	0.450 0.490	二重门槛	6.91	0.5900	15.143	17.541	21.545
	0.640	三重门槛	10.36	0.2600	14.170	15.995	20.082
AG_2	1.127	单一门槛	19.69*	0.0967	19.651	22.419	27.084
	1.127 0.707	二重门槛	13.01	0.2300	16.834	19.381	22.651
	1.411	三重门槛	8.58	0.6167	17.979	20.183	25.562
CAG	0.718	单一门槛	6.68	0.6633	17.580	21.027	31.444
	0.718 0.938	二重门槛	5.02	0.7667	15.006	17.550	22.149
	0.908	三重门槛	4.46	0.8533	14.361	16.093	20.890

注：*表示在 10% 的统计水平上显著。P 值和临界值均采用 Bootstrap 法反复抽样 2000 次所得结果。

表 7 – 10　长江经济带上游地区产业集聚门槛效应检验结果

门槛变量	估计值	门槛设置	F 值	P 值	临界值		
					10%	5%	1%
AG	0.490	单一门槛	27.16**	0.0300	21.378	25.949	34.876
	0.490 0.460	二重门槛	18.68**	0.0967	18.613	21.229	28.259
	0.950	三重门槛	4.73	0.7600	14.189	15.811	22.738
AG_2	1.094	单一门槛	6.31	0.8267	22.759	30.347	37.333
	1.094 0.689	二重门槛	2.42	0.9767	13.407	15.515	20.157
	0.951	三重门槛	2.98	0.9467	11.910	13.514	20.785
CAG	0.718	单一门槛	12.88	0.2500	18.563	21.842	31.653
	0.718 0.911	二重门槛	5.61	0.7200	17.077	19.383	39.529
	0.681	三重门槛	2.28	0.9700	11.461	13.918	21.705

注:** 表示在5%的统计水平上显著。

表 7 – 11　长江经济带中游地区产业集聚门槛效应检验结果

门槛变量	估计值	门槛设置	F 值	P 值	临界值		
					10%	5%	1%
AG	0.580	单一门槛	12.820	0.2800	20.193	23.662	32.810
	0.580 0.610	二重门槛	7.430	0.6467	16.583	19.241	21.997
	0.970	三重门槛	7.020	0.5533	14.089	17.373	20.211
AG_2	1.151	单一门槛	16.86	0.1433	18.286	22.136	31.253
	1.130 1.052	二重门槛	16.120*	0.0767	14.743	17.707	20.088
	1.257	三重门槛	5.800	0.9100	27.015	32.989	40.159
CAG	0.949	单一门槛	11.070	0.2467	14.735	19.020	27.719
	0.953 0.954	二重门槛	0.810	1.0000	14.847	16.303	21.387
	0.972	三重门槛	4.880	0.5667	10.299	12.199	16.783

注:* 表示在10%的统计水平上显著。

　　长江经济带上游地区产业集聚门槛效应检验结果见表 7 – 10。结果表明,以第二产业集聚作为门槛变量时,显著通过了单一和二重门槛检验，而未通过三重门槛检验。说明第二产业集聚对全要素能源效率存在二重门槛值。在门槛效应检验后，可以进一步估算出门槛值分别为0.460和0.490。

长江经济带中游地区产业集聚门槛效应检验结果见表7-11。结果表明，以第二产业集聚、产业协同集聚作为门槛变量时，未通过单一门槛检验、二重门槛检验和三重门槛检验，原因可能在于单一产业集聚或产业协同集聚对全要素能源效率的影响受到产业异质性、区域差距或市场化改革、政府干预、经济发展水平等外部因素的影响而发生改变。

长江经济带下游地区产业集聚门槛效应检验结果见表7-12。结果表明，无论是单一产业集聚还是产业协同集聚作为门槛变量，均显著通过单一门槛检验，而未通过二重门槛和三重门槛检验，这说明长江经济带下游地区第二产业集聚、第三产业集聚、产业协同集聚对全要素能源效率存在单一门槛值。在门槛效应检验后，可进一步估算出长江经济带下游地区第二产业集聚对应的门槛模型的门槛值为1.170，第三产业集聚对应的门槛模型的门槛值为0.706，产业协同集聚对应的门槛模型的门槛值为0.758。上述结果亦验证了单一产业集聚和产业协同集聚能否有利于提高全要素能源效率会受到不同地区产业集聚度的影响。

表7-12　长江经济带下游地区产业集聚门槛效应检验结果

门槛变量	估计值	门槛设置	F 值	P 值	临界值		
					10%	5%	1%
AG	1.170	单一门槛	13.84*	0.0967	13.495	17.422	32.609
	1.180 1.290	二重门槛	4.91	0.6000	12.209	14.385	18.645
	1.240	三重门槛	4.82	0.3333	7.788	9.260	18.717
AG_2	0.706	单一门槛	30.76***	0.0000	15.513	17.831	21.987
	0.706 0.904	二重门槛	6.30	0.5767	13.726	15.612	23.419
	1.084	三重门槛	8.54	0.5900	17.401	21.171	34.330

续表

门槛变量	估计值	门槛设置	F 值	P 值	临界值		
					10%	5%	1%
CAG	0.758	单一门槛	19.58 **	0.0167	11.699	14.822	20.727
	0.758 0.791	二重门槛	7.00	0.3233	10.661	12.980	15.861
	0.916	三重门槛	3.68	0.8400	12.339	15.695	23.080

注：*、**、*** 分别表示在10%、5%、1%的统计水平上显著。

2. 产业结构调整的门槛效应检验

通过产业集聚的门槛效应检验可以发现，以长江经济带第二产业集聚或产业协同集聚作为门槛变量时未通过门槛检验，为了进一步考察单一产业集聚和产业协同集聚与全要素能源效率的关系是否因为受到其他外部因素的影响而发生了改变，将产业结构调整作为门槛变量加以考察。

如表7－13所示，无论是第二产业结构还是第三产业结构作为门槛变量，均未通过单一门槛检验、二重门槛检验和三重门槛检验，这说明长江经济带产业结构调整对全要素能源效率不存在门槛效应，产业结构调整与全要素能源效率之间不存在非线性关系。该结果同时否定了单一产业集聚和产业协同集聚能否有利于提高全要素能源效率会受到产业结构调整的影响。

表 7－13　长江经济带产业结构调整门槛效应检验结果

门槛 变量	主要 解释变量	估计值	门槛设置	F 值	P 值	临界值		
						10%	5%	1%
INS	AG	0.310	单一门槛	5.98	0.7667	19.233	23.753	33.820
		0.310 0.430	二重门槛	5.62	0.6133	12.843	15.766	24.998
		0.180	三重门槛	5.65	0.6333	14.075	16.768	22.360
SS		0.663	单一门槛	15.11	0.2200	18.534	20.930	25.405
		0.663 0.344	二重门槛	7.10	0.5200	14.470	19.750	37.950
		0.426	三重门槛	4.81	0.7733	14.553	19.334	30.917

续表

门槛变量	主要解释变量	估计值	门槛设置	F 值	P 值	临界值		
						10%	5%	1%
INS	CAG	0.250	单一门槛	15.13	0.2667	21.940	25.291	40.517
		0.250 0.230	二重门槛	12.39	0.1900	15.394	17.971	26.545
		0.460	三重门槛	10.11	0.3233	16.606	19.811	32.078
SS		0.426	单一门槛	11.64	0.4433	21.090	23.858	28.702
		0.426 0.663	二重门槛	7.77	0.4867	14.224	17.713	23.570
		0.547	三重门槛	7.89	0.3500	11.824	14.794	30.046

3. 要素结构调整的门槛效应检验

要素结构调整的门槛效应检验中，参考赵领娣等（2015）、李荣杰等（2016）的研究，将人力资本投入作为门槛变量加以考察；参考李荣杰等（2016）、陶长琪等（2018）的研究，将能源消费结构作为门槛变量加以考察；参考张同斌和宫婷（2013）、杨骞和刘华军（2014）的研究，将科研投入作为门槛变量加以考察。检验结果见表 7 - 14。

表 7 - 14　长江经济带要素结构调整门槛效应检验结果

门槛变量	主要解释变量	估计值	门槛设置	F 值	P 值	临界值		
						10%	5%	1%
EDU	AG	7.945	单一门槛	19.32	0.4300	34.013	37.540	45.993
		7.945 5.023	二重门槛	12.12	0.3633	19.684	25.583	42.932
		4.284	三重门槛	7.25	0.6300	16.231	20.934	29.194
ENER		8.100	单一门槛	37.29 **	0.0167	25.713	30.551	41.015
		8.100 0.250	二重门槛	16.26	0.3733	28.722	37.675	53.767
		0.280	三重门槛	8.87	0.6100	27.205	31.809	43.093
SRI		0.990	单一门槛	14.00	0.2167	17.803	21.216	29.429
		1.030 0.410	二重门槛	5.15	0.7400	14.967	16.661	28.305
		0.520	三重门槛	5.53	0.6733	16.314	19.568	25.288

续表

门槛变量	主要解释变量	估计值	门槛设置	F 值	P 值	临界值		
						10%	5%	1%
EDU		7.945	单一门槛	18.01	0.6767	42.731	47.719	61.112
		7.945 5.023	二重门槛	11.10	0.4367	20.739	25.939	38.568
		4.575	三重门槛	7.84	0.6433	15.324	18.626	38.833
ENER	CAG	8.100	单一门槛	37.25***	0.0067	24.924	28.726	35.821
		8.100 0.250	二重门槛	11.37	0.6333	30.440	35.913	45.287
		0.930	三重门槛	8.79	0.7567	25.676	30.799	47.340
SRI		0.990	单一门槛	18.14	0.1167	18.851	22.697	30.489
		1.030 0.410	二重门槛	11.73	0.300	18.185	20.466	25.020
		0.520	三重门槛	4.43	0.7900	17.446	20.162	28.945

注：** 、*** 分别表示在 5% 、1% 的统计水平上显著。

以单一产业集聚作为核心解释变量、能源消费结构作为门槛变量时，其单一门槛值通过了 5% 的显著性水平检验；以产业协同集聚作为核心解释变量、能源消费结构作为门槛变量时，显著通过单一门槛检验，而未通过二重门槛和三重门槛检验，因此无论长江经济带是单一产业集聚还是产业协同集聚作为核心解释变量，能源消费结构对全要素能源效率均存在单一门槛值。在门槛效应检验后，可进一步估算出以长江经济带单一产业集聚作为核心解释变量、能源消费结构作为门槛变量时，门槛值为 8.100；以产业协同集聚作为核心解释变量、能源消费结构作为门槛变量时，门槛值为 8.100。以人力资本投入和科研投入作为门槛变量，其单一门槛、二重门槛、三重门槛的检验的 P 值均大于 0.1，说明长江经济带人力资本投入和科研投入对全要素能源效率不存在门槛效应。综上，单一产业集聚与产业协同集聚能否有助于提高全要素能源效率会受到能源消费结构的影响，而不会受到人力资本投入和科研投入的影响。

4. 市场化改革的门槛效应检验

市场化改革的门槛效应检验中，参考汪丽娟和孔群喜（2014）、纪玉俊和赵娜（2016）的做法，将市场化改革的代理变量——对外开放水平作为门槛变量加以考察。检验结果见表7-15。

表7-15　长江经济带市场化改革门槛效应检验结果

门槛变量	主要解释变量	估计值	门槛设置	F 值	P 值	临界值		
						10%	5%	1%
FG	AG	11.23	单一门槛	50.53***	0.0000	17.711	20.751	27.590
		11.23 0.09	二重门槛	6.93	0.5700	19.597	50.445	71.517
		0.33	三重门槛	9.80	0.4767	35.982	54.901	71.217
	CAG	11.23	单一门槛	39.66***	0.0033	18.575	22.046	30.963
		11.23 0.09	二重门槛	16.47	0.1567	28.727	45.472	60.959
		0.32	三重门槛	20.09	0.4833	45.814	56.983	78.971

注：*** 表示在1%的统计水平上显著。

结果表明，无论是以单一产业集聚还是产业协同集聚作为核心解释变量，对外开放水平作为门槛变量均显著通过单一门槛检验，而未通过二重门槛和三重门槛检验。这说明无论长江经济带是单一产业集聚还是产业协同集聚作为核心解释变量，对外开放水平对全要素能源效率均存在单一门槛值。在门槛效应检验后，可进一步估算出以长江经济带单一产业集聚作为核心解释变量、对外开放水平作为门槛变量时，门槛值为11.23；以产业协同集聚作为核心解释变量、对外开放水平作为门槛变量时，门槛值为11.23。上述结果亦验证了单一产业集聚和产业协同集聚能否有利于提高全要素能源效率会受到市场化改革的影响。

5. 政府干预的门槛效应检验

参考师博和沈坤荣（2013）、潘雅茹等（2017）的研究，将政府干预作为门槛变量加以考察。结果（见表7-16）表明，以单一产业集聚作为核心解释变量、政府干预作为门槛变量时，显著通过了单一门槛检验，而未通过二重门槛和三重门槛检验，说明政府干预对全要素能源效率均存在单一门槛值。在门槛效应检验后，可进一步估算以长江经济带单一产业集聚作为核心解释变量、政府干预作为门槛变量时，门槛值为

15.40。以产业协同集聚作为核心解释变量、政府干预作为门槛变量时，其单一门槛、二重门槛、三重门槛检验的 P 值均大于 0.1。可以得出结论：单一产业集聚能否有利于提高全要素能源效率会受到政府干预的影响，而产业协同集聚能否有利于提高全要素能源效率不会受到政府干预的影响。

表 7 - 16   长江经济带政府干预门槛效应检验结果

门槛变量	主要解释变量	估计值	门槛设置	F 值	P 值	临界值		
						10%	5%	1%
GOVIN	AG	15.40	单一门槛	29.28*	0.0967	29.019	34.146	44.832
		15.40 14.03	二重门槛	8.94	0.5833	23.697	31.119	49.242
		12.87	三重门槛	8.03	0.3867	15.394	22.612	36.130
	CAG	15.40	单一门槛	30.69	0.1133	32.077	38.419	49.012
		15.40 11.62	二重门槛	6.01	0.8533	22.205	32.372	50.604
		12.87	三重门槛	4.23	0.8067	16.074	22.971	38.469

注：* 表示在 10% 的统计水平上显著。

6. 经济发展水平的门槛效应检验

参考沈能等（2012）的做法，将经济发展水平作为门槛变量加以考察，结果（见表 7 - 17）表明，无论是以单一产业集聚还是产业协同集聚作为核心解释变量，当经济发展水平作为门槛变量时，均显著通过了单一和二重门槛检验，而未通过三重门槛检验。这说明无论长江经济带是单一产业集聚还是产业协同集聚作为核心解释变量，经济发展水平对全要素能源效率均存在二重门槛值。在门槛效应检验后，可进一步估算出以长江经济带单一产业集聚作为核心解释变量、经济发展水平作为门槛变量时，二重门槛值和单一门槛值分别为 11.64 和 10.82；以长江经济带产业协同集聚作为核心解释变量、经济发展水平作为门槛变量时，二重门槛值和单一门槛值分别为 11.64 和 10.82。上述结果亦验证了单一产业集聚和产业协同集聚能否有利于提高全要素能源效率会受到经济发展水平的影响。

表 7 - 17　长江经济带经济发展水平门槛效应检验结果

门槛 变量	主要 解释变量	估计值	门槛设置	F 值	P 值	临界值		
						10%	5%	1%
ECO	AG	11.64	单一门槛	29.08*	0.0667	25.668	30.078	41.709
		11.64 10.82	二重门槛	20.38*	0.0867	19.995	24.708	31.969
		9.67	三重门槛	9.14	0.5133	17.180	19.635	27.902
	CAG	11.64	单一门槛	43.59***	0.0033	29.307	31.633	39.215
		11.64 10.82	二重门槛	24.46*	0.0967	22.952	28.514	39.372
		9.24	三重门槛	7.82	0.6900	18.088	20.977	27.219

注：*、*** 分别表示在 10%、1% 的统计水平上显著。

（三）基于门槛效应的进一步检验

根据不同门槛变量检验结果，进一步对单一产业集聚和产业协同集聚模型门槛效应进行实证研究。在单一产业集聚模型门槛效应实证研究中，从产业集聚水平、能源结构调整、市场化改革、政府干预、经济发展水平五个方面探讨在不同门槛变量作用下，长江经济带单一产业集聚对全要素能源效率的影响。在产业协同集聚模型门槛效应实证研究中，从能源结构调整、市场化改革、经济发展水平三个方面探讨在不同门槛变量作用下，长江经济带产业协同集聚对全要素能源效率的影响。

1. 单一产业集聚模型门槛效应实证分析

当长江经济带第三产业集聚水平未跨过门槛时，第三产业集聚与全要素能源效率在 10% 的显著水平上呈正相关关系（见表 7 - 18）。当第三产业集聚水平跨过门槛后，第三产业集聚对全要素能源效率的影响为负，且并不显著。这说明在第三产业集聚初期，第二产业与具有关联性的第三产业在市场需求增加下不断产生新的产业链和业务链，第三产业受集聚区第二产业技术进步影响，逐渐产生具有一定规模的产业链集群，在规模经济效益和技术溢出效应的作用下，对全要素能源效率的提高产生了促进作用。但是，在产业集聚后期，与第二产业相关联的生产性服务业在集聚区内逐渐饱和，第三产业与第二产业之间的外部融合动力逐渐消失，第三产业内部融合水平开始扩大。随着第三产业集聚水平的提升，生产性服务业与生活性服务业间的内部融合逐渐成为第三产业发展重心，而第二、第三产业没有进一步融合发展，则间接抑制了全要素能源效率的提升。

表 7 - 18　长江经济带产业集聚门槛模型回归估计

变量	第三产业集聚水平	
	$AG_2 \leqslant 1.127$	$AG_2 > 1.127$
AG_2	0.132*	-0.051
INS	-0.219	0.310
EDU	0.003	-0.031
$ENER$	0.018***	-0.014
SRI	0.044***	0.004
FG	-0.010***	0.009
$GOVIN$	-0.014	0.152**
ECO	-0.020	-0.294***
ES	0.0001	0.0001
URB	0.0001	0.0010
MC	0.002	-0.067***
常数	0.694***	1.699**
N	1782	218

注：*、**、*** 分别表示在10%、5%、1%的统计水平上显著。

不同地区产业集聚门槛效应检验结果显示，以第二产业集聚作为门槛变量时，长江经济带上下游地区均通过了单一门槛检验，中游地区未通过门槛检验；以第三产业集聚作为门槛变量时，长江经济带下游地区通过了单一门槛检验，中上游地区均未通过单一门槛检验。上述三种情况下的进一步回归检验结果（见表 7 - 19）显示，当长江经济带第二产业集聚水平未跨过门槛时，上游地区第二产业集聚与全要素能源效率呈正相关关系，下游地区第二产业集聚与全要素能源效率呈负相关关系，且两者都不显著。当第二产业集聚水平跨过门槛后，下游地区第二产业集聚对全要素能源效率的影响呈显著正相关，说明随着第二产业集聚水平不断提高，在规模经济效益和技术溢出效应作用下，第二产业集聚水平的提高能够有效促进下游地区全要素能源效率的提高。除此以外，对于长江经济带上游地区而言，推进市场化改革和提高城市化水平有利于已跨过门槛的长江经济带全要素能源效率的提高；对于长江经济带下游地区而言，提高经济发展水平和城市化水平有利于尚未跨过第二产业门槛的长江经济带全要素能源效率的提高，调整能源消费结构、增加科研投入、加强政府干预有利于已跨过第二产业门槛的长江经济带全要素能源效率的提高。

表 7-19 长江经济带不同地区产业集聚门槛模型回归估计

变量	上游地区（第二产业）		下游地区（第二产业）		下游地区（第三产业）	
	$AG \leqslant 0.46$	$AG > 0.49$	$AG \leqslant 1.17$	$AG > 1.17$	$AG_2 \leqslant 0.706$	$AG_2 > 0.706$
AG	3.954	0.193	-0.229	3.048**	-0.858	0.279
INS	-9.220	-0.447	1.045*	-6.020***	-3.927***	0.098
EDU	-0.128	0.042	0.008	-0.660***	-0.251	0.021
$ENER$	1.968	0.003	0.004	0.204*	0.119	0.010
SRI	-3.042	-0.010	0.007	0.157***	0.019	0.014*
FG	0.282	0.017*	-0.011***	0.007	0.022	-0.009***
$GOVIN$	0.149	-0.007	-0.032	0.307*	0.115	-0.020
ECO	1.895	-0.144***	0.117**	0.329	0.379	0.144***
ES	-0.0003	-0.0001	-0.0001	0.0001	-0.0001	-0.0001**
URB	0.051	0.004***	0.002*	0.001	-0.001	0.001
MC	0.148	-0.073***	-0.073*	-0.178	0.150	-0.072
常数	-17.040	1.469***	-0.448	-3.355**	-0.231	-0.971*
N	16	481	438	62	34	466

注：*、**、***分别表示在10%、5%、1%的统计水平上显著；当 $0.46 < AG \leqslant 0.49$ 时，因上游地区观测值（$N=3$）过少无法测度，故在表格中省略。

能源消费结构调整下长江经济带单一产业集聚对全要素能源效率影响的回归估计结果（见表 7-20）显示，在跨过能源结构调整门槛前，长江经济带第二产业集聚与全要素能源效率在1%的显著水平上呈负相关关系。在跨过门槛后，长江经济带第二产业集聚的影响在1%的显著水平上呈正相关关系。这说明能源消费结构调整能够有效降低煤炭、石油等非清洁能源消费，减少高耗能行业在经济部门的占比，抑制二氧化碳等环境污染物的产生，促进经济部门整体能源效率的提高。除此以外，调整第二产业结构、加强科研投入有利于尚未跨过门槛的长江经济带全要素能源效率提高，推进市场化改革、提高城市化水平、提高市场竞争力有利于已经跨过门槛的长江经济带全要素能源效率的提高。

表 7 – 20　长江经济带能源消费结构调整门槛模型回归估计

变量	ENER ≤ 8.1	ENER > 8.1
AG	− 0.419 ***	1.996 ***
INS	0.497 **	− 3.949 ***
EDU	− 0.001	0.089
SRI	0.065 ***	0.003
FG	− 0.008 ***	0.022 *
GOVIN	− 0.001	− 0.050
ECO	− 0.021	− 0.133
ES	0.0001	− 0.0001
URB	− 0.0001	0.0070 *
MC	− 0.009	0.229 **
常数	0.798 ***	1.227
N	1853	147

注：*、**、*** 分别表示在 10%、5%、1% 的统计水平上显著。

长江经济带市场化改革门槛模型回归估计结果（见表 7 – 21）表明，在跨过市场化改革门槛前，长江经济带第二产业集聚与全要素能源效率在 5% 的显著水平上呈负相关关系。在跨过市场化改革门槛后，长江经济带第二产业集聚与全要素能源效率呈负相关关系，且不显著。这说明当对外开放质量较差时，由于对引入资金的审核缺乏高规格门槛，对外开放流入国内的产业多为高污染、高能耗产业，外商直接投资在废气约束下会显著降低全要素能源环境效率。在市场化改革过程中，由于我国出口产品结构主要以低技术附加值和粗放式生产的加工贸易品为主，其竞争优势并非来自高技术含量，亦无法提高全要素能源效率。但是，提高经济发展水平能够促进已经跨过门槛的长江经济带全要素能源效率的提高。

表 7 – 21　长江经济带市场化改革门槛模型回归估计

变量	$FG \leqslant 11.23$	$FG > 11.23$
AG	– 0.294 **	– 0.333
INS	0.251	0.827
EDU	– 0.005	– 1.553 ***
ENER	0.004	– 0.168
SRI	0.013 *	– 0.322 *
GOVIN	– 0.008	0.324
ECO	– 0.011	1.472 *
ES	0.0001	– 0.0001
URB	0.001	– 0.007
MC	– 0.006	– 0.260
常数	0.739 ***	– 8.134 **
N	1961	39

注：*、**、*** 分别表示在 10%、5%、1% 的统计水平上显著。

长江经济带政府干预门槛模型回归估计结果（见表 7 – 22）表明，在跨过政府干预门槛前，长江经济带第二产业集聚与全要素能源效率在 1% 的显著水平上呈负相关关系。在跨过政府干预门槛后，长江经济带第二产业集聚与全要素能源效率在 5% 的显著水平上呈正相关关系。这说明我国目前正处于经济新常态和市场化发挥决定性作用的时期，政府干预会降低全要素能源环境效率和能源绩效效率。地方政府对当地经济干预得越多，该地区的市场经济自由度就会越低，政府对市场的过度干预会限制市场机制作用的发挥，抑制私有资金进入，造成市场自由竞争力的匮乏。但在政府干预后期，地方政府作为市场调控者，能够在一定程度上引导经济实现稳步发展。同时，由于能源消费产生的环境污染具有很强的负外部性，政府干预能够有效促进企业节能减排，推进企业对绿色技术的推广与应用。除此以外，调整能源消费结构、提高科研投入有利于尚未跨过门槛的长江经济带全要素能源效率的提高，而适当降低人力资本投入则有利于已经跨过门槛的长江经济带全要素能源效率的提高。

表 7 - 22　长江经济带政府干预门槛模型回归估计

变量	$GOVIN \leq 15.406$	$GOVIN > 15.406$
AG	- 0.395 ***	1.345 **
INS	0.455 *	- 2.973 ***
EDU	- 0.001	- 0.480 **
ENER	0.021 ***	- 0.007
SRI	0.048 ***	0.007
FG	- 0.007 ***	0.007
ECO	- 0.022	0.359
ES	0.0001	0.0001
URB	- 0.0001	0.008
MC	- 0.007	- 0.331
常数项	0.735 ***	- 0.100
N	1930	70

注：*、**、*** 分别表示在 10%、5%、1% 的水平上显著。

　　长江经济带经济发展水平门槛模型回归估计结果（见表 7 - 23）显示，在跨过经济发展水平一重门槛前，长江经济带第二产业集聚与全要素能源效率在 1% 的显著水平上呈负相关关系。在跨过二重门槛后，长江经济带第二产业集聚与全要素能源效率在 10% 的显著水平上呈正相关关系。这说明，经济发展水平越高，当地市场竞争越激烈，越能激励企业，尤其是民营企业提高效益，降低成本，从而间接促进当地产业能源效率的提高；经济发展水平越高，物质基础越丰厚，地方政府越有充足财政收入支持当地低碳发展，促进企业节能减排，提高能源效率。除此以外，调整第二产业结构有利于尚未跨过门槛的长江经济带全要素能源效率的提高，提高科研投入、加强政府干预则有利于已经跨过二重门槛的长江经济带全要素能源效率的提升。

表 7 - 23　长江经济带经济发展水平门槛模型回归估计

变量	$ECO \leqslant 10.82$	$10.82 < ECO \leqslant 11.64$	$ECO > 11.64$
AG	-0.605***	0.078	0.606*
INS	1.014***	-0.238	-0.583
EDU	-0.025	-0.029	-0.206**
ENER	0.003	0.018	-0.013
SRI	0.010	0.014	0.028*
FG	-0.002	-0.013*	0.002
GOVIN	-0.012	-0.067	0.305***
ES	0.0001	-0.0001	0.0001
URB	-0.0004	0.0060**	-0.0080***
MC	-0.008	-0.125*	0.129
常数	0.760***	1.285**	-2.260*
N	1489	418	93

注：*、**、***分别表示在10%、5%、1%的统计水平上显著。

2. 产业协同集聚模型门槛效应实证分析

长江经济带能源结构调整门槛模型回归估计结果（见表 7 - 24）显示，在跨过能源结构调整门槛前，长江经济带产业协同集聚与全要素能源效率呈正相关关系，且不显著。在跨过门槛后，长江经济带产业协同集聚与全要素能源效率在1%的显著水平上呈正相关关系。这说明能源消费结构调整能够有效降低煤炭、石油等非清洁能源消费，减少高耗能行业在经济部门占比，抑制二氧化碳等环境污染物的产生，促进经济部门整体能源效率的提高。此外，加强科研投入有利于尚未跨过门槛的长江经济带全要素能源效率提高，推进市场化改革、提高城市化水平、提高市场竞争力有利于已跨过门槛的长江经济带全要素能源效率的提高，这与单一产业集聚实证结果保持一致。

表 7 - 24　长江经济带能源结构调整门槛模型回归估计（协同）

变量	$ENER \leqslant 8.1$	$ENER > 8.1$
CAG	0.062	1.576***

续表

变量	$ENER \leq 8.1$	$ENER > 8.1$
INS	− 0.212 **	− 2.282 ***
EDU	− 0.004	0.111
SRI	0.067 ***	− 0.002
FG	− 0.008 ***	0.027 **
GOVIN	− 0.006	− 0.074
ECO	− 0.028	− 0.087
ES	0.0001	− 0.0001
URB	− 0.0002	0.0070 *
MC	− 0.009	0.279 **
常数	0.825 ***	0.560
N	1853	147

注：* 、** 、*** 分别表示在10% 、5% 、1% 的统计水平上显著。

长江经济带市场化改革门槛模型回归估计结果（见表7 - 25）显示，在跨过市场化改革门槛前，长江经济带产业协同集聚与全要素能源效率呈正相关关系，且不显著。在跨过市场化改革门槛后，长江经济带产业协同集聚与全要素能源效率在5%的显著水平上呈正相关关系。这说明，市场化改革能够有效推动进出口贸易和提高对外开放水平，正向溢出效应与学习效应能够刺激良性竞争，带动能源效率的提升。对外开放能带来国内部门和开放部门的关联效益、出口部门的学习效应、进口贸易的技术溢出效应。通过大量引进和吸收国外先进的生产设备、生产技术和管理经验，市场化改革能够有效降低单位产出所需的能源消耗，提高全要素能源效率。此外，加强科研投入有利于尚未跨过门槛的长江经济带全要素能源效率的提高，调整产业结构、加强政府干预、降低市场竞争力度则有利于已跨过门槛的长江经济带全要素能源效率的提升。

表7 - 25　长江经济带市场化改革门槛模型回归估计（协同）

变量	$FG \leq 11.23$	$FG > 11.23$
CAG	0.062	4.453 **

续表

变量	$FG \leq 11.23$	$FG > 11.23$
INS	− 0.246 **	5.500 **
EDU	− 0.006	− 0.898 *
ENER	0.004	− 0.300
SRI	0.013 *	− 0.393 **
GOVIN	− 0.011	0.480 **
ECO	− 0.016	0.809
ES	0.0001	− 0.0001
URB	0.001	− 0.011
MC	− 0.005	− 0.453 **
常数	0.741 ***	− 13.337 ***
N	1961	39

注：*、**、*** 分别表示在 10%、5%、1% 的统计水平上显著。

　　长江经济带经济发展水平门槛模型回归估计结果（见表 7 − 26）显示，在跨过经济发展水平一重门槛前，长江经济带产业协同集聚与全要素能源效率呈正相关关系，且不显著；在跨过经济发展水平二重门槛前，长江经济带产业协同集聚与全要素能源效率的影响呈负相关关系，且不显著；在跨过经济发展水平二重门槛后，长江经济带产业协同集聚与全要素能源效率呈正相关关系，且不显著。此外，提高城市化水平有利于尚未跨过二重门槛的长江经济带全要素能源效率提高；提高科研投入，加强政府干预则有利于已经跨过二重门槛的长江经济带全要素能源效率提高。经济发展水平越高，地方政府越有充足的财政收入支持当地低碳发展，从而促进企业节能减排，提高全要素能源效率。

表 7 − 26　长江经济带经济发展水平门槛模型回归估计（协同）

变量	$ECO \leq 10.82$	$10.82 < ECO \leq 11.64$	$ECO > 11.64$
CAG	0.012	− 0.041	0.206
INS	− 0.152	− 0.201	0.060
EDU	− 0.031 *	− 0.031	− 0.183 *
ENER	0.003	0.019	− 0.018

变量	$ECO \leqslant 10.82$	$10.82 < ECO \leqslant 11.64$	$ECO > 11.64$
SRI	0.011	0.014	0.030 *
FG	− 0.001	− 0.013 *	− 0.003
GOVIN	− 0.016	− 0.063	0.295 ***
ES	0.0001	− 0.0001	0.0001
URB	− 0.001	0.006 **	− 0.008 ***
MC	− 0.010	− 0.125 *	0.081
常数	0.826 ***	1.351 *	− 2.074 *
N	1489	418	93

注：*、**、***分别代表在10%、5%、1%的统计水平上显著。

三 长江经济带产业集聚对全要素能源效率的空间溢出效应

（一）模型设定与数据选择

1. 空间相关性分析

本节设定了两种距离权重矩阵，一种是基于长江经济带沿线11省市和100个地级以上行政单元的 queen 邻接关系构建地理距离权重矩阵，另一种是同时基于地理和经济距离权重的经济地理空间权重矩阵，并采用莫兰指数 I（Moran's I）和 General G 指数对被解释变量和核心解释变量进行检验。结果显示，对于长江经济带省域而言，全要素能源效率、单一产业集聚和产业协同集聚的 Moran's I 值均不十分显著，本章节在实证研究中将着重使用非空间面板模型对省域数据加以考察。对于长江经济带市域而言，以地理距离权重矩阵作为空间权重矩阵时，城市的全要素能源效率、单一产业集聚和产业协同集聚的 Moran's I 值分别为 0.2364、0.1136、0.1024，且均在 1% 的水平上显著；而以经济 - 地理作为空间权重矩阵时，长江经济带地级及以上城市全要素能源效率、单一产业集聚和产业协同集聚 Moran's I 值分别为 0.2277、0.1135、0.1024，均在 1%

的水平上显著，反映了长江经济带城市全要素能源效率、单一产业集聚和产业协同集聚均存在显著的空间相关关系。在实证研究中将分别使用空间面板模型和非空间面板模型对市域数据进行对比考察，并重点考察地理因素和空间溢出效应带来的影响。表 7 – 27 为 1997 ~ 2016 年基于 queen 邻接关系的地理距离权重的长江经济带市域全要素能源效率 Moran's I 值与聚类水平。

表 7 – 27 1997 ~ 2016 年长江经济带全要素能源效率 Moran's I 值与聚类水平

年份	Moran's I 值	General G	年份	Moran's I 值	General G
1997	0. 343 ***	高值聚类	2007	0. 180 *	高值聚类
1998	0. 147 ***	高值聚类	2008	0. 263 ***	高值聚类
1999	0. 180 ***	高值聚类	2009	0. 353 ***	高值聚类
2000	0. 154 ***	高值聚类	2010	0. 366 ***	高值聚类
2001	0. 138 **	高值聚类	2011	0. 240 ***	低值聚类
2002	0. 263 ***	高值聚类	2012	0. 396 ***	高值聚类
2003	0. 168 ***	低值聚类	2013	0. 373 ***	高值聚类
2004	0. 251 ***	高值聚类	2014	0. 273 ***	高值聚类
2005	0. 080 *	高值聚类	2015	0. 251 ***	高值聚类
2006	0. 086 *	低值聚类	2016	0. 223 ***	高值聚类

注：*、**、*** 分别代表在 10% 、5% 、1% 的统计水平上显著。

2. 空间面板模型设定

为进一步考察单一产业集聚、产业协同集聚对全要素能源效率的空间效应，首先需要对空间面板模型进行选择，即通过 LM 检验，在不包括空间交互作用的面板模型、空间固定效应模型、时间固定效应模型和双向固定效应模型中进行选择。若要使用空间和时间双向固定效应模型，还需进一步检验空间固定效应和时间固定效应的联合显著性。不同面板模型的系数估计和 LM 检验结果如表 7 – 28 所示。

表 7 – 28 不同面板模型的系数估计和 LM 检验

变量	模型（1）	模型（2）	模型（3）	模型（4）
W	经济 – 地理距离权重			
AG	0. 749 *		1. 949 ***	

续表

变量	模型（1）	模型（2）	模型（3）	模型（4）
AG^2			- 0. 319 ***	
CAG		0. 087 *		- 3. 030 ***
CAG^2				2. 035 ***
INS	- 1. 617 *	- 0. 063	- 2. 766 ***	- 0. 529 ***
EDU	0. 001	0. 001	0. 001	- 0. 001
ENER	0. 013 ***	0. 012 ***	0. 012 ***	- 0. 002
SRI	0. 012 *	0. 012 *	0. 011 *	0. 046 ***
FG	- 0. 005 ***	- 0. 005 ***	- 0. 004 **	0. 001
GOVIN	0. 001	0. 001	0. 001	- 0. 001
ECO	0. 0010 ***	0. 0001 ***	0. 0001 ***	0. 0001 ***
ES	- 0. 0010	- 0. 0010	- 0. 0010	- 0. 0002 ***
URB	0. 0003	0. 0010	0. 0010	- 0. 0030 ***
MC	- 0. 010	- 0. 002	- 0. 002	0. 030 ***
R^2	0. 0877	0. 0878	0. 0916	0. 2926
Log*lik*	544. 7693	544. 8408	549. 0566	- 391. 3079
LM_lag	17. 7972 ***	19. 6531 ***	16. 8414 ***	109. 7746 ***
LM_error	19. 4140 ***	23. 2471 ***	21. 0281 ***	96. 3507 ***
空间固定效应 LR 检验	1919. 2673 ***	1921. 4442 ***	1927. 8252 ***	1872. 3808 ***
时间固定效应 LR 检验	191. 0059 ***	207. 8134 ***	199. 4479 ***	206. 8671 ***

注：*、**、*** 分别表示在 10%、5%、1% 的水平上显著。
资料来源：根据 Matlab 软件测算结果整理。

模型（1）检验结果显示，空间固定效应 LR 检验与时间固定效应 LR 检验在 1% 的显著性水平上拒绝原假设，说明模型应同时包含时间与空间双向固定效应。LM_error 统计量和 LM_lag 统计量检验均在 1% 的显著性水平上拒绝原假设，说明 SAR 模型和 SEM 模型从理论上应该同时成立。但是，LM_error 统计量（19. 4140）大于 LM_lag 统计量（17. 7972），且 Robust_LM_error 和 Robust_LM_lag 均不显著，由此可以初步判断对于模型（1）而言，空间误差模型比空间滞后模型更为合理。为了确定空间面板模型的最终形式，需通过 Wald 检验统计量判断 SDM

模型是否可以简化为 SAR 模型和 SEM 模型。计算出空间滞后和空间误差 Wald 检验统计量分别为 29.1514（P = 0.0022）和 29.6511（P = 0.0018），两者均通过 1% 的显著性水平检验；SDM 模型与 SAR 模型的检验统计量为 32.0864（P = 7.3874e − 04），SDM 模型与 SEM 模型的检验统计量为 30.3706（P = 0.0014），均显著大于 1% 的水平临界值。最后，通过 Hausman 检验的统计量为 214.0899（P = 0.0000），说明采用固定效应的 SDM 模型进行分析较好。

模型（2）检验结果与模型（1）相似。LM_error 统计量和 LM_lag 统计量检验均在 1% 的显著性水平上拒绝原假设，说明 SAR 模型和 SEM 模型从理论上应该同时成立。但是，LM_error 统计量（23.2471）大于 LM_lag 统计量（19.6531），且 Robust_LM_error 显著而 Robust_LM_lag 不显著，由此可初步判断对于模型（2）而言，空间误差模型比空间滞后模型更为合理。接着，计算出空间滞后和空间误差 Wald 检验统计量分别为 32.5040（P = 6.3285e − 04）和 31.4050（P = 9.4962e − 04），两者均通过 1% 的显著性水平检验；SDM 模型与 SAR 模型的检验统计量为 37.4182（P = 9.8036e − 05），SDM 模型与 SEM 模型的检验统计量为 33.6734（P = 4.0895e − 04），均显著大于 1% 的水平临界值。最后，通过 Hausman 检验的统计量为 151.8603（P = 0.0000），说明采用固定效应的 SDM 模型进行分析较好。

模型（3）检验结果显示，LM_error 统计量和 LM_lag 统计量检验均在 1% 的显著性水平上拒绝原假设，说明 SAR 模型和 SEM 模型从理论上应该同时成立。但是，LM_error 统计量（21.0281）大于 LM_lag 统计量（16.8414），且 Robust_LM_error 显著而 Robust_LM_lag 不显著，由此可初步判断对于模型（3）而言，空间误差模型比空间滞后模型更为合理。接着，计算出空间滞后和空间误差 Wald 检验统计量分别为 29.8924（P = 0.0029）和 29.9578（P = 0.0028），两者均通过 1% 的显著性水平检验；SDM 模型与 SAR 模型的检验统计量为 33.6036（P = 7.7874e − 04），SDM 模型与 SEM 模型的检验统计量为 31.1463（P = 0.0019），均显著大于 1% 水平的临界值。最后，通过 Hausman 检验的统计量为 157.2496（P =

0.0000），说明采用固定效应的 SDM 模型进行分析较好。

模型（4）检验结果显示，时间固定效应 LR 检验、空间固定效应 LR 检验在 1% 的显著性水平均拒绝原假设。LM_error 统计量和 LM_lag 统计量检验均在 1% 的显著性水平上拒绝原假设，说明 SAR 模型和 SEM 模型从理论上同时成立。但是，LM_lag 统计量（109.7746）大于 LM_error 统计量（96.3507），且 Robust_LM_error 显著而 Robust_LM_lag 不显著，由此可初步判断对于模型（4）而言，空间误差模型比空间滞后模型更为合理。接着计算出空间滞后和空间误差 Wald 检验统计量分别为 32.5262（P = 0.0011）和 31.4476（P = 0.0017），两者均通过 1% 的显著性水平检验；SDM 模型与 SAR 模型的检验统计量为 37.7900（P = 1.6618e – 04），SDM 模型与 SEM 模型的检验统计量为 34.0016（P = 6.7416e – 04），均显著大于 1% 水平的临界值。最后，通过 Hausman 检验的统计量为 198.8175（P = 0.0000），说明采用固定效应的 SDM 模型进行分析较好。

根据空间计量模型的选择原理，采用空间杜宾模型作为空间交互效应分析工具，构建空间杜宾模型如下：

$$TFEE_{it} = \delta WTFEE_{jt} + \beta AG_{it} + \eta X_{it} + \theta WAG_{jt} + \mu WX_{jt} + \mu_i + \upsilon_t + \varepsilon_{it} \quad (7-16)$$

式中，W 是空间权重矩阵，$WTFEE$ 是被解释变量的空间滞后项，δ、θ、μ 是对应变量的空间滞后项系数或系数向量。

进一步地，考虑到全要素能源效率可能同时存在动态效应和空间溢出效应，因此参考程中华等（2017）的做法，将时间滞后项与空间滞后项同时纳入空间面板模型，构建动态空间面板模型如下：

$$TFEE_{it} = \tau TFEE_{i(t-1)} + \rho + \sum_{j=1}^{N} W_{ij} TFEE_{jt} + \beta AG_{it} + \theta(AG_{it})^2$$
$$+ \delta X_{it} + \mu_i + \upsilon_t + \varepsilon_{it} \quad (7-17)$$

$$\varepsilon_{it} = \eta \sum_{j=1}^{N} W_{ij} \varepsilon_{jt} + u_{it} \quad (7-18)$$

式中，τ 是被解释变量 $TFEE$ 的一阶滞后项回归系数；ρ 是对应变量的空间滞后项系数；η 是空间误差系数；μ_i 和 υ_t 分别是地区效应和时间效应。

（二）空间溢出效应研究

1. 静态空间面板模型的线性分析

采用一般静态模型和静态空间面板模型，考察长江经济带产业集聚对全要素能源效率的线性影响。

（1）单一产业集聚对全要素能源效率影响的线性估计

①静态空间面板模型回归结果。如表 7 - 29 所示，空间误差模型（SEM）和空间杜宾模型（SDM）的空间滞后项回归系数都在 1% 的水平上显著为正，这说明采用非空间面板模型会忽略区域间外部性和空间效应对长江经济带全要素能源效率的影响。对比一般静态模型和静态空间面板模型的结果，在一般静态模型中，长江经济带第二产业集聚与全要素能源效率在 1% 的显著水平上呈负相关关系，在静态空间面板模型中，尽管长江经济带第二产业集聚对本地全要素能源效率的影响并不显著，但第二产业集聚对邻近城市的影响在 1% 的水平上显著为正，说明与本地相比，单一产业集聚的知识溢出效应更能有效促进邻近地区全要素能源效率的提高。此外，在静态空间面板模型中，能源消费结构、科研投入和经济发展水平对本地全要素能源效率影响显著为正；人力资本投入对邻近地区的全要素能源效率的影响显著为正。这说明能源消费结构调整、科研投入增加以及经济发展水平的提高均能促进当地全要素能源效率的提高，人力资本投入增加则能有效促进邻近地区全要素能源效率的提高。上述结果亦验证了单一产业集聚能否有利于提高全要素能源效率受到空间效应的影响。

表 7 - 29 长江经济带单一产业集聚对全要素能源效率线性影响的估计结果

变量	一般静态模型		静态空间面板模型	
	OLS	FE	SEM	SDM
AG	- 1.025 ***	- 0.539 ***	0.589	0.084
INS	1.399 ***	0.672 ***	- 1.311	- 0.332
EDU	- 0.001	- 0.001	- 0.001	- 0.001

续表

变量	一般静态模型		静态空间面板模型	
	OLS	FE	SEM	SDM
ENER	− 0.003	0.009 *	0.013 ***	0.015 ***
SRI	0.055 ***	0.014 **	0.014 **	0.014 **
FG	0.003	− 0.006 ***	− 0.005 ***	− 0.005 **
GOVIN	− 0.001 **	− 0.001	0.001	0.001
ECO	0.001 ***	0.001 ***	0.001 ***	0.001 ***
ES	− 0.003 ***	− 0.001 ***	− 0.001	− 0.001
URB	− 0.002 ***	0.001	0.003	0.002
MC	0.031 ***	− 0.005	− 0.005	− 0.004
$W \times AG$	—	—	—	2.585 ***
$W \times INS$	—	—	—	− 4.751 ***
$W \times EDU$	—	—	—	0.001 ***
$W \times ENER$	—	—	—	− 0.010
$W \times SRI$	—	—	—	− 0.028
$W \times FG$	—	—	—	0.003
$W \times GOVIN$	—	—	—	− 0.001 ***
$W \times ECO$	—	—	—	0.001
$W \times ES$	—	—	—	− 0.001 **
$W \times URB$	—	—	—	0.001
$W \times MC$	—	—	—	− 0.017
常数	0.677 ***	0.557 ***	0.821 ***	0.790 ***
Spat. aut	—	—	0.152 ***	—
$W \times dep. var$	—	—	—	0.135 ***
R²	0.2564	—	0.7282	0.7363
Loglik	− 462.1215	—	554.1631	570.1930
N	2000	2000	2000	2000

注：*、**、***分别表示在10%、5%、1%的统计水平上显著。

②直接效应与间接效应估计。采用偏微分法，按解释变量对被解释变量的影响来源，将空间计量模型解释变量系数估计值分解为直接效应和间接效应，直接效应显著为正说明本地解释变量对本地全要素能源效率产生了正向影响，直接效应显著为正说明本地解释变量对相邻地区全

要素能源效率产生了正向影响。基于空间和时间双向固定效应 SDM 模型估计了解释变量对全要素能源效率的直接与间接效应。考虑空间效应对实证结果影响极大，为了更加直观地反映考虑空间效应时单一产业集聚对全要素能源效率的影响，将进一步考察解释变量对全要素能源效率的直接与间接效应。

如表 7 - 30 所示，第二产业集聚对全要素能源效率的间接效应在 1% 的水平上显著为正，证实了长江经济带单一产业集聚具有明显的空间外部性。此外，能源消费结构、科研投入和经济发展水平对全要素能源效率的直接效应显著为正，人力资本投入对全要素能源效率的间接效应显著为正，证实长江经济带能源消费结构、科研投入和经济发展水平具有显著的本地效应，而人力资本投入具有明显的溢出效应。

表 7 - 30　长江经济带单一产业集聚对全要素能源效率的直接和间接效应估计结果

变量	直接效应	间接效应	总体效应
AG	0.165	2.905 ***	3.069 ***
INS	- 0.477	- 5.368 ***	- 5.845 ***
EDU	- 0.0001	0.0001 ***	0.0001 ***
ENER	0.014 ***	- 0.010	0.004
SRI	0.014 **	- 0.028	- 0.015
FG	- 0.005 ***	0.002	- 0.002
GOVIN	0.001	- 0.001 ***	- 0.001 **
ECO	0.001 ***	0.001	0.001 ***
ES	- 0.001	- 0.001 **	- 0.001 **
URB	0.002	0.001	0.001
MC	- 0.005	- 0.021	- 0.026

注：**、*** 分别表示在 5%、1% 的统计水平上显著。

（2）产业协同集聚对全要素能源效率影响的线性估计

①静态空间面板模型回归结果（见表 7 - 31）。SDM 模型和 SEM 模型的空间滞后项回归系数都在 1% 的水平显著为正，证明了采用空间面板模型的必要性。通过对比一般静态模型和静态空间面板模型结果，可

以看出，无论在一般静态模型中还是在静态空间面板模型中，长江经济带产业协同集聚对本地全要素能源效率的影响均显著为正，但是产业协同集聚对邻近城市的影响在1%的水平上显著为负，说明产业协同集聚能够有效促进当地全要素能源效率的提高，但是会对邻近地区全要素能源效率产生抑制作用。其原因可能在于当地产业协同集聚吸引了其他地区优质生产要素流动，促使经济资源在邻近地区的重新分配，从而对邻近地区全要素能源效率带来了负溢出效应。除此以外，在静态空间面板模型中，能源消费结构、科研投入和经济发展水平对本地全要素能源效率的影响显著为正，人力资本投入对邻近地区全要素能源效率的影响显著为正，这一结果与单一产业集聚结果保持一致。上述结果亦验证了产业协同集聚能否有利于提高全要素能源效率会受到空间效应的影响。

②直接效应与间接效应估计（见表7-32）。为更加直观地反映考虑空间效应时产业协同集聚对全要素能源效率的影响，进一步考察了解释变量对全要素能源效率的直接和间接效应。产业协同集聚对全要素能源效率的间接效应在1%的水平上显著为负，证实了长江经济带产业协同集聚具有明显的负向空间溢出效应。此外，能源消费结构、科研投入和经济发展水平对全要素能源效率的直接效应均显著为正，人力资本投入对全要素能源效率的间接效应显著为正，证实长江经济带能源消费结构、科研投入和经济发展水平具有显著的本地效应，而人力资本投入则具有明显的溢出效应。

表7-31 长江经济带产业协同集聚对全要素能源效率线性影响的估计结果

变量	一般静态模型		静态空间面板模型	
	OLS	FE	SEM	SDM
CAG	0.020	0.104 *	0.123 **	0.100 *
INS	- 0.627 ***	- 0.289 ***	- 0.071	- 0.138
EDU	- 0.001 ***	- 0.001	0.001	- 0.001
ENER	- 0.003	0.006	0.012 ***	0.012 ***
SRI	0.06 ***	0.012 *	0.013 **	0.014 **
FG	0.003	- 0.006 ***	- 0.005 ***	- 0.005 **

续表

变量	一般静态模型		静态空间面板模型	
	OLS	FE	SEM	SDM
GOVIN	− 0. 001 ***	− 0. 001 ***	0. 001	0. 001
ECO	0. 001 ***	0. 001 ***	0. 001 ***	0. 001 ***
ES	− 0. 001 ***	− 0. 001 ***	− 0. 001	− 0. 001
URB	− 0. 0002 ***	− 0. 0001	0. 0002	− 0. 0001
MC	0. 030 ***	− 0. 004	− 0. 001	− 0. 003
W × *CAG*	—	—	—	− 0. 355 ***
W × *INS*	—	—	—	0. 339 *
W × *EDU*	—	—	—	0. 0001 ***
W × *ENER*	—	—	—	− 0. 010
W × *SRI*	—	—	—	− 0. 024
W × *FG*	—	—	—	0. 003
W × *GOVIN*	—	—	—	− 0. 001
W × *ECO*	—	—	—	0. 0001
W × *ES*	—	—	—	− 0. 001 **
W × *URB*	—	—	—	0. 001
W × *MC*	—	—	—	− 0. 022
常数	0. 660 ***	0. 442 ***	0. 078 **	0. 133 *
Spat. aut	—	—	0. 168 ***	–
W × *dep. var*	—	—	—	0. 147 ***
R^2	0. 2447	—	0. 7282	0. 7375
Loglik	− 477. 7261	—	556. 1957	574. 0943
N	2000	2000	2000	2000

注：*、**、***分别表示在10%、5%、1%的统计水平上显著。

表 7 – 32 长江经济带产业协同集聚对全要素能源效率的直接和间接效应估计结果

变量	直接效应	间接效应	总体效应
CAG	0. 086	− 0. 385 ***	− 0. 299 **
INS	− 0. 123	0. 367 *	0. 244
EDU	− 0. 001	0. 001 ***	0. 001 ***
ENER	0. 012 ***	− 0. 009	0. 003
SRI	0. 014 **	− 0. 025	− 0. 012
FG	− 0. 005 ***	0. 003	− 0. 002

续表

变量	直接效应	间接效应	总体效应
GOVIN	0.001	−0.001***	−0.001**
ECO	0.001***	0.001	0.001***
ES	−0.001	−0.001**	−0.001**
URB	0.001	0.001	0.001
MC	−0.004	−0.026*	−0.030*

注：*、**、*** 分别表示在 10%、5%、1% 的统计水平上显著。

2. 静态空间面板模型的非线性分析

为了进一步考察长江经济带单一产业集聚和产业协同集聚与全要素能源效率之间除了线性关系是否还存在非线性关系，分别将单一产业集聚变量和产业协同集聚变量的平方项作为解释变量引入静态空间面板模型中，考察单一产业集聚和产业协同集聚与全要素能源效率的非线性关系。

（1）单一产业集聚对全要素能源效率影响的非线性估计

①静态空间面板模型回归结果。如表 7-33 所示，SEM 模型和 SDM 模型的空间滞后项回归系数都在 1% 的水平上显著为正，这说明采用非空间面板模型会忽略区域间外部性和空间效应对长江经济带全要素能源效率的影响。从静态空间面板模型的结果看出，长江经济带单一产业集聚与全要素能源效率之间存在非线性关系，即单一产业集聚在一定范围内促进当地全要素能源效率的提升，但集聚到一定程度后，单一产业集聚会对本地全要素能源效率产生抑制作用。同时，单一产业集聚对邻近地区的全要素能源效率影响虽不显著，但也存在非线性关系，即单一产业集聚最初不会对邻近地区全要素能源效率产生较为显著影响，但集聚到一定程度后，单一产业集聚会对邻近地区全要素能源效率产生促进作用。此外，能源消费结构、科研投入和经济发展水平对本地全要素能源效率的影响显著为正，人力资本投入对邻近地区全要素能源效率的影响显著为正，与前文实证结果保持一致。

表 7 - 33　长江经济带单一产业集聚对全要素能源效率非线性影响的估计结果

变量	一般静态模型		静态空间面板模型	
	OLS	FE	SEM	SDM
AG	− 1. 228 ***	− 2. 627 **	1. 865 ***	1. 132 *
AG^2	0. 099	1. 368 **	− 0. 340 ***	− 0. 282 **
INS	1. 416 ***	0. 661 ***	− 2. 534 **	− 1. 332
EDU	− 0. 001	− 0. 001	0. 001	− 0. 001
$ENER$	− 0. 002	0. 009 *	0. 012 ***	0. 014 ***
SRI	0. 055 ***	0. 014 **	0. 013 *	0. 013 **
FG	0. 003	− 0. 006 ***	− 0. 004 **	− 0. 004 **
$GOVIN$	− 0. 001 **	− 0. 001	0. 001	0. 001
ECO	0. 001 ***	0. 001 ***	0. 001 ***	0. 001 ***
ES	− 0. 001 ***	− 0. 001 ***	− 0. 001	− 0. 001
URB	− 0. 0020 ***	0. 0001	0. 0020	0. 001
MC	0. 028 ***	− 0. 005	− 0. 001	− 0. 001
$W \times AG$	—	—	—	0. 953
$W \times AG^2$	—	—	—	0. 437 **
$W \times INS$	—	—	—	− 3. 173 *
$W \times EDU$	—	—	—	0. 001 ***
$W \times ENER$	—	—	—	− 0. 011
$W \times SRI$	—	—	—	− 0. 028
$W \times FG$	—	—	—	0. 003
$W \times GOVIN$	—	—	—	− 0. 001 ***
$W \times ECO$	—	—	—	− 0. 001
$W \times ES$	—	—	—	− 0. 001 **
$W \times URB$	—	—	—	0. 001
$W \times MC$	—	—	—	− 0. 021
常数	0. 770 ***	1. 916 ***	1. 253 ***	0. 839 ***
$Spat. aut$	—	—	0. 151 ***	—
$W \times dep. var$	—	—	—	0. 138 ***
R^2	0. 2568	—	0. 7294	0. 7377
$Loglik$	− 461. 5583	—	559. 1255	575. 5945
N	2000	2000	2000	2000

注: * 、** 、*** 分别表示在 10% 、5% 、1% 的统计水平上显著。

②直接效应与间接效应估计。为更加直观地反映考虑空间效应时单

一产业集聚对全要素能源效率的影响，我们进一步考察了解释变量对全要素能源效率的直接和间接效应。如表 7 - 34 所示，第二产业集聚对全要素能源效率的直接效应在 10% 的水平上显著为正，间接效应不显著。产业集聚平方的直接效应在 5% 的水平上显著为负，间接效应在 10% 的水平上显著为正，证实了长江经济带单一产业集聚对本地全要素能源效率具有明显的本地效应和门槛效应，对邻近地区的全要素能源效率具有门槛效应，随着集聚水平提升，单一产业集聚对邻近地区的空间溢出效应逐渐变得显著。

表 7 - 34　长江经济带单一产业集聚对全要素能源效率的直接和间接效应估计结果

变量	直接效应	间接效应	总体效应
AG	1. 139 *	1. 289	2. 427 *
AG^2	- 0. 265 **	0. 448 *	0. 184
INS	- 1. 407	- 3. 859 *	- 5. 266 **
EDU	- 0. 001	0. 001 ***	0. 001 ***
$ENER$	0. 013 ***	- 0. 01	0. 003
SRI	0. 012 *	- 0. 029	- 0. 017
FG	- 0. 004 **	0. 002	- 0. 002
$GOVIN$	0. 001	- 0. 001 ***	- 0. 001 **
ECO	0. 001 ***	0. 001	0. 001 ***
ES	- 0. 001	- 0. 001 **	- 0. 001 **
URB	0. 001	0. 001	0. 001
MC	- 0. 002	- 0. 025	- 0. 027

注：*、**、***分别表示在 10%、5%、1% 的统计水平上显著。

（2）产业协同集聚对全要素能源效率影响的非线性估计

①静态空间面板模型回归结果。从表 7 - 35 可以看出，长江经济带产业协同集聚对全要素能源效率的影响在 1% 的水平上显著为负，且产业协同集聚与全要素能源效率之间存在非线性关系，即产业协同集聚在一定范围内会抑制当地全要素能源效率的提升，但集聚到一定程度后，产业协同集聚会对本地全要素能源效率产生促进作用。产业协同集聚对

邻近地区全要素能源效率影响不显著，不存在"倒 U"形关系。此外，能源消费结构、科研投入、经济发展水平和市场竞争力对本地的全要素能源效率影响显著为正，市场化改革、经济发展水平和城市化水平对邻近地区全要素能源效率的影响显著为正。

表 7 - 35　长江经济带产业协同集聚对全要素能源效率非线性影响的估计结果

变量	一般静态模型		静态空间面板模型	
	OLS	FE	SEM	SDM
CAG	- 3. 141 ***	- 0. 342	- 2. 874 ***	- 2. 844 ***
CAG^2	2. 101 ***	0. 237	1. 922 ***	1. 842 ***
INS	- 0. 547 ***	- 0. 128 **	- 0. 587 ***	- 0. 679 ***
EDU	- 0. 001 **	- 0. 001	- 0. 001	- 0. 001 **
$ENER$	- 0. 003 *	- 0. 001	0. 001	0. 004 **
SRI	0. 060 ***	0. 015 ***	0. 042 ***	0. 030 ***
FG	0. 003	0. 001	- 0. 002	- 0. 006 ***
$GOVIN$	- 0. 001 ***	- 0. 001	0. 001	0. 001
ECO	0. 001 ***	0. 001 ***	0. 001 ***	0. 001 ***
ES	- 0. 001 ***	- 0. 001	- 0. 001	- 0. 001
URB	- 0. 002 ***	- 0. 001 **	- 0. 003 ***	- 0. 003 ***
MC	0. 022 **	0. 012 **	0. 028 ***	0. 019 **
$W \times CAG$	—	—	—	- 0. 085
$W \times CAG^2$	—	—	—	- 0. 023
$W \times INS$	—	—	—	0. 473 ***
$W \times EDU$	—	—	—	0. 0001
$W \times ENER$	—	—	—	- 0. 008 **
$W \times SRI$	—	—	—	- 0. 022
$W \times FG$	—	—	—	0. 012 ***
$W \times GOVIN$	—	—	—	- 0. 001 ***
$W \times ECO$	—	—	—	0. 001 ***
$W \times ES$	—	—	—	- 0. 001 ***
$W \times URB$	—	—	—	0. 001 ***
$W \times MC$	—	—	—	- 0. 03 *

续表

变量	一般静态模型		静态空间面板模型	
	OLS	FE	SEM	SDM
常数	1.775 ***	0.252 **	0.973 ***	1.324 ***
Spat. aut	—	—	0.29 ***	
W × dep. var	—	—	—	0.229 ***
R²	0.2632	—	0.3003	0.3926
N	2000	2000	2000	2000

注：*、**、***分别表示在10%、5%、1%的统计水平上显著。

②直接效应与间接效应估计。为更加直观地反映考虑空间效应时产业协同集聚对全要素能源效率的影响，我们进一步考察了解释变量对全要素能源效率的直接和间接效应。如表7-36所示，产业协同集聚的直接效应在1%的水平上显著为负，间接效应为负，但不显著。产业协同集聚平方的直接效应在1%的水平上显著为正，间接效应为正，但不显著。证实了长江经济带产业协同集聚具有本地效应和门槛效应，而对邻近地区不具有空间外部性和门槛效应，说明产业协同集聚到一定程度后，产业协同集聚会促进当地全要素能源效率的提升。

表7-36 长江经济带产业协同集聚对全要素能源效率的直接和间接效应估计结果

变量	直接效应	间接效应	总体效应
CAG	-2.898 ***	-0.901	-3.799 ***
CAG²	1.872 ***	0.492	2.364 ***
INS	-0.664 ***	0.392 **	-0.272
EDU	-0.001 **	0.001	0.001
ENER	0.003 *	-0.009 **	-0.006
SRI	0.030 ***	-0.018	0.011
FG	-0.005 **	0.013 ***	0.008 *
GOVIN	-0.001	-0.001 ***	-0.001 ***
ECO	0.001 ***	0.001 ***	0.001 ***
ES	-0.001 **	-0.001 ***	-0.001 ***
URB	-0.003 ***	-0.001	-0.002 **
MC	0.017 *	-0.031	-0.014

注：*、**、***分别表示在10%、5%、1%的统计水平上显著。

3. 动态空间面板模型实证分析

比较静态空间面板模型、动态非空间面板模型和动态空间面板模型后发现：与动态空间面板模型相比，动态非空间面板模型未考虑单一产业集聚和产业协同集聚对被解释变量的空间效应；静态空间面板模型未考虑被解释变量一阶滞后项表征的潜在因素，前一期的被解释变量一般通过社会环境、经济发展等途径表现出来，代表了文化、制度等其他外在环境因素对被解释变量的贡献与影响。简言之，动态空间面板模型可以更加客观地反映实际情况。

（1）单一产业集聚对全要素能源效率的动态空间溢出效应

①动态空间面板模型回归结果。如表7-37所示，对比三个模型可以看出，滞后一期的被解释变量回归系数在1%的水平上显著为正，表明全要素能源效率的上一期水平会对下一期产生显著的正向影响，说明除产业集聚外，制度、文化等其他外在因素对长江经济带全要素能源效率的贡献极大。上一期全要素能源效率提高1个百分点，能带动当期全要素能源效率提升0.787个百分点。从具有空间和时间固定效应的动态空间面板模型结果可以看出，长江经济带第二产业集聚与全要素能源效率之间在1%的水平上呈显著正相关，而第二产业集聚的平方项系数却在5%的水平上显著为负，说明单一产业集聚与全要素能源效率之间存在"倒U"形关系。从动态非空间面板模型看，未考虑空间效应的结果并不显著。从只考虑空间固定效应的动态空间面板模型结果看，忽略了时间固定效应是导致结果不显著的直接原因之一。此外，在具有空间和时间固定效应的动态空间面板模型中，能源消费结构和经济发展水平对全要素能源效率的影响显著为正，说明能源消费结构调整与经济发展水平提高能够促进全要素能源效率的提升。

表7-37　长江经济带单一产业集聚对全要素能源效率动态空间溢出效应估计结果

变量	动态非空间面板模型	动态空间面板模型	
	SYS-GMM	No time dummies	Time dummies
$TFEE\ (t-1)$	0.787 ***	0.561 ***	0.541 ***

续表

变量	动态非空间面板模型	动态空间面板模型	
	SYS-GMM	No time dummies	Time dummies
AG	−0.231*	−0.166	1.605***
AG^2	0.018	−0.022	−0.203**
INS	0.248	0.140	−2.540***
EDU	−0.001	−0.001	0.001
$ENER$	−0.001	0.005	0.007*
SRI	0.014***	0.007	0.006
FG	0.001	−0.002	−0.002
$GOVIN$	−0.001	−0.001	0.001
ECO	0.001***	0.001	0.001***
ES	−0.001	−0.001	−0.001
URB	−0.001**	−0.001	−0.001
MC	0.013**	0.009	0.007
$W \times dep.\,var$		0.094***	0.059***
R^2		0.7829	0.7955
$Loglik$		715.9803	674.4199
N	1900	1900	1900

注：*、**、***分别表示在10%、5%、1%的统计水平上显著。

②直接效应与间接效应估计。长江经济带单一产业集聚对全要素能源效率的直接和间接效应，是由具有空间和时间固定效应的动态空间面板模型估计得出的。如表7-38所示，第二产业集聚的直接效应在1%的水平上显著为正，间接效应为正，但并不显著。第二产业集聚平方对被解释变量的直接效应在10%的水平上显著为负，而间接效应不显著。这证实了长江经济带单一产业集聚对本地全要素能源效率具有显著的本地效应和门槛效应，对邻近地区的外部效应不明显。

表7-38　长江经济带单一产业集聚对全要素能源效率的直接和间接效应估计结果

变量	直接效应	间接效应	总体效应
AG	1.602***	0.234	1.836***
AG^2	−0.203*	−0.027	−0.229*
INS	−2.528***	−0.363	−2.891***
EDU	0.001	0.003	0.004

续表

变量	直接效应	间接效应	总体效应
ENER	0.008	0.004	0.011
SRI	0.008	0.004	0.011
FG	−0.001	0.003	0.002
GOVIN	0.001	0.003	0.004
ECO	0.001	0.003	0.004
ES	0.001	0.003	0.004
URB	0.001	0.003	0.003
MC	0.008	0.004	0.012

注：*、*** 分别表示在10%、1%的统计水平上显著。

（2）产业协同集聚对全要素能源效率的动态空间溢出效应

①动态空间面板模型回归结果。长江经济带产业协同集聚对全要素能源效率的动态空间溢出效应估计结果见表 7 – 39。对比三个模型可以看出，滞后一期的被解释变量回归系数在 1% 的水平上显著为正，表明全要素能源效率的上一期水平会对下一期产生显著的正向影响，上一期全要素能源效率每提高 1 个百分点，促进当期全要素能源效率提升 0.790个百分点。从具有空间和时间固定效应的动态空间面板模型结果看出，长江经济带产业协同集聚与全要素能源效率在 10% 的水平上显著正相关，而产业协同集聚的平方项系数却在 10% 的水平上显著为负，说明产业协同集聚与全要素能源效率之间存在"倒 U"形关系。从只考虑空间固定效应的动态空间面板模型结果看，忽略了时间固定效应是导致模型结果不显著的直接原因之一。此外，在具有空间和时间固定效应的动态空间面板模型中，能源消费结构和经济发展水平对全要素能源效率的影响显著为正，说明能源消费结构调整与经济发展水平提高能够促进全要素能源效率的提升，与单一产业集聚的实证结果保持一致。

表 7 – 39　长江经济带产业协同集聚对全要素能源效率动态空间溢出效应估计结果

变量	动态非空间面板模型	动态空间面板模型	
	SYS-GMM	No time dummies	Time dummies
TFEE (*t* − 1)	0.790 ***	0.565 ***	0.542 ***

续表

变量	动态非空间面板模型	动态空间面板模型	
	SYS-GMM	No time dummies	Time dummies
CAG	− 0. 231 *	0. 506	0. 324 *
CAG²	0. 018	− 0. 288	− 0. 180 *
INS	0. 248	− 0. 230 ***	− 0. 097 **
EDU	− 0. 001	− 0. 001	0. 001
ENER	− 0. 001	0. 004	0. 007 **
SRI	0. 014 ***	0. 006	0. 007
FG	0. 001	− 0. 002	− 0. 002
GOVIN	− 0. 001	− 0. 001	0. 001
ECO	0. 001 ***	0. 001 ***	0. 001 ***
ES	− 0. 001	− 0. 001	− 0. 001
URB	− 0. 001 **	− 0. 001	− 0. 001
MC	0. 013 **	0. 011	0. 006
$W \times dep.\ var$		0. 094 *** (6. 51)	0. 062 *** (3. 926)
R^2		0. 7828	0. 7948
Loglik		714. 6106	669. 1997
N	1900	1900	1900

注：*、**、*** 分别表示在10%、5%、1% 的统计水平上显著。

②直接效应与间接效应估计。如表7-40所示，长江经济带产业协同集聚对全要素能源效率的直接效应在10%的水平上显著为正，间接效应为正，但并不显著。产业协同集聚平方对被解释变量的直接效应在10%的水平上显著为负，间接效应为负，但并不显著。证实长江经济带产业协同集聚与单一产业集聚一样，均对本地全要素能源效率具有明显的本地效应和门槛效应，但对邻近地区全要素能源效率的门槛效应和外部效应不显著。

表7-40　长江经济带产业协同集聚对全要素能源效率的直接和间接效应估计结果

变量	直接效应	间接效应	总体效应
CAG	0. 332 *	0. 053	0. 385 *

续表

变量	直接效应	间接效应	总体效应
CAG^2	−0.185*	−0.025	−0.209**
INS	−0.098	−0.012	−0.109
EDU	0.001	0.003	0.003
$ENER$	0.008	0.004	0.012
SRI	0.008	0.004	0.012
FG	−0.001	0.003	0.002
$GOVIN$	0.001	0.003	0.003
ECO	0.001	0.003	0.003
ES	0.001	0.003	0.003
URB	−0.001	0.003	0.003
MC	0.007	0.004	0.011

注：*、**分别表示在10%、5%的统计水平上显著。

四 研究结论与政策建议

（一）研究结论

本文基于1997～2016年省域和市域的面板数据，采用非径向规模报酬不变的、考虑非期望产出的 Meta-Frontier Super-SBM（Super-MSBM）模型测度长江经济带全要素能源效率，基于 Bootstrap 修正法消除单样本误差，运用 GML 指数法对全要素能源效率进行分解，系统构建产业集聚对全要素能源效率的线性关系与非线性关系理论分析框架，着重探讨了长江经济带产业集聚对全要素能源效率的门槛效应与空间效应，并采用一般静态和动态面板数据模型、静态和动态空间面板数据模型等计量方法进行实证检验，得出如下结论。

（1）长江经济带全要素能源效率水平呈波动下降态势，地区差异显著但在不断缩小。从整体层面看，长江经济带全要素能源效率水平整体呈下降趋势，研究期内全要素能源效率年均增长为−9.56%。在"十五"和"十二五"期间，技术效率是推动长江经济带全要素能源效率增长的主要动力；在"十一五"期间，技术进步是推动长江经济带全要素能源效率增长的主要原因。从现实角度来看，"十二五"以后，长江经济带产业结构发生了一系列调整，能源消费结构不断变化，加之外部冲击等，对长江经济带全要素能源效率缓慢下降造成不同程度影响。从区域层面看，长江经济带全要素能源效率的地区差异很大，上中下游地区差异显著。相比中上游地区，下游地区较早进入后工业化阶段，产业结构向低能耗、低污染行业倾斜。同时，下游地区煤品消费占能耗总量比例相对较低，促使其全要素能源效率始终保持在 1 以上。以上海为首的下游地区和中游地区部分省市产业结构逐渐或已经发生了转型，国有大中型重工业企业生产方式的转变（放弃部分高能耗、高污染的生产方式）及社会能源消费方式的转变（减少对煤炭等高能耗、高污染能源的消费），促进全要素能源效率的提高。

（2）长江经济带产业集聚对全要素能源效率的影响存在门槛效应。单一产业集聚和产业协同集聚与全要素能源效率之间存在"倒 U"形关系。以单一产业集聚作为门槛变量，当第三产业集聚水平未跨过门槛时，第三产业集聚能够效促进全要素能源效率的提高；当跨过门槛后，第三产业集聚对全要素能源效率的作用由正转负，且不显著。这说明在第三产业集聚初期，第二产业与具有关联性的第三产业在市场需求增加下不断产生新产业链和业务链，第三产业受集聚区第二产业技术进步的影响，逐渐产生具有一定规模的产业链集群，在规模经济效益和技术溢出效应的作用下，对全要素能源效率的提高产生了促进作用。但是，在第三产业集聚后期，与第二产业相关联的生产性服务业在集聚区内逐渐饱和，第三产业与第二产业之间的外部融合动力逐渐消失，第三产业内部融合水平开始扩大，随着第三产业集聚水平的提升，生产性服务业与生活性服务业间的内部融合成为第三产业发展重心，第二、第三产业没有进一步融合发展则间接抑制了全要素能源效率的提升。

（3）能源结构调整、市场化改革、政府干预、经济发展水平等因素也是产业集聚影响全要素能源效率的门槛变量。以能源结构调整作为门槛变量，当能源消费结构未跨过门槛时，单一产业集聚抑制全要素能源效率提高，产业协同集聚对全要素能源效率的作用不明显；当跨过门槛后，单一产业集聚与产业协同集聚显著促进全要素能源效率提升。以市场化改革作为门槛变量，当市场化改革未跨过门槛时，单一产业集聚会抑制全要素能源效率的提高，产业协同集聚对全要素能源效率作用不明显；当跨过门槛后，产业协同集聚能显著促进全要素能源效率的提升，单一产业集聚作用不明显。以政府干预作为门槛变量，当政府干预未跨过门槛时，单一产业集聚会抑制全要素能源效率的提高；当跨过门槛后，单一产业集聚能够显著促进全要素能源效率的提升。以经济发展水平作为门槛变量，当经济发展水平未跨过一重门槛时，单一产业集聚会抑制全要素能源效率的提高，当跨过二重门槛后，单一产业集聚能够有效提升全要素能源效率。

（4）长江经济带产业集聚对全要素能源效率的影响存在空间溢出效应。由静态空间面板模型的实证分析可知，单一产业集聚对本地全要素能源效率具有显著的本地效应和门槛效应，对邻近地区的全要素能源效率具有门槛效应，随着集聚水平提升，单一产业集聚对邻近地区的空间溢出效应逐渐显著。长江经济带产业协同集聚对本地全要素能源效率具有显著的本地效应和门槛效应，产业协同集聚在一定范围内会抑制当地全要素能源效率的提升，但集聚到一定程度后，产业协同集聚会对当地全要素能源效率产生促进作用。而产业协同集聚对邻近地区全要素能源效率不具有明显空间外部性和门槛效应。此外，能源消费结构、科研投入和经济发展水平对本地全要素能源效率的影响显著为正，人力资本投入对邻近地区全要素能源效率的影响显著为正，说明能源消费结构调整、科研投入增加以及经济发展水平的提高均能促进当地全要素能源效率的提高，而人力资本投入的增加则能有效促进邻近地区全要素能源效率的提高。由动态空间面板模型的实证分析可知，除了产业集聚以外，制度、文化等其他外在因素也会对长江经济带全要素能源效率产生极大的影响。

（二）政策建议

1. 推动长江经济带产业集聚向高级阶段发展，打造绿色能源产业集聚区

（1）提升单一产业集聚质量。单一产业集聚对全要素能源效率的提高存在一定的抑制作用，其原因在于单一产业集聚对全要素能源效率的影响会随着集聚水平的提高发生变化，这一影响在长江经济带下游地区表现得尤为明显，第二产业集聚的门槛效应使得只有当下游地区集聚水平高于 1.170 时，产业集聚才能有效促进当地全要素能源效率的提高。由此可见，要想提高长江经济带全要素能源效率，首先需要提升当地单一产业集聚质量。为了达到这一目的，地方政府可从以下几个方面进行服务与管理：一是积极引导具有极强关联性的同行业或具有前后关联性的高污染行业进驻同一产业区，借助产业集聚外部性降低内部成本与能源消耗，促进节能减排；二是针对不同行业性质，设置碳税、能源税、环境税等一系列税种，并将利益平衡协调机制、市场化运行机制、经济激励机制和公众参与机制统一纳入能耗管理体系中，吸引高污染行业向园区集中；三是从基础设施、平台建设、引入新技术等方面改善集聚区发展环境，从而提高整个园区的能源效率投入。

（2）加强产业协同集聚程度。产业协同集聚对全要素能源效率的提高并不十分显著，但产业协同集聚对全要素能源效率的影响会随着产业协同集聚水平的提高发生变化，这一变化在长江经济带下游地区十分明显，产业协同集聚的门槛效应使得只有当下游地区产业协同集聚水平高于 0.758 时，产业协同集聚才有可能促进当地全要素能源效率的提高。此外，当产业协同集聚作为解释变量时，产业协同集聚与全要素能源效率之间呈显著的正相关关系，这说明第二、第三产业关联度的增加，能有效促进产业间融合发展，有效促进全要素能源效率的提高。为加强产业融合发展，提高产业协同集聚水平，相关部门可以从四个方面着手：一是进一步推进生产性服务业与制造业深度融合；二是加快信息技术服务与生产制造融合；三是推动生产性服务业与制造业向服务型制造方向发展；四是打造全球现代服务业与先进制造业中心，搭建服务、制造一体化融合平台。地方政府需重点发展高附加值、高增值环节和总部经济，加快培育以技术、品牌、质量、服务为核心的竞争新优势，打造若干规模和水平居国际前列的先进制造业集群，形成现代产业体系。

（3）坚持区域协同发展。长江经济带下游地区全要素能源效率均值高于中上游地区，由于下游地区较早进入后工业化阶段，产业结构更倾向低耗能、低污染行业，而以安徽、湖北、湖南、四川为代表的上、中游地区省市因煤炭消耗占比过大，严重影响了全要素能源效率的提高。为了改变这一现状，需从两方面着手：一方面，不同地区需根据当地产业发展水平、地理环境、资源配置、市场需求供给等实际情况，制定短、中、长期发展目标与合理的宏观规划；另一方面，长江经济带不同地区需积极加强区域间交流与合作，为提高全要素能源效率寻找最佳路径。为此，地方政府可从以下几个方面开展交流合作：一是在当地产业集聚区搭建服务、制造一体化平台的同时，进一步升级以多个邻近区域为主体的集服务、制造于一体的多元化平台；二是通过打破不同产业的地域壁垒，促进不同地区生产要素随着市场需求变化自由流动，这对邻近地区调整资源配置有直接作用，地方政府可根据要素流动实际情况，进一步完善市场配套设施，促进当地金融业、通信业、物流业等行业的发展。

2. 落实创新驱动发展战略，发挥科技潜力，为降低能源消耗、提高长江经济带全要素能源效率创造良好环境

（1）强化技术进步，深化科技创新。长江经济带科研投入增加能够有效促进本地全要素能源效率的提高，这说明当地产业集聚能否促进全要素能源效率的提高非常依赖技术进步与科技创新。为了发挥长江经济带的科技潜力，可从以下几方面入手：一是积极引进高新技术产业及其配套企业，提高集聚区竞争力，促进优胜劣汰，为打造科技产业园创造环境优势；二是加大人力资本投入，人力资本与科研投入对提高企业能源效率不可或缺，人力资本投入方向主要包括吸引环保领域国内外专家、培养专业性环保人员、定期开展人才交流活动等方面，产业集聚区的劳

动力池共享效应则能将人力资本投入的影响力进一步扩大；三是加强与周边研究所、高校、研究型企业的联系，打造以科技产业园、高校、科研机构、地方政府为核心的四方平台，实现知识溢出效应最大化。

（2）完善政府职能，推进制度创新。长江经济带地方政府干预程度越高，越不利于本地全要素能源效率的提高。当政府干预程度超过15.406 的门槛值时，产业集聚却能有效促进全要素能源效率。由此可见，政府干预对当地全要素能源效率的影响不可一言蔽之。为此，地方政府可以从以下两方面完善职能。一是为当地集聚区发展建立能耗管理与评价体系，针对不同性质企业设计相应的考评方式，以达到提高能效、节能减排的目的。二是完善财税激励政策，积极助推企业绿色低碳技术的推广与应用。采取政府财政补贴（直接补贴、间接补贴、保费补贴）、专项技术投资基金（产业投资基金、股权投资基金、创业投资基金）、产业发展资金、财政补助（无偿补助、风险补助、业务补助、投资补助、事前立项事后补助、奖励性后补助、共享服务后补助）等方式，构建有利于长江经济带绿色低碳产业集聚发展的财税政策环境。

3. 发挥长江经济带对外开放门户作用，积极培育开放型产业，打造全球资源高效城市

坚持对外开放，加大清洁能源研发投入，完善产业布局，加强对内、对外合作。在一般情况下，对外开放水平会抑制长江经济带全要素能源效率的提升，但是随着对外开放水平的提高，单一产业集聚对长江经济带全要素能源效率的负面影响会逐渐降低，而过了市场化改革门槛值的产业协同集聚反而会促进长江经济带全要素能源效率的提升。因此，在坚持对外开放的过程中，一是为了增强知识溢出效应，需积极投入科研成本，实现自我突破，在产业集聚区的规模效益和共享机制推动下将核心节能技术应用于高污染高耗能产业；二是在地方政府的帮助下积极推广节能技术，在学习的过程中研发低耗能低污染技术，优化流程工序，降低成本，提高能源利用率。

参考文献

白俊、连立帅：《国企过度投资溯因：政府干预抑或管理层自利》，《会计研究》2014 年第 2 期，第 41～48 页。

陈龙、李金昌、程开明：《中国城市能源效率测算》，《商业经济与管理》2016 年第 7 期，第 83～96 页。

陈平、罗艳：《中国工业生态全要素能源效率异质性研究——基于 SBM-Undesirable 和 Meta-Frontier 模型的分析》，《商业研究》2017 年第 4 期，第 154～160 页。

程中华、李廉水、刘军：《产业集聚有利于能源效率提升吗》，《统计与信息论坛》2017 年第 3 期，第 70～76。

丁黄艳、任毅、蒲坤明：《长江经济带工业能源效率空间差异及影响因素研究》，《西部论坛》2016 年第 1 期，第 27～34 页。

樊纲、王小鲁、朱恒鹏：《中国市场化指数：各地区市场化相对进程 2011 年报告》，经济科学出版社，2011，第 346～409 页。

纪玉俊、赵娜：《产业集聚有利于提高能源效率吗？——基于产业集聚度与对外开放水平的门槛回归模型检验》，《北京理工大学学报》（社会科学版）2016 年第 4 期，第 19～27 页。

江静、马莹：《中国服务业全要素能源效率：测度与影响因素》，《北京工商大学学报》（社会科学版）2018 年第 5 期，第 23～32 页。

李荣杰、张磊、赵领娣：《能源开发、人力资本与全要素能源效率》，《北京理工大学学报》（社会科学版）2016 年第 1 期，第 30～37 页。

马晓君、魏晓雪、刘超等：《东北三省全要素能源效率测算及影响因素分析》，《中国环境科学》2017 年第 2 期，第 777～785 页。

潘文卿：《中国区域经济差异与收敛》，《中国社会科学》2010 年第 1 期，第 72～84 页。

潘雅茹、陈峥、罗良文：《产业集聚影响全要素能源效率的非线性特征研究——基于中国能源行业数据的实证分析》，《华东经济管理》2017 年第 11 期，第 121～126 页。

沈能、刘凤朝：《空间溢出、门槛特征与能源效率的经济增长效应》，《中国人口·资源与环境》2012 年第 5 期，第 153～157 页。

师博、沈坤荣：《政府干预、经济集聚与能源效率》，《管理世界》2013 年第 10 期，第 6～18 页。

孙畅：《长江经济带服务业全要素生产率增长的测度与分析》，《统计与决策》2017
年第 10 期，第 135～138 页。

陶长琪、李翠、王夏欢：《环境规制对全要素能源效率的作用效应与能源消费结构
演变的适配关系研究》，《中国人口·资源与环境》2018 年第 4 期，第 98～
108 页。

汪丽娟、孔群喜：《集聚、贸易开放与能源效率——基于门槛面板模型检验》，《天
津商业大学学报》2014 年第 6 期，第 28～34 页。

王保忠、刘阳：《基于环境效应的"丝绸之路经济带"全要素能源效率研究——基
于中国段 17 个城市的实证分析》，《资源开发与市场》2018 年第 4 期，第 463～
470 页。

王凯、李娟、唐宇凌等：《中国服务业能源消费碳排放量核算及影响因素分析》，
《中国人口·资源与环境》2013 年第 5 期，第 21～28 页。

吴延瑞：《生产率对中国经济增长的贡献：新的估计》，《经济学》（季刊）2008 年
第 3 期，第 827～842 页。

肖挺：《我国省份间服务业全要素生产率的检验分析》，《云南财经大学学报》2017
年第 2 期，第 70～82 页。

肖亚朋、周申蓓：《基于 SBM-undesirable 和 Meta-frontier 模型的能源效率研究》，
《环境科学与管理》2016 年第 2 期，第 25～29 页。

杨莉莉、邵帅、曹建华等：《长三角城市群工业全要素能源效率变动分解及影响因
素——基于随机前沿生产函数的经验研究》，《上海财经大学学报》2014 年第 3
期，第 95～102 页。

杨骞、刘华军：《技术进步对全要素能源效率的空间溢出效应及其分解》，《经济评
论》2014 年第 6 期，第 54～62 页。

于斌斌：《生产性服务业集聚与能源效率提升》，《统计研究》2018 年第 4 期，第 30～
40 页。

张同斌、宫婷：《中国工业化阶段变迁、技术进步与能源效率提升——基于时变参
数状态空间模型的实证分析》，《资源科学》2013 年第 9 期，第 1772～1781 页。

赵吉欢：《产业结构调整对我国能源效率影响的空间计量分析》，硕士学位论文，安
徽财经大学，2018，第 35 页。

赵领娣、兰佳驹、张磊：《人力资本与全要素能源效率》，《科技管理研究》2015 年
第 14 期，第 198～205 页。

郑畅:《能源效率的地区差异及其影响因素分析——以长江流域七省二市为实证》,《江西社会科学》2009 年第 9 期, 第 101~104 页。

Barro, R. J. , Sala-i-Martin, X. , "Public finance in models of economic growth," *Review of Economic Studies* 59 (1996): 645 – 661.

Dhakal, S. , "Urban energy use and carbon emissions from cities in China and policy implications," *Energy Policy* 37 (2009): 4208 – 4219.

Guo, I. , Lee, H. , Lee, D. , "An integrated model for slack-based measure of super – efficiency in additive DEA," *Omega* 67 (2017): 160 – 167.

Hansen, B. E. , "Sample splitting and threshold estimation," *Econometrica* 68 (2000): 575 – 604.

Hansen, B. E. , "Threshold effects in non-dynamic panels: Estimation, testing, and inference," *Journal of Econometrics* 93 (1999): 345 – 368.

Harris, R. D. , Tzavalis, E. , "Inference for unit roots in dynamic panels where the time dimension is Fixed," *Journal of Econometrics* 91 (1999): 201 – 226.

Im, K. S. , Pesaran, M. H. , Shin, Y. , "Testing for unit roots in heterogeneous panels," *Journal of Econometrics* 115 (2003): 53 – 74.

Li, J. , Lin, B. , "Ecological total-factor energy efficiency of China's heavy and light industries: Which performs better?," *Renewable and Sustainable Energy Reviews* 72 (2017): 83 – 94.

Tone, K. , "A slacks-based measure of super-efficiency in eata envelopment analysis," *European Journal of Operational Research* 143 (2002): 32 – 41.

Tone, K. , "Dealing with undesirable outputs in DEA: A slacks-based measure (SBM) approach," *GR IPS Re-Search Report Series I*, 2003, 0005.

第八章 长江经济带先进制造业与现代服务业融合发展研究

有效推进制造业和服务业融合发展，尤其是促进先进制造业和现代服务业深度融合，是科技革命和产业变革新背景下，加快长江经济带现代产业体系构建，将长江经济带建设成为引领我国经济高质量发展生力军的重要途径。

一 相关研究文献评述

（一）基于互动关联视角的制造业和服务业关系研究

关于制造业和服务业的互动关联，现有研究成果表明在制造业和服务业融合发展过程中，制造业和服务业的关系可概括为挤出说、偏利说和互惠说（于斌斌和胡汉辉，2014）。

挤出说认为制造业和服务业在有限资源区域内，存在对土地、资金、市场、基础设施等要素的竞争关系（郭帅等，2018；唐荣和冉珍梅，2019），制造业和服务业的融合发展过程中往往表现出较强的"排斥反应"或"替代效应"（于斌斌和胡汉辉，2014）。现代服务业并非仅以制造业为目标市场（Juleff-Tranter，1996），服务业和制造业在区域选择过程中也非完全的相互依赖。在制造业和服务业互动关联的过程中，挤出效应的典型结果是制造业和服务业在区位选择上的分离和错位（王思文等，2019），以及制造和服务市场的激烈竞争。伴随服务业的转型升级，现代服务业在政治、经济、文化等外部环境因素的综合影响下完成企业区位选择（Wernerheim and Sharpe，2003），与此同时，服务业业务类型的拓展提高了服务业区域的选择能力（傅春杨和陆江源，2019）。也有研究认为制造业和服务业互动发展过程受地区经济发展水平的影响，地区经济发展水平越高，制造业和服务业竞争越激烈（孙湘湘和周小亮，2018；梁军和从振楠，2019），制造业和服务业发展过程中的挤出效应越明显（Tregenna，2008；张川川，2015）。

偏利说认为制造业和服务业互动融合的过程，往往表现出一方单独主导、拉动、促进另一方发展的相互关系。制造业和服务业的偏利效应存在两种具体表现形式。制造业对服务业的偏利效应认为，制造业是服务业尤其是生产性服务业的需求部门（Ramaswamy，1999），制造业快速发展过程中对相关服务业的需求扩大（华广敏，2019），有利于服务业扩大规模（Goe，1991），促进服务业生产效率的提高（Illeris，2008；魏艳秋等，2018）。制造业转型升级过程中基于制造产品衍生出服务产品，呈现制造业服务化趋势（李同正等，2013），能够加快服务业转型升级、服务产品和业态创新（李蕾，2018）。服务业对制造业的偏利效应认为，服务业发展尤其是生产性服务业的快速发展能够为制造业高质量发展提供支撑（李永友和严岑，2018），服务业规模经济、技术外溢、制度效应、协同效应的发挥（高智和鲁志国，2019；韩峰和阳立高，2020），能促进制造业生产效率和竞争力的提升（华广敏，2015；丁博等，2019）。服务业的缺失不利于制造业和服务业形成合力，不利于制造业竞争力和生产率的提升（Francois，1990；Eswaran and Kotwal，2002）。服务业尤其是现代服务业的创新发展，能够提高服务产品的针对性和专业性，促进产品和服务市场交易成本的降低，实现制造业的高效发展。

互惠说则认为在制造业和服务业互动过程中，产业之间表现出相互依赖、促进、渗透、合作、融合的动态关联特征（Guerrieri and Meliciani，2005），制造业和服务业外溢效应同时发挥，实现制造业和服务业共赢共生发展（曲绍卫等，2019）。有研究认为制造业企业的创新升级（Hansen，1993），带来服务需求的深刻变化，进而促进服务业企业创新产品和服务以适应制造业企业需求；服务业的快速发展能够满足制造业企业的差异化需求（刘佳等，2014），降低制造业服务获得成本，提升制造业竞争力。较多学者认为信息技术的迅速发展是制造业和服务业互动关联的技术支撑（黄群慧等，2019），是促进制造业和服务业深度融合的基础。在此基础上，生产服务加强了技术沟通与合作（刘满凤和李昕耀，2017），知识溢出效应削弱了制造业和服务业的技术专用壁垒（吕政等，2006）。

制造业和服务业的互动关联是产业渗透、交叉重组的前提和基础，产业互动关联加速了制造业和服务业的互动融合（于斌斌和胡汉辉，2014）。基于互动关联视角关注制造业和服务业融合发展问题，能够有效厘清制造业和服务业融合发展的过程和机制。囿于区位异质性和时空差异性，制造业和服务业互动关联过程中表现出来的特征也具有特殊性和条件性（郭然和原毅军，2020；孙畅和郭元晞，2020），探究制造业和服务业融合发展过程中的互动关系，有必要关注经济区域、时期和产业类型的特殊性。

（二）制造业和服务业融合发展水平测度和影响因素研究

制造业和服务业融合过程呈现的复杂的动态性（綦良群和何宇，2017），一定程度上增加了融合水平测度的难度，现有关制造业和服务业融合发展水平的测度方法可以划分为多指标综合指数法和关联系数法两大类。多指标综合指数法是测度制造业和服务业融合发展水平应用最广泛的方法类型，通过制造业和服务业发展指标，借助统计方法确定各指标权重，最后计算得到制造业和服务业融合发展水平（白雪和雷磊，2014），如投入产出法（唐晓华和吴春蓉，2016；孔令夷和邢宁，2019）、耦合协调度模型（唐晓华等，2018）、系统耦合协调度模型（蒋辉等，2017）、赫芬达尔指数（Gambardella and Torrisi，1998）、AHP - 信息熵耦联评价模型（傅为忠等，2017）、专利系数法（沈蕾和靳礼伟，2015）、因子分析方法（桂黄宝等，2017）、熵权法、社会网络分析方法（刘洁等，2015）等。也有研究从制造业和服务业互动关联系数的角度，考察制造业和服务业融合的强弱程度，具体方法主要包括灰色关联分析法（刘川，2014；许学国等，2017）、向量自回归模型（魏艳秋和高寿华，2017）、结构方程模型、改进 Logistic 生长方程（于世海等，2019）等。

关于制造业和服务业融合发展的影响因素，现有研究多基于产业融合动力，从产业发展基础和外部环境两个方面对制造业和服务业融合发展的影响因素进行总结。制造业或服务业发展基础是决定不同产业类型，通过合作、渗透、重组形成新业态，提供新产品和服务的内在因素，具体包括产业规模（李宁等，2018）、技术水平（高智和鲁志国，2019）、企业创新能力（桂黄宝等，2017）、产业利润率（Cubbin and Geroski，1987）、科研经费支出（綦良群和何宇，2017）、行业交流（F. Lin and Y. Lin，2012）、企业决策（Yoffie，1996）等因素。外部环境因素是影响制造业和服务业融合发展的外在动力（王玉珍，2008），其中产业政策是影响制造业和服务业融合发展最主要的外部环境因素（杨仁发，2018；张虎和周楠，2019），具体包括税收优惠（王成东等，2015）、人才培养、科技研发投入（周晔，2010）、投融资政策、产学研协同政策、政府采购政策（桂黄宝等，2017）、法制监管等产业政策。影响制造业和服务业融合发展的其他外部因素还包括人力资本（张虎和周楠，2019）、产业发展基础设施、市场化程度（彭徽和匡贤明，2019）、外商直接投资等。

（三）长江经济带先进制造业和现代服务业融合发展研究

长江经济带的经济发展水平高、产业发展基础好，是我国先进制造业和现代服务业深度融合最具潜力的经济区域。总体而言，关于先进制造业和现代服务业融合的理论和实证研究已经开始关注长江经济带，但仍需进一步丰富。从研究内容看，现有关于长江经济带先进制造业和现代服务业融合发展的研究主要聚焦于融合发展水平测算（于世海等，2019）、影响因素检验（高寿华等，2018）、实现路径探索等话题（刘卓聪和刘蕲冈，2012）。从空间尺度看，关于长江经济带先进制造业和现代服务业融合发展的研究主要聚焦于浙江（郑吉昌和夏晴，2004；魏江和周丹，2011）、江苏（张晓莺，2011）、湖北（刘卓聪和刘蕲冈，2012）等省域，也有研究从长三角等特定地区考察长江经济带局部经济区域制造业和服务业的融合发展（王晓娟，2013；楚明钦，2016），长江经济带整体的研究则停留在制造业和服务业协同集聚、共生演化（史安娜和潘志慧，2018）、空间交互等方面（张晴云等，2018）。从研究方法看，现有研究以长江经济带先进制造业和现代服务业融合发展案例研究为主（刘兆麟，2012）。总体而言，关于长江经济带先进制造业和现代服务业融合发展的理论和量化研究有待进一步深入。

因此，本章侧重从互动关联视角，梳理制造业和服务业融合发展的理论机理，分析长江经济带先进制造业和现代服务业融合发展的演进过程，将空间因素引入耦合协调度模型，测算长江经济带沿线 11 省市先进制造业和现代服务业的融合发展水平，构建空间联立方程考察先进制造业和现代服务业融合发展过程中的互动关系，并考察先进制造业和现代服务业互动融合过程中的行业差异和空间差异。

二　先进制造业和现代服务业融合发展理论分析

借助 C－D 生产函数，运用最优化理论、自组织理论方法考察先进制造业和现代服务业融合发展趋势。研究表明，先进制造业和现代服务业深度融合发展是一个渐进的过程。在技术创新和产业政策调整的背景下，产业竞争与合作逐步加剧，先进制造业和现代服务业进入互动融合初始阶段；伴随现代服务业发展和市场需求的扩大，现代服务业生产边界向先进制造业渗透延伸，产业互动关联增强，先进制造业和现代服务业进入关联发展阶段；伴随先进制造业和现代服务业生产环境和产业链的交叉，原有生产方式和市场结构发生改变，先进制造业和现代服务业进入互动发展阶段；在科学技术快速发展的推动下，先进制造业和现代服务业不同细分行业相互交叉、渗透、延伸，产业管理、业务、市场、组织逐渐融合，形成新型产业形态，先进制造业和现代服务业进入深度融合阶段。

（一）融合发展趋势模型

假设现代服务业为先进制造业的先驱产业，考虑先进制造业和现代服务业生产函数仅包括资本（K）和劳动力（L）两种生产投入要素，先进制造业和现代服务业间存在沟通效率问题和传输损失。在先进制造业和现代服务业资本和劳动力投入（K_m、L_m、K_s、L_s）共同作用下，引入冰山系数衡量先进制造业和现代服务业投入产出保真系数。基于最优化理论，可得先进制造业和现代服务业发展最优化模型。

$$\max: Y_m = K_m^{\alpha_m} \cdot L_m^{\beta_m} \cdot (\theta Y_s)^{\gamma_m}$$

$$\text{s. t.} \begin{cases} Y_s = K_s^{\alpha_s} \cdot L_s^{\beta_s} \\ K_s^{\alpha_s} + K_m^{\alpha_m} = A \\ L_s^{\alpha_s} + L_m^{\alpha_m} = B \\ K_s^{\alpha_s} > 0, K_m^{\alpha_m} > 0, L_s^{\alpha_s} > 0, L_m^{\alpha_m} > 0 \end{cases} \tag{8-1}$$

先进制造业资本投入的产出贡献系数为 α_m，劳动力投入的产出贡献系数为 β_m，现代服务业资本投入的产出贡献系数为 α_s，劳动力投入的产出贡献系数为 β_s。先进制造业和现代服务业资本投入总量为 A，劳动力总投入为 B。模型选择 θ 作为冰山系数，代表先进制造业和现代服务业的业态保真水平，θ 越高，表明先进制造业和现代服务业的融合趋势越明显。基于拉格朗日条件极值法求解生产最优化方程，可得先进制造业和现代服务业最优直接资本和劳动力投入。

$$\frac{\partial Y_m}{\partial K_m} = \alpha_m K_m^{\alpha_m - 1} L_m^{\beta_m} \theta^{\gamma_m} (B - L_m)^{\beta_s \gamma_m} (A - K_m)^{\alpha_s \gamma_m} - \alpha_s \gamma_m K_m^{\alpha_m} L_m^{\beta_m} \theta^{\gamma_m}$$

$$(B - L_m)^{\beta_s \gamma_m} (A - K_m)^{\alpha_s \gamma_m - 1} = 0$$

$$\frac{\partial Y_m}{\partial L_m} = \alpha_m K_m^{\alpha_m} L_m^{\beta_m - 1} \theta^{\gamma_m} (B - L_m)^{\beta_s \gamma_m} (A - K_m)^{\alpha_s \gamma_m} - \beta_s \gamma_m K_m^{\alpha_m} L_m^{\beta_m} \theta^{\gamma_m}$$

$$(B - L_m)^{\beta_s \gamma_m - 1} (A - K_m)^{\alpha_s \gamma_m} = 0 \tag{8-2}$$

$$\Rightarrow K_m = \frac{A}{1 + \frac{\alpha_s}{\alpha_m} \gamma_m}, L_m = \frac{B}{1 + \frac{\beta_s}{\beta_m} \gamma_m}, K_s = \frac{A}{1 + \frac{\alpha_m}{\alpha_s \gamma_m}}, L_s = \frac{B}{1 + \frac{\beta_m}{\beta_s \gamma_m}}$$

基于最优化结果，从资本配置来看，若先进制造业资本投入的产出贡献系数（ α_m ）增速高于现代服务业资本投入产出贡献系数（ α_s ）增速，则先进制造业资本配置总量（ K_m ）随之增长，才能保证产出最大化目标；若先进制造业资本投入的产出贡献系数（ α_m ）增速慢于现代服务业资本投入的产出贡献系数（ α_s ）增速，则现代服务业资本配置总量（ K_s ）随之增长，才能保证产出最大化目标。

从劳动力资源配置来看，若先进制造业劳动力投入产出贡献系数（ β_m ）增速高于现代服务业劳动力投入产出贡献系数（ β_s ）增速，实现产业最大化结果，要求先进制造业劳动力配置总量（ L_m ）同步增长；先进制造业劳动力投入产出贡献系数（ β_m ）增速慢于现代服务业劳动力投入产出贡献系数（ β_s ）增速，实现产业最大化结果，要求现代服务业劳动力配置总量（ L_s ）同步增长。

考察先进制造业产出（ Y_m ）与冰山系数（ θ ）关系的动态化，若现代服务业产出对先进制造业产出的贡献系数 $\gamma_m > 0$ ，先进制造业产出（ Y_m ）与冰山系数（ θ ）呈现正相关关系。基于冰山运输成本理论，伴随运输距离的增加，冰山系数逐步减小，而冰山系数越高，表明运输距离越近。先进制造业和现代服务业为提高产出，逐步缩短与另一产业的"产业距离"，促进冰山系数的提高。因此，先进制造业和现代服务业之间存在加速融合的动力和趋势。

$$
\begin{aligned}
\frac{\partial Y_m}{\partial \theta} &= \frac{\partial K_m^{\alpha_m} L_m^{\beta_m} (\theta Y_s)^{\gamma_m}}{\partial \theta} \\
&= \frac{\partial K_m^{\alpha_m} L_m^{\beta_m} (\theta K_s^{\alpha_s} \cdot L_s^{\beta_s})^{\gamma_m}}{\partial \theta} \qquad (8-3) \\
&= \frac{\partial K_m^{\alpha_m} L_m^{\beta_m} [\theta (A - K_m)^{\alpha_s} \cdot (B - L_m)^{\beta_s}]^{\gamma_m}}{\partial \theta} \\
&= \gamma_m \theta^{\gamma_m - 1} K_m^{\alpha_m} L_m^{\beta_m} (A - K_m)^{\alpha_s \gamma_m} (B - L_m)^{\beta_s \gamma_m}
\end{aligned}
$$

（二）分工发展演进模型

先进制造业和现代服务业互动融合随时间变化逐步演变，呈现复杂的非线性自组织演进状态，因此本章基于自组织理论构建先进制造业和现代服务业互动融合演进模型。假设先进制造业和现代服务业的产出水

平 $[L_m(t)、L_s(t)]$ 是时间 t 的函数，先进制造业和现代服务业以常数自然增长率 r_m 和 r_s 逐步增长，先进制造业和现代服务业在已知资源约束条件下，充分运用生产要素和自然资源达到自然状态，实现最大产值（E_m、E_s）。先进制造业和现代服务业互动融合研究过程中，先进制造业对现代服务业的影响系数或竞争系数为 α_{ms}，现代服务业对先进制造业的影响系数为 α_{sm}。先进制造业对现代服务业发展的贡献系数为 β_{ms}，现代服务业对先进制造业的贡献系数为 β_{sm}，反映先进制造业和现代服务业互动融合效应的大小，且贡献系数在互动融合过程中随着内外部环境的变化而改变。为简化分析，在分析先进制造业和现代服务业互动融合演进的过程中，暂不考虑信息技术发展、产业政策改变、消费需求变化、经济波动等随机干扰项的影响，令 $\gamma = 0$。先进制造业和现代服务业互动融合演进初始状态为：

$$\begin{cases} \dfrac{dL_m}{dt} = r_m L_m \left(1 - \dfrac{L_m}{E_m} \right) \\[2mm] \dfrac{dL_s}{dt} = r_s L_s \left(1 - \dfrac{L_s}{E_s} \right) \end{cases} \qquad (8-4)$$

先进制造业和现代服务业互动融合初期阶段，两产业以分工独立生产为主，先进制造业和现代服务业相互作用较小。此时，先进制造业和现代服务业之间贡献系数趋近于 0，即 $\beta_{ms} = \beta_{sm} = 0$。伴随产业关系的建立，先进制造业和现代服务业之间出现一定联系，并开始影响另一产业的类型，此时先进制造业和现代服务业的贡献影响较小，有 $0 < \beta_{ms} < \alpha_{ms}$、$0 < \beta_{sm} < \alpha_{sm}$。

$$\begin{cases} \dfrac{dL_m}{dt} = r_m L_m \left(1 - \dfrac{L_m}{E_m} - \alpha_{ms} \dfrac{L_s}{E_m} \right) + \gamma_m \\[2mm] \dfrac{dL_s}{dt} = r_s L_s \left(1 - \dfrac{L_s}{E_s} - \alpha_{sm} \dfrac{L_m}{E_s} \right) + \gamma_s \end{cases} \qquad (8-5)$$

若 $\alpha_{ms} < 1$，$\alpha_{sm} < 1$，令

$$\begin{cases} r_m L_m \left(1 - \dfrac{L_m}{E_m} - \alpha_{ms} \dfrac{L_s}{E_m} \right) + \gamma_m = 0 \\ r_s L_s \left(1 - \dfrac{L_s}{E_s} - \alpha_{sm} \dfrac{L_m}{E_s} \right) + \gamma_s = 0 \end{cases} \qquad (8-6)$$

解方程组，可得先进制造业和现代服务业发展平衡点：

$$C_1(E_m,0), C_2(0,E_s), C_3(0,0), C_4 \left(\frac{E_m(1-\alpha_{ms})}{1-\alpha_{ms}\alpha_{sm}}, \frac{E_s(1-\alpha_{sm})}{1-\alpha_{ms}\alpha_{sm}} \right) \qquad (8-7)$$

伴随先进制造业和现代服务业的发展，两大产业逐步从 C_1、C_2、C_3 向 C_4 移动，可见四个平衡点中，C_4 为稳定平衡点。由先进制造业和现代服务业影响系数定义可知

（1）若 $\alpha_{ms} < 1$ 且 $\alpha_{sm} < 1$，先进制造业和现代服务业作为两个独立产业类型，生产经营活动存在竞争关系，且尚未出现互动趋势。

（2）若 $\alpha_{ms} > 1$ 且 $\alpha_{sm} > 1$，在经济区域资源有限的背景下，先进制造业和现代服务业竞争效应明显，先进制造业和现代服务业表现出挤出效应和排挤效应。

（3）若 $\alpha_{ms} < 1$ 且 $\alpha_{sm} > 1$ 或 $\alpha_{ms} > 1$ 且 $\alpha_{sm} < 1$，先进制造业和现代服务业发展竞争力存在较大差异，如果先进制造业和现代服务业尝试延伸产业链，提供完全相同的"制造 + 服务"产品，$\alpha_{ms} < 1$ 与 $\alpha_{sm} < 1$ 无法同时实现，即先进制造业和现代服务业相互影响系数不可能都低，此时先进制造业和现代服务业无法实现在同一产品市场共存。

在先进制造业和现代服务业分工发展演进阶段，现代服务业难以获得具有一定规模的有效需求，制约了现代服务业的快速发展。先进制造业发展带来的巨大市场需求，为现代服务业快速发展提供了市场，有助于缓解先进制造业和现代服务业在经济区域内对有限资源的竞争，为推进先进制造业和现代服务业的互动融合进程提供助力。

（三）关联发展演进模型

伴随先进制造业和现代服务业发展规模逐步扩大、价值链分工逐步深化、生产工艺模块化兴起，先进制造业和现代服务业开始外包非核心生产环节，为延伸产业链、组合"产品 + 服务"生产环节提供机会和平

台。伴随外包业务市场的逐步扩大，产业分工合作兴起，先进制造业和现代服务业互动融合从分工发展阶段逐步向关联发展阶段演变。

在先进制造业和现代服务业关联发展阶段，产业贡献系数大于 0，先进制造业和现代服务业生产方程发生改变：

$$
\begin{cases}
\dfrac{\mathrm{d}L_m}{\mathrm{d}t} = r_m L_m \left(1 - \dfrac{L_m}{E_m} - \alpha_{ms} \dfrac{L_s}{E_m} + \beta_{ms} \dfrac{L_s}{E_s} \right) + \gamma_m \\
\dfrac{\mathrm{d}L_s}{\mathrm{d}t} = r_s L_s \left(1 - \dfrac{L_s}{E_s} - \alpha_{sm} \dfrac{L_m}{E_s} + \beta_{sm} \dfrac{L_m}{E_m} \right) + \gamma_s
\end{cases}
\tag{8-8}
$$

令 $\mathrm{d}L_m / \mathrm{d}t = 0$ 和 $\mathrm{d}L_s / \mathrm{d}t = 0$，可得先进制造业和现代服务业生产方程一阶条件，即：

$$
\begin{cases}
r_m L_m \left(1 - \dfrac{L_m}{E_m} - \alpha_{ms} \dfrac{L_s}{E_m} + \beta_{ms} \dfrac{L_s}{E_s} \right) + \gamma_m = 0 \\
r_s L_s \left(1 - \dfrac{L_s}{E_s} - \alpha_{sm} \dfrac{L_m}{E_s} + \beta_{sm} \dfrac{L_m}{E_m} \right) + \gamma_s = 0
\end{cases}
\tag{8-9}
$$

（1）如果 $1 - \alpha_{ms} L_s + \beta_{ms} < 0, 1 - \alpha_{sm} L_m + \beta_{sm} < 0$，先进制造业和现代服务业竞争效应大于贡献效应，交叉市场的激烈竞争不利于先进制造业和现代服务业的有效合作，部分经济区域的先进制造业和现代服务业有可能兼并重组，通过企业整合走向产业融合。

（2）如果 $1 - \alpha_{ms} L_s + \beta_{ms} > 0, 1 - \alpha_{sm} L_m + \beta_{sm} > 0$，先进制造业和现代服务业贡献系数超过影响系数，产业合作效应大于竞争挤出效应，先进制造业和现代服务业能够强化有效合作，加快产业互动演化进程。

（四）互动发展演进模型

由于特定经济区域先进制造业和现代服务业发展水平存在差异，受产业政策等外部环境的影响，先进制造业和现代服务业在互动发展阶段的融合演进，由其中一方主导，逐步实现共同发展，进入具备相当竞争力的互动发展阶段。

若经济区域政府通过政策调控和市场培育，推动现代服务业加快发展，则能促进先进制造业和现代服务业形成良性互动关系，形成产业共生效应。现代服务业的快速发展能够推动先进制造业高速发展，先进制造业优化产业成果、协调产业供需链、扩大现代服务业产品的需求、优化产业互动，先进制造业和现代服务业实现互动演进。由此得到先进制造业和现代服务业融合发展的状态方程：

$$
\begin{cases}
\dfrac{\mathrm{d}L_m}{\mathrm{d}t} = r_m L_m \left(1 - \dfrac{L_m}{E_m} + \beta_{ms} \dfrac{L_s}{E_s} \right) + \gamma_m \\[3mm]
\dfrac{\mathrm{d}L_s}{\mathrm{d}t} = r_s L_s \left(1 - \dfrac{L_s}{E_s} + \beta_{sm} \dfrac{L_m}{E_m} \right) + \gamma_s
\end{cases}
\tag{8 - 10}
$$

解方程可得如下结论。

（1）如果 $0 < \beta_{ms} < 1$，先进制造业对现代服务业具有正向促进作用，囿于先进制造业和现代服务业发展基础，现代服务业在初始阶段竞争力相对较小。

（2）如果 $\beta_{ms} > 1$，先进制造业对现代服务业的贡献系数较大，现代服务业发展受先进制造业发展的影响较大，服务产品相对单一，市场竞争力相对较小。

（3）如果 $\beta_{sm} < 1, \beta_{ms} > 1, \beta_{ms}\beta_{sm} < 1$，先进制造业和现代服务业发展均能够达到均衡点，现代服务业能够通过合作快速提高竞争力。

（4）如果 $\beta_{sm} > \beta_{ms}$，先进制造业和现代服务业能够在政策引导背景下处于共生状态，但先进制造业必须快速发展以具备对现代服务业发展规模和产出的消化能力。

在科学技术和市场经济快速发展的背景下，先进制造业和现代服务业能够逐渐形成产业集群，促进产业互利共生以及先进制造业和现代服务业共同发展。此时先进制造业和现代服务业的产出模型为：

$$
\begin{cases}
\dfrac{\mathrm{d}L_m}{\mathrm{d}t} = r_m L_m \left(1 - \dfrac{L_m}{E_m} + \beta_{ms} \dfrac{L_s}{E_s} \right) + \gamma_m \\[3mm]
\dfrac{\mathrm{d}L_s}{\mathrm{d}t} = r_s L_s \left(1 - \dfrac{L_s}{E_s} + \beta_{sm} \dfrac{L_m}{E_m} \right) + \gamma_s
\end{cases}
\tag{8 - 11}
$$

根据先进制造业和现代服务业互动演进模型一阶条件，可知产业互动演进稳定条件为：

$$M = (L_m, L_s) = \left(\frac{L_m(1+\beta_{ms})}{1-\beta_{ms}\beta_{sm}}, \frac{L_s(1+\beta_{sm})}{1-\beta_{ms}\beta_{sm}} \right), 0 < \beta_{ms} < 1, 0 < \beta_{sm} < 1 \quad (8-12)$$

M 是先进制造业和现代服务业相互贡献趋于相同的稳定点。先进制造业和现代服务业共存于同一经济区域和市场中，并且能够在产业集群中实现双重互动，充分发挥先进制造业和现代服务业互动中的规模效应、学习效应、溢出效应，为先进制造业和现代服务业的深度融合奠定基础。

（五）融合发展演进模型

新一代科学技术的创新是推动先进制造业和现代服务业深度融合的催化剂，也是决定先进制造业和现代服务业核心竞争力的关键因素。在先进制造业和现代服务业融合发展演进阶段，产业技术创新推动生产和经营管理的融合，进而实现先进制造业和现代服务业的深度融合。由于先进制造业和现代服务业存在技术创新竞争，若将先进制造业和现代服务业的影响系数表示为技术创新系数，则产业融合发展演进模型可表示为：

$$\begin{cases} \dfrac{dL_m}{dt} = r_m L_m \left(1 - \dfrac{L_m}{E_m + \beta_{ms} L_s} \right) + \gamma_m \\ \dfrac{dL_s}{dt} = r_s L_s \left(1 - \dfrac{L_s}{E_s + \beta_{sm} L_m} \right) + \gamma_s \end{cases} \quad (8-13)$$

竞争系数和贡献系数的变化，会造成先进制造业和现代服务业互动融合研究路径的差异。

$$\begin{cases} r_m L_m \left(1 - \dfrac{L_m}{E_m + \beta_{ms} L_s} \right) + \gamma_m = 0 \\ r_s L_s \left(1 - \dfrac{L_s}{E_s + \beta_{sm} L_m} \right) + \gamma_s = 0 \end{cases} \quad (8-14)$$

如果 $\beta_{ms}\beta_{sm} < 1$，解产业融合发展演进模型可得先进制造业和现代服务业融合演进的平衡点：

$$M(0,0), N\left(\frac{L_m + \beta_{ms} L_s}{1-\beta_{ms}\beta_{sm}}, \frac{L_s + \beta_{sm} L_m}{1-\beta_{ms}\beta_{sm}} \right) \quad (8-15)$$

如果有

$$K = \begin{bmatrix} P_{L_m} & P_{L_s} \\ Q_{L_m} & Q_{L_s} \end{bmatrix} = \begin{bmatrix} -\dfrac{r_m L_s}{E_s + \beta_{sm} L_m} & r_m\left(1 - \dfrac{E_m L_s}{E_m + \beta_{ms} L_s}\right) \\ r_m\left(1 - \dfrac{E_s L_m}{E_s + \beta_{sm} L_m}\right) & -\dfrac{r_s L_m}{E_m + \beta_{ms} L_s} \end{bmatrix} \qquad (8-16)$$

代入 M（0，0），由 $p^2 - 4pq = 4r_m r_s > 0$，$q = -r_m r_s < 0$ 可知，M（0，0）为鞍点，代入 N 点，可得：

$$p^2 - 4pq = 4r_m r_s(1 - r_m r_s) > 0, q = r_m r_s(1 - r_m r_s) > 0 \qquad (8-17)$$

N 点为先进制造业和现代服务业融合演进过程中的稳定点。此时，先进制造业和现代服务业能够借助信息技术创新的作用，扩大先进制造业和现代服务业产品和服务市场需求，先进制造业和现代服务业互动演进进入均衡状态，进而促进产业融合发展。若以 $\varepsilon = \beta_{ms}\beta_{sm}$，则 $\varepsilon = \beta_{ms}\beta_{sm} > 1$ 表示高技术创新水平，$\varepsilon = \beta_{ms}\beta_{sm} < 1$ 表示低技术创新水平。

三 长江经济带先进制造业和现代服务业融合态势分析

本章节选取长江经济带沿线 11 省市作为研究对象，综合考虑空间因素和功效函数，改进传统耦合协调度模型，测算长江经济带沿线 11 省市的先进制造业和现代服务业融合发展水平，在此基础上对长江经济带先进制造业和现代服务业融合发展态势和区域行业的异质性特征进行考察研究。

（一）测度方法和数据来源

空间协调是现阶段我国先进制造业和现代服务业融合发展的具体表现形式之一，传统耦合协调度模型能够测度先进制造业系统和现代服务业系统和谐一致的程度和水平，是现有研究中测算制造业和服务业融合发展水平的常见方法。制造业系统和服务业系统间的耦合度越高，表明制造业系统和服务业系统运行效率越高，产业融合水平越高；耦合度越低，产业系统协调度低，制造业和服务业融合发展受到抑制，融合水平有待进一步提高。长江经济带先进制造业和现代服务业不断发展，生产要素在地区间自由流动，相邻区域先进制造业和现代服务业发展往往对周边地区存在空间溢出效应。借鉴现有研究成果，将空间要素纳入耦合协调度模型，考察我国 31 个省区市 2012～2017 年先进制造业和现代服务业融合水平，并着重分析长江经济带沿线 11 省市先进制造业和现代服务业融合发展水平的时空演变特征。

功效函数能够通过数据标准化消除制造业和服务业数据量纲、绝对值大小对测算结果的影响，同时反映先进制造业和现代服务业子系统的贡献效用大小。采用极差标准化法处理先进制造业和现代服务业序参量（x_{ij}），标准化后的功效系数（u_{ij}）介于 0.01 到 1.00 之间。

$$\begin{cases} u_{ij} = 0.01 + 0.99 \times \left[\dfrac{x_{ij} - \min(x_{ij})}{\max(x_{ij}) - \min(x_{ij})} \right], x_{ij} \text{ 具有正向功效} \\ u_{ij} = 0.01 + 0.99 \times \left[\dfrac{\max(x_{ij}) - x_{ij}}{\max(x_{ij}) - \min(x_{ij})} \right], x_{ij} \text{ 具有负向功效} \end{cases} \quad (8-18)$$

考虑空间因素修正功效系数矩阵，采用线性加权平均法计算先进制造业和现代服务业功效函数，$\boldsymbol{\lambda}$ 为各功效系数的权重矩阵，$\boldsymbol{W}$ 为邻接空间权重矩阵，$\boldsymbol{u}_j$ 为各功效系数矩阵，U 为长江经济带先进制造业或现代服务业子系统的功效函数。

$$u_{jw} = \boldsymbol{u}_j + \boldsymbol{W} \boldsymbol{u}_j \quad (8-19)$$

$$U = \sum_{j=1} \boldsymbol{\lambda}_j u_{jw} \quad (8-20)$$

借鉴物理学容量耦合概念和容量耦合系数模型，建立先进制造业和现代服务业空间耦合度模型，考察先进制造业和现代服务业相互关联、相互作用以及相互协调、相互融合的程度和水平。根据空间耦合度测算结果，可将先进制造业和现代服务业融合发展过程划分为 4 个阶段。①$0 < C \leq 0.2$，先进制造业和现代服务业融合发展处于低水平耦合阶段；②$0.2 < C \leq 0.5$，先进制造业和现代服务业融合发展处于拮抗阶段；③$0.5 < C \leq 0.8$，先进制造业和现代服务业融合发展处于磨合阶段；④$0.8 < C \leq 1$，先进制造业和现代服务业融合发展处于高水平耦合阶段。

$$C = \sqrt{\frac{U_1 \times U_2}{\left(\dfrac{U_1 + U_2}{2}\right)^2}} \qquad\qquad (8-21)$$

耦合度模型（见式 8-21）能够测算先进制造业和现代服务业相互作用程度的强弱，但难以呈现先进制造业和现代服务业的空间协调程度。进一步构建空间协调度模型（见式 8-22），测算先进制造业和现代服务业融合发展水平，并将其划分为 10 个融合类型（见表 8-1）。

$$D = \sqrt{C \times T} = \sqrt{C \times \frac{1}{2}(U_1 + U_2)} \qquad\qquad (8-22)$$

表 8-1　制造业和服务业空间耦合协调度和融合发展类型

融合发展阶段	空间耦合协调度	融合发展类型	融合发展阶段	空间耦合协调度	融合发展类型
融合发展 不可接受区间	$0 < D \leq 0.1$	极度失调衰退	过渡区间	$0.5 < D \leq 0.6$	勉强协调融合
	$0.1 < D \leq 0.2$	严重失调衰退	融合发展 可接受区间	$0.6 < D \leq 0.7$	初级协调融合
	$0.2 < D \leq 0.3$	中度失调衰退		$0.7 < D \leq 0.8$	中级协调融合
	$0.3 < D \leq 0.4$	轻度失调衰退		$0.8 < D \leq 0.9$	良好协调融合
过渡区间	$0.4 < D \leq 0.5$	濒临失调衰退		$0.9 < D \leq 1$	优质协调融合

以先进制造业和现代服务业为研究对象，选取 2012~2017 年我国 31 个省区市先进制造业规模以上工业企业用工人数和现代服务业城镇单位从业人员总数测算空间耦合协调度，相关数据整理自《中国统计年鉴》（2013~2018 年）、《中国第三产业统计年鉴》（2013~2018 年）、EPS 全球统计数据库、各省区市统计年鉴、中经网统计数据库等。

（二）先进制造业和现代服务业融合发展基本态势

1. 耦合发展水平测算结果

如表 8-2 所示，长江经济带沿线 11 省市先进制造业和现代服务业耦合度平均值高于全国和长江经济带以外省区市平均值。与全国 31 个省区市先进制造业和现代服务业耦合度均值相比，2012 年以来长江经济带沿线 11 省市先进制造业和现代服务业耦合度平均值高于全国平均值。与长江经济带以外省区市相比，2012 年以来长江经济带沿线 11 省市先进制造业和现代服务业耦合度平均值高于长江经济带以外省区市平均值，长江经济带先进制造业和现代服务业耦合发展优势明显。比较长江经济带上中下游地区先进制造业和现代服务业耦合度平均值，发现下游地区先进制造业和现代服务业耦合度平均值相对较低；2015 年以来长江经济带中游地区先进制造业和现代服务业耦合度平均值高于上游地区，领先长江经济带其他地区，先进制造业和现代服务业发展过程中的相互作用程度较强，但仍然存在先进制造业和现代服务业发展不够协调的风险；上游地区先进制造业和现代服务业发展基础相对不足，先进制造业和现代服务业发展过程中的相互作用强度高于下游地区，先进制造业和现代服务业发展潜力较大。长江经济带沿线 11 省市先进制造业和现代服务业耦合度水平整体呈现上升趋势，但上升速度趋于平缓，并存在缓慢下降风险。伴随产业结构调整和长江经济带 "生态优先，绿色发展" 理念的践行，2012 年以来长江经济带先进制造业和现代服务业相对作用强度趋于平稳；长江经济带上中下游地区先进制造业和现代服务业发展基础和速度存在较大差异，中上游地区先进制造业和现代服务业耦合度水平呈上升趋势，先进制造业和现代服务业相互作用程度进一步增强，但上升速度趋于平缓；长江经济带下游地区先进制造业和现代服务业耦合度水平呈下降趋势（见表 8 - 2）。

表 8 - 2　长江经济带先进制造业和现代服务业耦合度测算结果

年份	全国	长江经济带沿线 11 省市	长江经济带以外省区市	上游地区	中游地区	下游地区
2012	0.9650	0.9672	0.9737	0.9755	0.9776	0.9619
2013	0.9837	0.9983	0.9809	0.9860	0.9853	0.9739
2014	0.9733	0.9991	0.9897	0.9900	0.9802	0.9728
2015	0.9921	0.9775	0.9888	0.9796	0.9853	0.9691
2016	0.9824	0.9970	0.9796	0.9790	0.9847	0.9687
2017	0.9720	0.9962	0.9895	0.9792	0.9847	0.9663
平均值	0.9781	0.9892	0.9837	0.9816	0.9830	0.9688

资料来源：根据测算结果整理。

2. 融合发展水平测算结果

如表 8 - 3 所示，长江经济带先进制造业和现代服务业融合发展整体水平相对较低，距优质协调融合阶段仍有较大差距。与全国 31 个省区市先进制造业和现代服务业融合发展水平平均值相比，2012 年以来长江经济带沿线 11 省市先进制造业和现代服务业融合发展水平平均值超过全国平均值，两者之间差距呈缓慢扩大趋势，长江经济带在全国先进制造业和现代服务业融合发展中能够发挥生力军作用。与长江经济带以外地区相比，2012 年以来，长江经济带沿线 11 省市先进制造业和现代服务业融合发展水平平均值较高，并超过长江经济带以外地区，长江经济带在全国先进制造业和现代服务业融合发展过程中的引领作用进一步凸显。对比长江经济带上中下游地区先进制造业和现代服务业融合发展水平发现，与先进制造业和现代服务业耦合度水平不同，下游地区先进制造业和现代服务业融合发展水平领先于中上游地区，但仍处于中度失调衰退阶段，下游地区经济发展起步早，经济基础好，先进制造业和现代服务业协调发展程度较高，产业融合水平领先于中上游地区；上游地区经济发展起步相对较晚，先进制造业和现代服务业发展规模和效率有待进一步提高，先进制造业和现代服务业相互作用强度较大，先进制造业和现代服务业融合发展具有一定后发优势，融合发展水平领先于长江经济带中游地区。从长江经济带沿线 11 省市先进制造业和现代服务业融合发展水平来看，各省市先进制造业和现代服务业发展基础差异较大、产业融合政策制定和实施存在差距，先进制造业和现代服务业融合发展水平存在较大差异。2017 年上海先进制造业和现代服务业融合发展水平达到0.8046，处于良好协调融合阶段，在长江经济带沿线 11 省市先进制造业和现代服务业融合发展过程中能够发挥引领作用。四川（0.5423）、重庆（0.5102）处于勉强协调融合阶段，浙江（0.4203）、江苏（0.4111）、湖北（0.4205）先进制造业和现代服务业融合发展水平处于濒临失调衰退阶段，而湖南（0.3248）、贵州（0.2459）等其他省份先进制造业和现代服务业融合发展潜力较大，多处于严重失调衰退、中度失调衰退、轻度失调衰退阶段。2012 年以来长江经济带沿线 11 省市先进制造业和现代服务业融合发展水平仍然存在下降的风险，但下降幅度较小，先进制造业和现代服务业融合发展仍是构建长江经济带现代产业体系的突破点和有效途径。长江经济带中下游地区面临产业转型升级的压力，先进制造业和现代服务业发展速度呈现一定差异，2012 年以来先进制造业和现代服务业融合发展水平略有波动；长江经济带上游地区先进制造业和现代服务业快速发展，先进制造业和现代服务业融合发展后发优势明显，2015 年以来上游地区先进制造业和现代服务业融合发展水平呈波动上升趋势。

表 8 – 3　长江经济带先进制造业和现代服务业融合发展水平测算结果

年份	全国	长江经济带沿线 11 省市	长江经济带以外地区	上游地区	中游地区	下游地区
2012	0.2657	0.2676	0.2445	0.2411	0.2395	0.3047
2013	0.2563	0.2613	0.2333	0.2346	0.2152	0.2780
2014	0.2453	0.2503	0.2423	0.2444	0.2062	0.3023
2015	0.2335	0.2594	0.2399	0.2385	0.2132	0.2893
2016	0.2545	0.2608	0.2306	0.2555	0.2133	0.2876
2017	0.2409	0.2497	0.2455	0.2386	0.2218	0.2838
平均值	0.2494	0.2582	0.2394	0.2421	0.2182	0.2910

资料来源：根据测算结果整理。

（三）区域与行业异质性特征

1. 绝对 β 收敛检验

借鉴 Barro 和 Sala – I – Martin 的研究（吴传清等，2020），将空间因素引入先进制造业和现代服务业融合发展水平收敛性分析框架，分别构建绝对 β 收敛检验的标准模型（OLS）、空间滞后模型（SAR）、空间误差模型（SEM）。

$$\frac{1}{T}\ln\left(\frac{D_{i,T}}{D_{i,0}}\right) = \alpha + \beta\ln(D_{i,0}) + \varepsilon \qquad (8-23)$$

$$\frac{1}{T}\ln\left(\frac{D_{i,T}}{D_{i,0}}\right) = \alpha + \beta\ln(D_{i,0}) + \rho W \frac{1}{T}\ln\left(\frac{D_{i,T}}{D_{i,0}}\right) + \varepsilon \qquad (8-24)$$

$$\frac{1}{T}\ln\left(\frac{D_{i,T}}{D_{i,0}}\right) = \alpha + \beta\ln(D_{i,0}) + (1-\lambda W)^{-1}\mu \qquad (8-25)$$

模型回归结果如表 8 – 4 所示。长江经济带沿线 11 省市中先进制造业和现代服务业融合发展水平相对较低的省市"追赶"效应尚不明显。

绝对 β 收敛检验标准模型（OLS）中 β 的估计系数为正，且通过 5% 的显著性检验，表明长江经济带先进制造业和现代服务业融合发展水平不存在 β 收敛，与长江经济带先进制造业和现代服务业融合发展水平空间相关性检验结果一致，先进制造业和现代服务业融合发展水平相对较低省市对产业融合发展领先省市的"追赶"效应尚不明显。但回归系数相对较小，说明长江经济带沿线 11 省市先进制造业和现代服务业融合发展水平增长速度与初始水平的经济相关性相对偏低，先进制造业和现代服务业融合发展水平较低的省市仍有加速提高、"追赶"领先省市的可能。将空间因素纳入绝对 β 收敛检验模型，空间滞后模型（SAR）估计结果显示空间滞后项系数 ρ 为正且通过 1% 的显著性检验，表明长江经济带沿线 11 省市先进制造业和现代服务业融合发展对其相邻省市有显著正向影响。空间误差模型（SEM）估计结果显示空间误差系数 λ 为正且通过 1% 的显著性检验，表明误差项有显著空间自相关，将误差项纳入模型具有显著作用。从赤池信息准则（AIC）来看，空间滞后模型（SAR）和空间误差模型（SEM）的 AIC 值分别为 −8853.013 和 −8336.524，小于不考虑空间效应的绝对 β 收敛检验的标准模型（OLS）的 −6814.268，表明将空间因素纳入绝对 β 收敛检验模型能够提高模型拟合度（见表 8−4）。将空间因素纳入绝对 β 收敛检验模型后，β 收敛估计系数降低且未通过显著性检验，长江经济带沿线 11 省市先进制造业和现代服务业融合发展水平绝对 β 收敛经济和统计显著性降低，表明产业融合领先省市扎堆的同时，也带动先进制造业和现代服务业融合水平相对靠后的省市加速融合发展。伴随长江经济带产业结构调整和产业融合发展政策的实施，长江经济带沿线 11 省市先进制造业和现代服务业融合水平空间差异缩小的可能较大。

表 8−4　长江经济带先进制造业和现代服务业融合发展绝对 β 收敛检验结果

变量	OLS	SAR	SEM
β	0.0037 ** (0.0017)	0.00014 (0.0041)	0.00017 (0.0036)

续表

模型	OLS	SAR	SEM
cons	0.0022 (0.002)		-0.0025 (0.0052)
ρ/λ		0.726*** (0.02)	0.83*** (0.016)
sigma2_e		0.00005*** (0.000002)	0.000057*** (0.0000025)
ln_phi			0.399** (0.19)
AIC	-6814.268	-8853.013	-8336.524
BIC	-6789.934	-8781.678	-8349.688
N	66	66	66
R^2	0.004	0.004	0.004

注：*、**、***分别表示在10%、5%、1%的统计水平上显著，括号中为标准误。

资料来源：根据测算结果整理。

2. 行业异质性检验

为考察长江经济带先进制造业和现代服务业融合发展过程中的行业差异，首先选择先进制造业细分行业，考察长江经济带沿线11省市先进制造业细分行业与现代服务业融合发展的水平。

如表8-5所示，长江经济带先进制造业细分行业与现代服务业融合发展水平存在明显行业差异。比较长江经济带先进制造业细分行业类型，通用设备制造业，专用设备制造业，交通运输设备制造业，仪器仪表及文化、办公用机械制造业与现代服务业融合发展水平领先于其他行业，与现代服务业发展互动联系更为紧密。而电气机械及器材制造业，通信设备、计算机及其他电子设备制造业与现代服务业融合发展水平较其他先进制造业细分行业低，先进制造业细分行业和现代服务业互动联系相对较低。专用设备制造业，交通运输设备制造业，通信设备、计算机及其他电子设备制造业与现代服务业融合发展水平呈现下降趋势，现代服务业在相关产业中的服务作用有待进一步增强。总体而言，先进制造业细分行业与现代服务业的融合发展水平波动相对较小，有待进一步支持和引导先进制造业和现代服务业深度融合。

表 8 - 5　长江经济带先进制造业细分行业与现代服务业融合发展水平

行业	2012 年	2013 年	2014 年	2015 年	2016 年	2017 年	平均值
通用设备制造业	0.2836	0.2687	0.2670	0.2658	0.2574	0.2769	0.2699
专用设备制造业	0.2558	0.2713	0.2521	0.2730	0.2748	0.2576	0.2641
交通运输设备制造业	0.2884	0.2931	0.2800	0.2675	0.2591	0.2764	0.2774
电气机械及器材制造业	0.2387	0.2472	0.248	0.2475	0.2476	0.2559	0.2475
通信设备、计算机及其他电子设备制造业	0.2481	0.2487	0.2475	0.2477	0.2388	0.2339	0.2441
仪器仪表及文化、办公用机械制造业	0.3042	0.2919	0.2943	0.2869	0.3007	0.2948	0.2955

注：参照《国民经济行业分类》（GB/T 4754—2002）对先进制造业进行行业细分；表中数值为长江经济带沿线 11 省市的算数平均值。

资料来源：根据测算结果整理。

为进一步考察长江经济带现代服务业细分行业与长江经济带先进制造业融合发展的行业差异，选择长江经济带现代服务业细分行业，测算其与先进制造业的融合发展水平。结果（见表 8 - 6）显示，长江经济带现代服务业细分行业与先进制造业融合发展水平存在明显行业差异。从现代服务业细分行业来看，水利、环境和公共设施管理业，金融业，信息传输、软件和信息技术服务业，科学研究和技术服务业，教育与先进制造业融合发展水平相对较高，对先进制造业发展的支撑作用较强。卫生和社会工作，文化、体育和娱乐业，公共管理、社会保障和社会组织与先进制造业的融合发展水平相对较低，对先进制造业的支撑作用相对较弱。综合长江经济带先进制造业和现代服务业细分行业的融合水平测度结果可以看出，现代服务业中生产性服务业类型与先进制造业的联系程度较强，现代服务业中生活性服务业类型与先进制造业的联系程度相对较弱。因此，在加快促进长江经济带沿线 11 省市先进制造业和现代服务业深度融合发展的过程中，应高度关注生活性服务业和现代服务业的合作与融合。

表 8 - 6　2012 ~ 2017 年长江经济带先进制造业与现代服务业细分行业融合发展水平

行业	2012 年	2013 年	2014 年	2015 年	2016 年	2017 年	平均值
信息传输、软件和信息技术服务业	0.2936	0.2687	0.2570	0.2658	0.2574	0.2669	0.2682

行业	2012 年	2013 年	2014 年	2015 年	2016 年	2017 年	平均值
金融业	0.2884	0.3031	0.2900	0.2675	0.2691	0.2664	0.2808
房地产业	0.2784	0.2731	0.2700	0.2575	0.2591	0.2664	0.2674
租赁和商务服务业	0.2387	0.2472	0.2480	0.2575	0.2476	0.2659	0.2508
科学研究和技术服务业	0.2936	0.2587	0.2670	0.2658	0.2574	0.2869	0.2716
水利、环境和公共设施管理业	0.3042	0.3019	0.2843	0.2969	0.3107	0.2848	0.2971
居民服务、修理和其他服务业	0.2558	0.2613	0.2521	0.2630	0.2648	0.2376	0.2558
教育	0.2658	0.2713	0.2521	0.2630	0.2648	0.2476	0.2608
卫生和社会工作	0.2381	0.2587	0.2475	0.2577	0.2488	0.2439	0.2491
文化、体育和娱乐业	0.2487	0.2572	0.2380	0.2475	0.2276	0.2559	0.2458
公共管理、社会保障和社会组织	0.2381	0.2587	0.2275	0.2477	0.2388	0.2239	0.2391

注：参照《国民经济行业分类》（GB/T 4754—2017）对现代服务业进行行业细分；表中数值为长江经济带沿线 11 省市的算数平均值。

资料来源：根据测算结果整理。

四 长江经济带先进制造业和现代服务业 融合发展路径分析

在长江经济带沿线 11 省市先进制造业和现代服务业融合发展态势分析的基础上，本章节引入空间因素，构建空间联立方程，考察先进制造业和现代服务业互动融合过程中相互依存、互为因果的联系，考察先进制造业和现代服务业的交互影响和空间溢出效应；在此基础上分析长江经济带先进制造业和现代服务业融合发展的路径和重点领域。

（一）影响因素选择和互动机制

1. 模型构建

根据改进空间耦合协调度模型完成长江经济带沿线 11 省市先进制造业和现代服务业融合发展态势分析，研究表明长江经济带先进制造业和现代服务业发展存在紧密联系，但不能直观反映长江经济带沿线 11 省市先进制造业和现代服务业两者之间的互动融合关系。因此构建空间联立方程，研究长江经济带沿线 11 省市先进制造业和现代服务业产业系统相

互依存、互动影响的关系。为考察长江经济带先进制造业和现代服务业
的交互影响和空间溢出效应，采用广义空间三阶段最小二乘（GS3SLS）
面板联立方程，将各方程中随机扰动项可能存在的相关性纳入考虑。

$$\begin{cases} m = \alpha_0 + \alpha_1 Wm + \alpha_2 s + \alpha_2 Ws + \alpha X + \mu + \varepsilon \\ s = \beta_0 + \beta_1 Ws + \beta_2 m + \beta_2 Wm + \beta X + \mu + \varepsilon \end{cases} \quad (8-26)$$

式中，m 表示先进制造业发展变量，Wm 表示先进制造业发展的空
间滞后项，s 表示现代服务业发展变量，Ws 表示现代服务业发展的空间
滞后项，X 表示控制变量向量；W 表示空间权重矩阵，μ 和 ε 表示误
差项。

2. 变量选取与数据来源

解释变量：将先进制造业规模以上工业企业用工人数和现代服务业
城镇单位从业人员总数作为先进制造业和现代服务业发展变量。

控制变量包括以下几个。

（1）产业集聚指数（ai），借鉴现有的研究成果（陈建军和陈菁菁，
2011；吴传清等，2020），基于 EG 指数构建先进制造业和现代服务业产
业集聚指数，LQ_m 和 LQ_s 分别表示先进制造业和现代服务业区位熵。

$$ai = 1 - \frac{|LQ_m - LQ_s|}{LQ_m + LQ_s} \quad (8-27)$$

（2）产业转移指数（ti），用先进制造业和现代服务业就业人数的相
对份额变化衡量。m 和 s 表示先进制造业和现代服务业就业人数，$ti > 0$
表示先进制造业转入，$ti < 0$ 表示现代服务业转入。

$$ti = \frac{m_t - m_{t-1}}{m_{t-1}} \Big/ \frac{s_t - s_{t-1}}{s_{t-1}} \quad (8-28)$$

（3）科技投入（si），用科学技术支出占地方一般公共预算支出的比
重表示。

（4）政府行为（ga），用地方一般公共预算支出占 GDP 的比重
衡量。

（5）对外开放（ol），用当年实际使用外资总额占 GDP 的比重衡量。

（6）通信水平（*cl*），用移动电话年末用户的对数衡量。

相关变量数据均整理自《中国统计年鉴》（2013～2018年）、《中国第三产业统计年鉴》（2013～2018年）、EPS全球统计数据库、中经网统计数据库、各省市统计年鉴和统计公报等，部分缺失数据采用移动平均法补齐。变量描述性统计如表8－7所示。

表8－7　长江经济带沿线11省市各变量描述性统计结果

变量	Label	观测数	平均值	标准差	最小值	最大值
先进制造业	*m*	66	0.2581	0.7450	0.1230	0.9334
现代服务业	*s*	66	0.2689	0.0880	0.1116	0.9185
产业集聚指数	*ai*	66	0.7903	0.5509	-18.2149	3.3845
产业转移指数	*ti*	66	0.8489	18.8555	-354.9532	179.2653
科技投入	*si*	66	0.0276	0.0182	-0.0099	0.2190
政府行为	*ga*	66	0.1515	0.0806	0.0288	0.6488
对外开放	*ol*	66	0.0254	0.0129	1.6106	0.1253
通信水平	*cl*	66	5.4676	0.9107	2.9893	8.1113

资料来源：根据测算结果整理。

（二）互动机制检验

首先，鉴于长江经济带先进制造业和现代服务业互动融合过程中各指标变量可能存在异方差和量纲问题，对各影响变量进行对数化处理。其次，为避免各影响因素存在多重共线性问题，进行方差膨胀因子（VIF）检验，对 VIF > 10 的影响因素进行中心化处理。检验结果见表8－8。

表8－8　长江经济带先进制造业和现代服务业互动融合发展检验结果

经济区域	长江经济带沿线11省市		长江经济带以外地区		中国31个省区市	
模型	（1）*m*	（2）*s*	（1）*m*	（2）*s*	（1）*m*	（2）*s*
m		0.543 ** (-0.08)		0.302 ** (-0.05)		0.336 ** (-0.05)
s	0.510 *** (-0.089)		0.364 *** (-0.050)		0.404 *** (-0.052)	

续表

经济区域	长江经济带沿线 11 省市		长江经济带以外地区		中国 31 个省区市	
模型	（1）m	（2）s	（1）m	（2）s	（1）m	（2）s
Wm	0.189 *** （3.24）	0.0278 *** （0.00495）	0.3048 *** （47.14）	0.763 *** （0.0185）	0.3048 *** （47.14）	0.564 *** （0.0475）
Ws	0.76 *** （0.0186）	0.0438 （1.18）	0.0131 * （0.00717）	0.20787 （0.98）	0.193 ** （0.0881）	0.0109 （0.50）
ai	0.00375 *** （0.0005）	0.034 *** （0.006）	0.00602 （0.004）	0.004 *** （0.001）	0.0026 *** （0.001）	0.003 *** （0.0005）
ti	− 0.0000009 （0.000014）	− 0.00019 （0.000119）	0.00006 （0.0001）	− 0.0000009 （0.00001）	0.000007 （0.00001）	0.00001 （0.00001）
si	0.014 （0.0294）	0.0935 （0.175）	0.230 * （0.125）	0.00763 （0.0262）	− 0.000803 （0.0299）	0.000429 （0.0291）
ga	0.009 （0.0069）	0.029 （0.058）	− 0.257 *** （0.028）	0.00717 （0.007）	0.009 （0.007）	0.0085 （0.007）
ol	0.0511 ** （0.0221）	− 0.109 （0.156）	0.964 *** （0.0914）	0.0460 ** （0.0211）	0.0531 ** （0.0218）	0.0548 ** （0.0220）
cl	0.0031 * （0.0018）	0.0003 （0.012）	0.055 *** （0.0025）	0.003 * （0.0017）	0.0016 （0.0017）	0.0023 （0.0018）
调整后的 R^2	0.7813	0.7724	0.9715	0.9213	0.8012	0.9631

注：*、**、*** 分别表示在 10%、5%、1% 的统计水平上显著，括号中为标准误。

资料来源：根据测算结果整理。

（1）现代服务业发展促进先进制造业发展。长江经济带沿线 11 省市现代服务业发展回归系数为 0.510，并在 1% 的水平上通过显著性检验。长江经济带沿线 11 省市现代服务业增长 1 个百分点，可以拉动先进制造业增长 0.510 个百分点。现代服务业的快速发展能够为先进制造业提供中间产品服务，如金融业能够为先进制造业提供充足的金融支撑，保障先进制造业科技创新活动的开展，促进先进制造业高质量发展。

（2）先进制造业发展显著促进现代服务业发展。长江经济带沿线 11 省市先进制造业发展回归系数为 0.543，并且在 1% 的水平上显著。长江经济带先进制造业增长 1 个百分点，可以带动现代服务业增长 0.543 个百分点。先进制造业的快速发展能够加速现代服务产品市场需求规模的扩大，促进现代服务业快速发展。

（3）外部环境因素对先进制造业和现代服务业互动融合发展的影响呈现差异性。产业集聚指数（ai）的提高有助于长江经济带先进制造业和现代服务业发展水平的提高，先进制造业和现代服务业集聚发展有助于两者在发展理念、生产方式、产业形态、商业模式等方面的交流学习，加快先进制造业和现代服务业的发展进程。对外开放水平（ol）回归系数为正，意味着伴随长江经济带沿线 11 省市对外开放水平的提高，各省市先进制造业积极参与国际竞争，有助于先进制造业快速发展。随着新一代信息技术的发展和推广，先进制造业和现代服务业发展对现代通信技术的依赖日益增强。通信水平（cl）回归系数为正且通过 10% 的显著性检验，表明通信水平对加快长江经济带先进制造业和现代服务业融合发展具有显著正向促进作用。产业转移指数（ti）影响长江经济带先进制造业和服务业融合发展的估计系数为负但未通过显著性检验，表明产业转移对长江经济带沿线 11 省市先进制造业和现代服务业互动融合发展的影响尚不明显。科技投入（si）对长江经济带沿线 11 省市先进制造业和现代服务业融合发展水平的提高存在正向促进作用，但估计结果未通过显著性检验，说明技术进步在长江经济带先进制造业和现代服务业创新业态、融合共生中的促进作用有待进一步发挥。政府行为（ga）回归系数为正，说明财税优惠政策能够降低企业生产成本，但长江经济带沿线 11 省市先进制造业和现代服务业互动融合发展的政府引导作用尚不显著。

（4）先进制造业和现代服务业发展过程中的互动关系存在区域差异。长江经济带先进制造业和现代服务业相互贡献系数分别达到 0.543 和 0.510，与长江经济带以外地区和中国 31 个省区市相比，长江经济带先进制造业和现代服务业的互动效应更为显著，可见长江经济带先进制造业和现代服务业互动关联水平高于全国其他地区，表明长江经济带先进制造业和现代服务业发展基础较好，具备成为全国先进制造业和现代服务业深度融合先进示范带的基础。

（5）先进制造业和现代服务业发展的互动关系存在空间溢出效应。伴随交通基础设施的深度变革和改善，先进制造业发展渠道得到有效扩展，服务供应商可以来自当地，也可以来自其他经济区域，因此先进制造业的发展不仅能够促进当地现代服务业的发展，还能带动周边地区现代服务业的快速发展。现代服务业产品不仅满足当地需求，也为周边地区制造业创造需求。交通方式和信息技术的革新极大增强了现代服务业企业的市场竞争力，现代服务业企业能够跨区域推动周边地区先进制造业的发展。

（三）发展路径及重点领域

为明确长江经济带先进制造业与现代服务业互动关系的行业差异，首先考察先进制造业细分行业与现代服务业的互动关系，其次考察长江经济带现代服务业细分行业与先进制造业的互动关系。

为揭示先进制造业细分行业与现代服务业融合发展的行业差异，分别选择先进制造业细分行业与现代服务业建立联立方程模型，考察它们与现代服务业的互动关系。如表8-9所示，长江经济带先进制造业和现代服务业在融合过程中呈现明显行业差异。具体来看，通用设备制造业对现代服务业的影响效应大于现代服务业对通用设备制造业的影响效应；现代服务业对专用设备制造业的影响效应大于专用设备制造业对现代服务业的影响效应；交通运输设备制造业对现代服务业的影响效应大于现代服务业对交通运输设备制造业的影响效应；电气机械及器材制造业，仪器仪表及文化、办公用机械制造业对现代服务业的影响效应，大于现代服务业对其的支撑作用；通信设备、计算机及其他电子设备制造业对现代服务业的影响效应小于现代服务业对其的支撑作用。由此可见，先进制造业细分行业与现代服务业的互动融合关系呈现较大差异。

表 8-9　长江经济带先进制造业细分行业和现代服务业互动融合的行业差异

行业	被解释变量	解释变量	W_m	W_s	调整后的 R^2	观测数
通用设备制造业	m	0.312*** (13.30)	0.361*** (6.063)	0.376** (3.338)	0.982	66
	s	0.391*** (10.87)	0.366 (0.903)	0.336 (0.366)	0.939	66

续表

行业	被解释变量	解释变量	W_m	W_s	调整后的 R^2	观测数
专用设备制造业	m	0.332 *** (9.90)	0.963 *** (3.701)	1.890 *** (3.309)	0.952	66
	s	0.011 *** (3.62)	0.366 *** (3.373)	0.361 *** (6.063)	0.954	66
交通运输设备制造业	m	0.001 * (1.72)	0.337 *** (10.099)	0.331 *** (10.363)	0.942	66
	s	0.010 *** (6.63)	0.361 *** (6.063)	0.363 *** (3.660)	0.951	66
电气机械及器材制造业	m	0.001 * (10.07)	0.339 *** (10.961)	0.660 *** (6.036)	0.953	66
	s	0.970 *** (6.66)	0.963 *** (3.701)	0.736 *** (6.330)	0.933	66
通信设备、计算机及其他电子设备制造业	m	0.04 * (7.13)	0.388 *** (3.311)	0.963 *** (3.701)	0.934	66
	s	0.03 * (1.68)	1.896 *** (6.339)	0.660 *** (6.036)	0.913	66
仪器仪表及文化、办公用机构制造业	m	0.16 * (2.16)	0.339 *** (3.903)	0.063 ** (3.039)	0.914	66
	s	0.23 * (2.68)	0.061 *** (3.038)	0.039 * (1.883)	0.942	66

注：*、**、*** 分别表示在 10%、5%、1% 的统计水平上显著，括号中为 t 值。

资料来源：根据测算结果整理。

为揭示现代服务业细分行业与先进制造业融合发展的行业差异，分别选择现代服务业细分行业与先进制造业建立联立方程模型，考察它们与先进制造业的相互关系。如表 8－10 所示，长江经济带先进制造业和现代服务业细分行业在互动融合过程中呈现明显行业差异。在信息传输、软件和信息技术服务业，房地产业，科学研究和技术服务业，水利、环境和公共设施管理业，居民服务、修理和其他服务业，文化、体育和娱乐业，公共管理、社会保障和社会组织与先进制造业的互动关系中，先进制造业对现代服务业的促进作用高于现代服务业对先进制造业的支撑作用；金融业，租赁和商务服务业，教育对先进制造业的支撑作用大于先进制造业对其的促进作用；卫生和社会工作与先进制造业的互动作用未通过显著性检验。由此可见，现代服务业细分行业促进先进制造业发展的贡献系数呈现明显的行业差异，促进长江经济带先进制造业和现代服务业细分行业的融合发展，应充分发挥现代服务业对先进制造业的支撑与促进作用。

表 8-10　长江经济带先进制造业和现代服务业细分行业互动融合的行业差异

行业	被解释变量	解释变量	Wm	Ws	调整后的 R^2	观测数
信息传输、软件和信息技术服务业	m	0.248 *** (3.33)	0.710 * (1.738)	0.837 ** (2.07)	0.762	66
	s	0.316 *** (4.74)	0.733 *** (3.168)	0.383 ** (2.60)	0.717	66
金融业	m	0.737 *** (7.37)	0.38 *** (11.02)	0.63 *** (4.30)	0.764	66
	s	0.111 *** (3.61)	0.33 *** (10.33)	0.47 *** (18.73)	0.701	66
房地产业	m	0.128 *** (2.77)	0.01 *** (3.37)	0.30 *** (12.36)	0.772	66
	s	0.881 *** (7.08)	0.001 * (1.72)	0.48 *** (23.70)	0.744	66
租赁和商务服务业	m	0.638 *** (7.04)	0.01 *** (3.08)	0.36 *** (13.33)	0.722	66
	s	0.163 *** (2.27)	0.001 *** (11.17)	0.08 *** (2.68)	0.731	66
科学研究和技术服务业	m	0.126 *** (3.03)	0.86 *** (4.20)	0.43 *** (14.78)	0.753	66
	s	0.777 *** (3.37)	2.33 *** (10.10)	0.47 *** (17.66)	0.743	66
水利、环境和公共设施管理业	m	0.688 *** (7.81)	0.33 *** (14.06)	0.37 *** (12.23)	0.744	66
	s	0.817 *** (10.84)	0.43 *** (11.67)	0.43 *** (17.43)	0.733	66
居民服务、修理和其他服务业	m	0.623 *** (6.30)	0.33 *** (10.73)	0.03 *** (6.37)	0.724	66
	s	0.732 *** (8.67)	0.011 ** (3.10)	0.08 *** (13.17)	0.732	66

续表

行业	被解释变量	解释变量	W_m	W_s	调整后的 R^2	观测数
教育	m	0.723 *** (7.31)	0.00 * (1.67)	0.32 *** (12.77)	0.766	66
	s	0.630 *** (6.76)	0.01 *** (4.42)	0.30 *** (8.78)	0.741	66
卫生和社会工作	m	0.262 (1.10)	0.01 *** (3.77)	0.24 *** (7.78)	0.831	66
	s	0.633 (3.43)	0.40 *** (4.18)	0.01 *** (2.66)	0.822	66
文化、体育和娱乐业	m	0.088 (1.26)	1.22 *** (7.87)	0.00 * (1.73)	0.883	66
	s	0.104 ** (1.77)	0.33 *** (14.30)	0.010 *** (4.33)	0.723	66
公共管理、社会保障和社会组织	m	0.038 (0.77)	0.42 *** (11.70)	0.02 *** (2.88)	0.755	66
	s	0.386 *** (2.87)	0.34 *** (11.31)	0.47 * (1.84)	0.775	66

注：*、**、*** 分别表示在 10%、5%、1% 的统计水平上显著，括号中为 t 值。

资料来源：根据测算结果整理。

五　研究结论与政策建议

（一）研究结论

选取长江经济带沿线 11 省市作为研究对象，基于互动关联视角考察先进制造业和现代服务业融合发展的现状和区域差异，引入空间因素，分析先进制造业和现代服务业互动融合发展过程中的空间溢出效应；从细分行业角度，考察长江经济带先进制造业和现代服务业融合发展过程中的行业差异，得出如下结论。

（1）长江经济带先进制造业和现代服务业发展表现出互动融合关系。现代服务业发展能够促进先进制造业快速发展，先进制造业对现代服务业发展同样表现出正向的促进作用，表明先进制造业和现代服务业存在深度融合的明显趋势。

（2）长江经济带先进制造业和现代服务业融合发展水平高于全国平均水平。先进制造业和现代服务业互动融合发展呈现显著的区域差异性，相较于全国平均水平和长江经济带以外地区，长江经济带先进制造业和现代服务业的互动效应更为显著。

（3）先进制造业和现代服务业发展过程中表现出对周边地区的空间溢出效应。伴随交通基础设施和信息技术的深度变革和改善，先进制造业能够跨区域购买服务、现代服务业能够跨区域参与市场竞争，因此，先进制造业和现代服务业的深度融合既要关注本地区的发展基础，也要关注跨区域相关产业的发展。

（4）长江经济带先进制造业和现代服务业互动融合过程中呈现明显的行业差异。伴随现代服务业的快速发展，服务业务和产品精细化程度提高，先进制造业和现代服务业细分行业互动融合的行业差异性也随之体现出来。促进长江经济带先进制造业和现代服务业融合发展应充分关注产业互动关联演化过程中的行业差异性，提高产业融合政策制定的精确性和针对性。

（二）政策建议

（1）高度重视先进制造业和现代服务业深度融合发展。推动先进制造业和现代服务业融合发展，是增强长江经济带先进制造业和现代服务业核心竞争力，推进工业化进程，加快产业转型升级，构建现代产业体系，实现产业高质量发展的重要途径。长江经济带先进制造业和现代服务业融合发展水平绝对值相对较低，距优质协调融合发展阶段仍有较大的差距，故加快长江经济带先进制造业和现代服务业融合发展进程，充分发挥长江经济带引领全国经济高质量发展的生力军作用，必须高度重视、科学引导先进制造业和现代服务业融合发展，尤其是先进制造业和现代服务业深度融合、耦合共生。

（2）制定阶段性和针对性的支持政策。长江经济带先进制造业和现代服务业发展基础存在较大差异，长江经济带上中下游地区之间、沿线11省市之间、各城市之间先进制造业和现代服务业融合发展水平存在较大差异，不同地区先进制造业和现代服务业融合发展处于不同阶段。推动长江经济带先进制造业和现代服务业融合发展应制定阶段性和针对性的支持政策，构建长江经济带先进制造业和现代服务业融合发展政策体系，加快《关于推动先进制造业和现代服务业深度融合发展的实施意见》在长江经济带精准落地。

（3）发挥产业空间外部性，加快先进制造业和现代服务业融合发展进程。长江经济带沿线 11 省市先进制造业和现代服务业融合发展不仅受本地因素影响，同时也受到相邻省区市的影响，且各因素空间溢出效应存在较大差异。加快长江经济带先进制造业和现代服务业融合发展，应充分发挥产业空间外部性，共享长江经济带先进制造业和现代服务业融合发展高水平地区外部溢出效应。应建立多样化跨区域合作模式，推进长江经济带先进制造业和现代服务业融合发展市场一体化，充分发挥空间外部性，实现先进制造业和现代服务业融合发展要素在相邻省区市或更大空间范围内的自由流动和优化配置，促进长江经济带先进制造业和现代服务业深度融合发展。

（4）增强长江经济带先进制造业和现代服务业互动，优化先进制造业和现代服务业发展结构。基于长江经济带先进制造业和现代服务业双向互动关系行业差异，在加快先进制造业和现代服务业深度融合发展过程中，一方面应防止部分现代服务业过度扩张造成的生产要素挤出效应，另一方面应该积极支持现代弱势服务行业发展，提高现代服务业对先进制造业的服务质量和水平。此外，应优化产业结构，增强先进制造业和现代服务业的互动交流，培育新型生产性产品和服务市场，支持新兴业态发展。

（5）培育世界级先进制造业集群，促进现代服务业外包基地建设，加快长江经济先进制造业和现代服务业深度融合进程。一方面，长江经济带需要加快世界级先进制造业集群的培育，扩大先进制造业中间产品和服务需求规模，提高关联性现代服务业配套和发展水平；另一方面，促进长江经济带现代服务业外包基地建设，强化现代服务业产品和服务创新，加强集成技术的交流和应用，为长江经济带先进制造业和现代服务业深度融合、突破地理空间限制奠定基础，探索长江经济带先进制造业和现代服务业跨区域互动融合的路径。

参考文献

白雪、雷磊：《我国城市群"两化"融合水平时空变化分析》，《经济地理》2014 年第 7 期，第 52～57 页。

陈建军、陈菁菁：《生产性服务业与制造业的协同定位研究——以浙江省 69 个城市和地区为例》，《中国工业经济》2011 年第 6 期，第 141～150 页。

楚明钦：《长三角产业区域分工与合作——基于生产性服务业与装备制造业融合的研究》，《云南财经大学学报》2016 年第 1 期，第 132～140 页。

丁博、曹希广、邓敏等：《生产性服务业对制造业生产效率提升效应的实证分析——基于中国城市面板数据的空间计量分析》，《审计与经济研究》2019 年第 2 期，第 116～127 页。

傅春杨、陆江源：《服务业的扭曲是否挤压了制造业？》，《南开经济研究》2019 年第 3 期，第 125～138 页。

傅为忠、金敏、刘芳芳：《工业 4.0 背景下我国高技术服务业与装备制造业融合发展及效应评价研究——基于 AHP－信息熵耦联评价模型》，《工业技术经济》2017 年第 12 期，第 90～98 页。

高寿华、刘程军、陈国亮：《生产性服务业与制造业协同集聚研究——基于长江经济带的实证分析》，《技术经济与管理研究》2018 年第 4 期，第 122～128 页。

高智、鲁志国：《系统耦合理论下装备制造业与高技术服务业融合发展的实证研究》，《系统科学学报》2019 年第 2 期，第 63～68 页。

桂黄宝、刘奇祥、郝铖文：《河南省生产性服务业与装备制造业融合发展影响因素》，《科技管理研究》2017 年第 11 期，第 92～97 页。

郭然、原毅军：《生产性服务业集聚能够提高制造业发展质量吗？——兼论环境规制的调节效应》，《当代经济科学》2020 年第 2 期，第 1～18 页。

郭帅、银成钺、张宁：《生产性服务业 FDI 对我国制造业效率的影响——基于交通基础设施水平的门槛效应》，《税务与经济》2018 年第 6 期，第 29～35 页。

韩峰、阳立高：《生产性服务业集聚如何影响制造结构升级？——一个集聚经济与熊彼特内生增长理论的综合框架》，《管理世界》2020 年第 2 期，第 72～94 页。

华广敏：《高技术服务业对中国制造业效率影响动态变迁》，《科学学研究》2019 年第 12 期，第 2168～2175 页。

华广敏：《高技术服务业与制造业互动关系的实证研究——基于 OECD 跨国面板数据》，《世界经济研究》2015 年第 4 期，第 113～120 页。

黄群慧、余泳泽、张松林：《互联网发展与制造业生产率提升：内在机制与中国经验》，《中国工业经济》2019 年第 8 期，第 5～23 页。

蒋辉、张康洁、张怀英等：《我国三次产业融合发展的时空分异特征》，《经济地理》2017 年第 7 期，第 105～113 页。

孔令夷、邢宁：《生产性服务业与制造业的互动差异——基于区域及行业视角》，《山西财经大学学报》2019 年第 4 期，第 46～62 页。

李蕾：《制造业升级对服务业发展的影响与启示》，《区域经济评论》2018 年第 6 期，第 54～62 页。

李宁、王玉婧、韩同银：《生产性服务业与制造业协同发展机理研究——基于产业、空间、企业活动多维视角》，《技术经济与管理研究》2018 年第 7 期，第 124～128 页。

李同正、孙林岩、冯泰文：《制造业与生产性服务业的关系研究：地区差异及解释》，《财政研究》2013 年第 5 期，第 15～19 页。

李永友、严岑：《服务业"营改增"能带动制造业升级吗?》，《经济研究》2018 年第 4 期，第 18～31 页。

梁军、从振楠：《服务业集聚与制造业工资不平等——来自中国地级市面板数据的实证分析》，《贵州财经大学学报》2019 年第 6 期，第 16～24 页。

刘川：《产业转型中现代服务业与先进制造业融合度研究——基于珠三角地区的实证分析》，《江西社会科学》2014 年第 5 期，第 59～65 页。

刘佳、代明、易顺：《先进制造业与现代服务业融合：实现机理及路径选择》，《学习与实践》2014 年第 6 期，第 23～34 页。

刘洁、李雪源、陈海波：《中国生产性服务业与制造业融合发展的行业差异》，《中国科技论坛》2015 年第 2 期，第 61～66 页。

刘满凤、李昕耀：《我国战略性新兴产业与传统产业互动发展的计量验证——基于生产函数角度》，《江西财经大学学报》2017 年第 4 期，第 14～23 页。

刘兆麟：《湖北：先进制造业与现代服务业融合发展的思考》，《宏观经济管理》2012 年第 4 期，第 70～72 页。

刘卓聪、刘薪冈：《先进制造业与现代服务业融合发展研究——以湖北为例》，《科技进步与对策》2012 年第 10 期，第 52 ~ 54 页。

吕政、刘勇、王钦：《中国生产性服务业发展的战略选择——基于产业互动的研究视角》，《中国工业经济》2006 年第 8 期，第 5 ~ 12 页。

彭徽、匡贤明：《中国制造业与生产性服务业融合到何程度——基于 2010—2014 年国际投入产出表的分析与国别比较》，《国际贸易问题》2019 年第 10 期，第 100 ~ 116 页。

綦良群、何宇：《装备制造业与生产性服务业互动融合演进模型及演进特征研究》，《科技进步与对策》2017 年第 10 期，第 53 ~ 59 页。

沈蕾、靳礼伟：《我国科技服务业与制造业技术融合对产业结构升级的影响》，《科技进步与对策》2015 年第 8 期，第 67 ~ 70 页。

史安娜、潘志慧：《长江经济带核心城市高技术制造业与知识密集型服务业共生发展研究》，《南京社会科学》2018 年第 6 期，第 33 ~ 38 页。

孙畅、郭元晞：《我国高端服务业与先进制造业的动态匹配发展：空间分异及动力机制》，《经济问题探索》2020 年第 1 期，第 178 ~ 190 页。

孙湘湘、周小亮：《服务业开放对制造业价值链攀升效率的影响研究——基于门槛回归的实证分析》，《国际贸易问题》2018 年第 8 期，第 94 ~ 107 页。

唐荣、冉珍梅：《制造业需求、政府规模与上游生产性服务业发展》，《首都经济贸易大学学报》2019 年第 5 期，第 45 ~ 56 页。

唐晓华、吴春蓉：《生产性服务业与装备制造业互动融合的差异性研究》，《社会科学战线》2016 年第 11 期，第 58 ~ 65 页。

唐晓华、张欣珏、李阳：《中国制造业与生产性服务业动态协调发展实证研究》，《经济研究》2018 年第 3 期，第 79 ~ 93 页。

王成东、綦良群、蔡渊渊：《装备制造业与生产性服务业融合影响因素研究》，《工业技术经济》2015 年第 2 期，第 134 ~ 142 页。

王思文、曹海鹏、刘雪强：《规模经济、生产性服务业与制造业产业转移：来自空间计量模型的实证检验》，《商业经济研究》2019 年第 19 期，第 179 ~ 181 页。

王晓娟：《长三角地区制造业与服务业整合发展研究》，上海社会科学院出版社，2013，第 67 页。

王玉珍：《现代服务业与先进制造业的耦合与发展》，《江苏行政学院学报》2008 年第 5 期，第 59 ~ 63 页。

魏江、周丹：《生产性服务业与制造业融合互动发展》，科学出版社，2011，第 35 页。

魏艳秋、高寿华：《"互联网＋"背景下浙江生产性服务业与制造业融合发展研究——基于 VAR 模型分析》，《商业经济研究》2017 年第 13 期，第 156～159 页。

魏艳秋、和淑萍、高寿华：《"互联网＋"信息技术服务业促进制造业升级效率研究——基于 DEA－BCC 模型的实证分析》，《科技管理研究》2018 年第 17 期，第 195～202 页。

吴传清等：《长江经济带产业蓝皮书：长江经济带产业发展报告（2018）》，社会科学文献出版社，2019，第 105 页。

吴传清等：《长江经济带产业蓝皮书：长江经济带产业发展报告（2019）》，社会科学文献出版社，2020，第 87 页。

许学国、王羊昕、杨文静：《知识密集型服务业与先进制造业协同度分析与评价》，《科技管理研究》2017 年第 22 期，第 52～59 页。

杨仁发：《产业融合——中国生产性服务业与制造业竞争力研究》，北京大学出版社，2018，第 26 页。

于斌斌、胡汉辉：《产业集群与城市化共生演化的机制与路径——基于制造业与服务业互动关系的视角》，《科学学与科学技术管理》2014 年第 3 期，第 58～68 页。

于世海、张玲瑜、李晓庆等：《先进制造业与生产性服务业共生状态分析——基于改进的 Logistic 模型对长江经济带的实证研究》，《桂林理工大学学报》2019 年第 3 期，第 743～750 页。

张川川：《地区就业乘数：制造业就业对服务业就业的影响》，《世界经济》2015 年第 6 期，第 70～87 页。

张虎、周楠：《制造业与服务业协调发展及影响因素分析》，《统计与决策》2019 年第 11 期，第 86～90 页。

张晴云、王纯、曾庆均：《长江经济带服务业与制造业交互效应与空间效应——基于空间面板联立方程模型的经验分析》，《哈尔滨商业大学学报》（社会科学版）2018 年第 5 期，第 88～97 页。

张荣博、黄潇：《转型背景下现代服务业高质量发展政策效应评估——来自试点区域的经验证据》，《软科学》2020 年第 5 期，第 1～7 页。

张晓莺：《江苏先进制造业与现代服务业的融合发展研究》，《中国物流与采购》2011 年第 19 期，第 70～71 页。

郑吉昌、夏晴：《现代服务业与制造业竞争力关系研究——以浙江先进制造业基地建设为例》，《财贸经济》2004 年第 9 期，第 89～93 页。

周晔：《先进制造业与现代服务业的融合发展及其启示》，《开发研究》2010 年第 6

期，第 118 ~ 121 页。

Cubbin, J. , Geroski, P. , "The convergence of profits in the long run: inter-firm and inter-industry Comparisons," *The Journal of Industrial Economics* 35 （1987）: 427 – 442.

Eswaran, M. , Kotwal, A. , "The role of the service sector in the process of industrialization," *Journal of Development Economics* 68 （2002）: 401 – 420.

Francois, J. F. , "Producer services, scale, and the division of labor," *Oxford Economic Papers* 42 （1990）: 715 – 729.

Gambardella, A. , Torrisi, S. , "Does technological convergence imply convergence in markets? evidence from the electronics industry," *Research Policy* 27 （1998）: 445 – 463.

Goe, R. W. , "The growth of producer services industries: Sorting through the externalization debate," *Growth & Change* 22 （1991）: 118 – 141.

Guerrieri, P. , Meliciani, V. , "Technology and international Competitiveness: The interdependence between manufacturing and producer services," *Structural Change and Economic Dynamics* 16 （2005）: 489 – 502.

Hansen, N. , "The strategic role of producer Services in regional development," *International Regional Science Review* 16 （1993）: 187 – 195.

Illeris, S. , "Proximity between service producers and service users," *Tijdschrift Voor Economische En Sociale Geografie* 85 （2008）: 294 – 302.

Juleff-Tranter, L. E. , "Advanced producer services: just a service to manufacturing?", *The Service Industries Journal* 16 （1996）: 389 – 400.

Lin, F. , Lin, Y. , "The determinants of successful R&D consortia: Government strategy for the servitization of manufacturing," *Service Business* 6 （2012）: 489 – 502.

Ramaswamy, R. , "Growth, trade, and deindustrialization," *Imf Staff Papers* 46 （1999）: 18 – 41.

Tregenna, F. , "The contributions of manufacturing and services to employment creation and growth in south africa," *South African Journal of Economics* 76 （2008）: S175 – S204.

Wernerheim, C. M. , Sharpe, C. , "High order producer services in metropolitan canada: How footloose are they?", *Regional Studies* 37 （2003）: 469 – 490.

Yoffie, D. B. , "Competing in the age of digital convergence," *California Management Review* 38 （1996）: 31 – 53.

后　记

推动长江经济带发展是党中央做出的重大决策，是关系国家发展全局的重大战略。新时期国家长江经济带发展战略萌芽于 2013 年、正式启动于 2014 年、成熟于 2016 年、完善于 2018 年。重要的标志性大事有：习近平总书记 2013 年 7 月 21 日视察湖北省武汉市时指出，"长江流域要加强合作，发挥内河航运作用，把全流域打造成黄金水道"，吹响了长江经济带发展战略的号角；2013 年 9 月 23 日，国家发展改革委会同交通运输部在北京召开《关于依托长江建设中国经济新支撑带指导意见》研究起草工作动员会议；2014 年 3 月 5 日，李克强总理在《政府工作报告》正式提出"建设长江经济带"；2014 年 9 月 25 日，国务院颁布《关于依托黄金水道推动长江经济带发展的指导意见》；2016 年 1 月 5 日，习近平总书记在重庆召开推动长江经济带发展座谈会，确立"生态优先、绿色发展"战略定位；2018 年 4 月 26 日，习近平总书记在武汉召开深入推动长江经济带发展座谈会，强调要正确把握"五个关系"（整体推进和重点突破的关系、生态环境保护和经济发展的关系、总体谋划和久久为功的关系、破除旧动能和培育新动能的关系、自身发展和协同发展的关系），推动长江经济带高质量发展，使长江经济带成为引领我国经济高质量发展的生力军。

由湖北省发展改革委推荐，我于 2013 年 9 月 29 日有幸参加了湖北省人民政府组织召开的湖北省《关于依托长江建设中国经济新支撑带指导意见》前期研究准备工作专题会议。会后我即带领研究团队开展"长江流域经济"相关研究工作。七年间（2013 年 9 月 30 日至 2020 年 9 月

30 日）开展了以下初步工作。

（1）搭建学术交流平台。获批成立武汉大学中国发展战略与规划研究院长江经济带发展战略研究中心、中国区域经济学会长江经济带专业委员会，组建武汉大学长江经济带高质量发展多学科研究团队。以中国区域经济学会长江经济带专业委员会名义发起举办三届"长江经济带发展高端论坛"会议、多期"长江经济带发展 30 人论坛"会议、多期"珞珈长江经济带高质量发展论坛"会议。

（2）承担相关研究课题。承担国家社会科学基金项目"推动长江经济带制造业高质量发展研究""长江上游地区'化工围江'的环境风险及差异化治理路径研究"；国家发展改革委课题"落实长江经济带'生态优先、绿色发展'战略理念重大问题研究""长江经济带高质量发展动力转换机制研究"；湖北省人民政府智力成果采购办公室重大招标项目"长江经济带生态保护和绿色发展研究"；湖北省社会科学基金项目"长江经济带产业发展研究报告"；湖北省发展改革委招标项目"湖北省长江经济带绿色发展'十四五'规划"等。

（3）出版相关学术著作。已出版《黄金水道——长江经济带》（收录于"改革开放 40 周年·大国议题丛书"，重庆大学出版社，2018）；《长江经济带产业发展报告（2017）》（社会科学文献出版社，2017）、《长江经济带产业发展报告（2018）》（社会科学文献出版社，2018）、《长江经济带产业发展报告（2019）》（社会科学文献出版社，2020）；《长江中游城市群研究》（社会科学文献出版社，2018）。即将出版《长江经济带高质量发展研究报告（2020）》（中国社会科学出版社）、《长江经济带创新驱动与绿色转型发展研究》（中国社会科学出版社）、《长江经济带工业发展研究》（社会科学文献出版社）、《长江经济带产业发展报告（2020）》（社会科学文献出版社）、《环境规制、产业集聚与长江经济带城市工业绿色发展效率研究》（清华大学出版社）等。与长江出版社合作，正在组织出版"长江经济带高质量发展"系列丛书。

（4）发表一系列相关学术论文。围绕长江经济带生态文明建设、产业转型升级、综合立体交通走廊建设、新型城镇化等议题，发表了一系列论文。多篇论文被人大复印报刊资料《区域与城市经济》《生态环境与保护》全文转载。

（5）形成一批相关学位论文。围绕长江经济带产业发展、创新驱动发展、绿色发展等议题，完成了一批相关博士学位论文、硕士学位论文，培养的部分博士进入西南大学、中南民族大学、武汉工程大学、安徽大学等长江上中下游地区高校任教，继续开展长江经济带发展相关问题研究。

中共中央政治局审议通过的《长江经济带发展规划纲要》明确长江经济带发展的"四带"（生态文明建设的先行示范带、引领全国转型发展的创新驱动带、具有全球影响力的内河经济带、东中西互动合作的协调发展带）战略定位，提出长江经济带发展的六大重点战略任务（保护长江生态环境、构建综合立体交通走廊、创新驱动产业转型升级、推动新型城镇化、构建全方位开放新格局、创新区域协调发展体制机制）。长江经济带"创新驱动产业转型升级"问题，一直是长江经济带发展研究领域的热门议题和实践热点，我们自 2014 年以来对这一论题开展持续的关注和研究，《长江经济带工业发展研究》一书呈现了我们研究团队的初步探索成果。参加本书研创工作的团队成员有：吴传清、杜宇、黄成、邓明亮、郑开元、黄磊、宋子逸、申雨琦、陈晓、龚晨、周晨晨、胡译丹等。

吴传清

2020 年 9 月 30 日

图书在版编目(CIP)数据

长江经济带工业发展研究 / 吴传清等著. —— 北京：
社会科学文献出版社，2020.12
ISBN 978 - 7 - 5201 - 7468 - 8

Ⅰ.①长… Ⅱ.①吴… Ⅲ.①长江经济带 - 工业发展
-研究 Ⅳ.①F427.5

中国版本图书馆 CIP 数据核字（2020）第 266104 号

长江经济带工业发展研究

著　　者 / 吴传清　杜　宇　黄　成　邓明亮 等

出 版 人 / 王利民
责任编辑 / 陈凤玲　田　康　李真巧

出　　版 / 社会科学文献出版社·经济与管理分社（010）59367226
　　　　　　地址：北京市北三环中路甲 29 号院华龙大厦　邮编：100029
　　　　　　网址：www.ssap.com.cn
发　　行 / 市场营销中心（010）59367081　59367083
印　　装 / 三河市尚艺印装有限公司

规　　格 / 开　本：787mm × 1092mm　1/16
　　　　　　印　张：17.75　字　数：263 千字
版　　次 / 2020 年 12 月第 1 版　2020 年 12 月第 1 次印刷
书　　号 / ISBN 978 - 7 - 5201 - 7468 - 8
定　　价 / 99.00 元